시장과 사회적 자본

박 찬 웅 지음

MARKET & SOCIAL CAPITAL

그린

서문

시장의 사회적 구성

시장이 사회적으로 구성되었다는 것은 무엇을 의미할까? 다음과 같은 상황을 생각해보자.

상황 1) 갑자기 가족 중에 심각한 병에 걸렸다는 진단을 받은 사람이 생겼다.
상황 2) 자녀가 고등학교에 진학하게 되어서 본격적인 입시 수업을 필요로 하게 되었다.
상황 3) 소유하고 있는 중고 자동차가 큰 수리를 하게 되었다.
상황 4) 살던 곳에서 급하게 이사를 가게 되었다.
상황 5) 친척이 큰 소송에 말려들어 소송대리인이 필요하게 되었다.

이런 상황에서 만일 의사, 입시학원, 자동차 수리점, 부동산 중개인, 변호사가 필요하다면 어떤 방식으로 구하겠는가? 전화번호부나 인터넷으로 검색할 것인가? 아니면 지금까지 거래하던 사람 중의 한 사람에게 연락하겠는가? 누구에게 물어보겠는가? 물어본다면 누가 먼저 떠오르는가? 왜 하필 그 사람이라고 생각하는가? 주변 사람들에게 같은 질문을 한다면 그 사람들은 누구를 지목하겠는가? 구매자의 경우 가능한 판매자들을 파악했다면, 이들 중 누구를 선택할 것인가? 선택 기준은 어떻게 정할까? 판매자의 경우 어떤 조건에 판매할 것인가? 거래 참여자들은 어떻게 적절한 가격을 정하는가? 또한 어떤 방식으로 거래할 것인가?

이 질문들은 우리 삶의 중요한 상황에서 사회적 관계가 어떤 역할을 하고 있고, 보다 구체적으로 현대 사회에서 상품과 서비스를 거래하는 시장의 영역이 어떤 방식으로 사회적 관계에 의해 구성되는가에 대한 관심에서 출발한다. 디마지오와 라우치(DiMaggio and Louch, 1998)는 미국 사회에서 현대 사회의 공식적인 시장 조직의 범람에도 불구하고 대다수의 사람들이 다양한 상품과 서비스를 구하기 위해 비상업적인 사회적 관계를 사용한다는 것을 보여주었다. 상대적으로 사회적 연결망이 조밀하고 경로 거리가 더 짧은 것으로 예상할 수 있는 한국 사회에서의 사회적 관계는 더 다양한 상품과 서비스의 거래에 더 폭 넓게 영향을 줄 것이라고 가정할 수 있다. 우리의 일상적 삶의 경험에서 가족, 친구, 친척, 이웃, 동호회와 같은 사회적 관계는 시장에 참여하는 우리에게 중요한 정보를 제공하기도 하며, 경우에 따라서는 이러한 사회적 관계 안에서 거래가 이루어지기도 한다.

근대사회에 대한 고전적 논의들은 근대화 과정의 가장 중요한 변화를 1차적인 사회적 관계의 약화와 이를 대치하는 근대적인 계약 관계의 강화라고 주장해 왔다. 이 논의에 따르면 사회의 모든 영역에서 가족, 친구, 친척, 지역공동체의 중요성은 감소하고, 시장, 공식조직, 국가가 우리 생활의 중심을 지배하게 되었다는 것이다. 시장과 정치의 영역은 가족, 친구, 이웃이 아니라 공식적인 규칙과 계약에 기반을 둔 조직의 영역으로 대치되었고, 따라서 우리 삶은 (서로 구분되는) 비공식적인 영역에서 공식적인 영역으로 이동했다는 것이다.

전통사회와 근대사회에 대한 이분법적 주장은 단지 초기 사회학에서뿐 아니라 최근 연구들에서도 중요한 전제로 작동한다. 현대 사회학에서 가족, 친구, 친척, 지역공동체에 대한 학문적 관심은 점차 줄어들고 있고, 이들을 분석하는 경우 역시 이들 현상을 한정된 사회적 영역에 국한시키고 사회 주류로부터 분리시키는 경향이 있다. 결과적으로 사회적 관계는 가족사회학, 지역사회학, 여성학, 노년학 등의 하부 영역의 문제로 인식되었고, 간혹 이들이 경제나 정치 현상에 영향을 미칠 경우 그 영향은 지엽적이거나 주변적인 것으로 간주되어 왔다.

최근 경제사회학과 사회적 연결망 분석기법의 등장은 사회적 관계에 대한 관심을 회복시켰다. 경제사회학은 경제 활동에 참여하는 행위자는 사회적 관계를 통해 거래 대상과 거래 상대방에 대한 정보를 수집하고 전파하고, 거래와 관련된 규칙을 만들고 집행하고, 거래의 결과를 분배한다고 주장한다. 1980년대 이후 본격적으로 등장한 것으로 알려진 경제사회학은 실제로 고전사회학의 핵심적인 주제인 경제와 사회의 상호 관계성에 대한 주장에 바탕을 둔다. 그라노베터(Granovetter)에 의해 유명해진 경제의 '사회적 배태성(social embeddedness)' 은 시장을 포함한 경제 영역이 정치, 문화의 영역과 같이 그 영역을 구성하는 사회적 행위자들의 사회적 관계를 통해 형성되고 유지된다는 주장이다. 사회적 배태성 논의는 교환과 거래가 이루어지는 시장이 사회적 공간이라는 인식에서 출발한다(Granovetter, 1973, 1985, 1992). 시장이 사회적 공간이라는 것은, 시장이 고전경제학에서 상정하는 것처럼 개인이 다른 행위자를 고려하지 않고 오직 상품이나 서비스 가격에 반응하는 사회적 진공 공간이 아니며, 시장 참여자의 계층, 소득, 지위가 거래의 내용과 가격 형성에 영향을 준다는 것을 의미한다. 상품 가격은 수요와 공급에 의해서만 결정되는 것이 아니라, '공정한' 가격이나 '합리적인' 가격이라는 표현에서 나타나는 것처럼 사회적 규범과 가치, 그리고 법이나 정부 정책의 영향을 받는다. 이렇게 시장의 사회적 구성을 보여주는 경험적 연구들은 시장 이외에 정치, 시민사회, 사회운동, 문화의 영역에서 사회적 관계를 중요한 분석 단위로 부각시켰다.

방법론으로서의 사회적 연결망 분석기법과 사회 이론으로서의 연결망 이론의 등장은 사회적 관계를 다시 사회학의 전면으로 등장시키려는 노력으로 이해할 수 있다. 연결망 이론은 에머베이어(Emirbayer, 1997)가 제안한 '관계론적 사회학(relational sociology)'으로 사회학이 복귀되어야 한다는 주장을 구현한다. 이 주장의 핵심은 사회학의 학문적 정체성은 사회적 현상을 행위자의 개인적 속성(attribute)이 아니라 사회적 관계를 통해 이해하는데 있다는 것이다. 이 주장에 따르면, 사회, 정치, 경제, 문화 영역에서 관찰되는 사회적 현상은 연령, 성, 소득과 같은 개인적 속성의 합이 아니라 참여하는 개인들이 형성하는 사회적 관계의 특성으로 이해해야 한다. 예를 들어 정치 영역에서 누가 투표에 참여하고 어떤 정당 후보에 투표하는가를 개인의 속성으로 환원할 경우, 개인을 둘러싼 주변 사람들, 그리고 사회적 관계에서 개인이 차지하는 위치가 개인의 의견에 미치는 영향을 놓치게 된다. 짐멜(Simmel)의 이자 관계(dyad)와 삼자 관계(triad)에 대한 논의와 그라노베터와 버트(Burt)가 주장하는 사회적 관계의 구조적 특성의 영향은 이렇게 개인의 고립된 속성을 넘어서는 사회적 관계의 구조적 특성의 중요성을 보여준다. 사회적 관계의 사회학적 중요성은 이러한 사회적 관계가 단지 비공식적, 1차적, 감정적 영역에 머무는 것이 아니라, 공식적, 2차적, 합리적 영역의 핵심이라는 것에서 비롯된다. 연결망 분석기법을 적용한 조직과 사회간 관계에 대한 분석을 통해 우리는 사회적 관계의 영역이 개인 수준이나 1차적인 사회적 관계에 국한되지 않는다는 것을 알 수 있다.

시장이나 경제 영역이 사회적 관계로 구성되어 있다면, 시장을 구성하는 사회적 관계를 분석함으로써 우리는 어떤 사회 현상을 보다 잘 이해할 수 있을까? 대표적인 것은 유행이나 혁신의 전파와 같은 현상이다. '티핑포인트(tipping point)' 에 대한 논의에서 글래드웰(Gladwell, 2000)은 유행이나 전파의 공통적인 패턴을 지적한다. 그에 의하면, AIDS와 같은 전염병의 전파, 패션 유행, 뉴욕시 범죄율 하락과 같은 현상은 처음에는 적은 수의 사람들이 관련되었다가 어느 시점을 넘어서면 갑자기 모든 사람이 관련되는 식으로 진행된다. 이러한 현상은 개인 속성이나 사회구조로는 설명할 수 없고, 참여자간 사회적 관계가 어떻게 형성되는가를 통해 이해할 수 있다. 어떤 개인이나 집단이 유행이나 전파에 영향받는 속도 역시 개인이나 집단의 개별적 속성이 아니라, 전체 사회적 관계의 구조 내에서의 위치에 의해 설명할 수 있다. 이렇게 유행이나 사회적 전파를 사회적 관계를 통해 파악할 수 있는 것은 개인을 연결하는 사회적 관계의 형성을 전제로 하기 때문이다. 연결망 브로커를 통해 사회적 관계는 단지 소수 사람을 넘어서서 다수 사람들이 직접적으로 연결되지 않지만, 짧은 단계를 거쳐 모두 연결된다는 "스몰월드(small world)" 적 현상을 가능하게 한다. 시장을 사회적 관계를 통해 파악하는 것은 이렇게 시장 전반적으로 나타나는 유행이나 공통적인 가격 형성을 이해할 수 있도록 해주고, 또한 개인이나 집단 수준에서는 어떤 개인이 시장에서 주도적인가를 설명할 수 있게 한다.

요약하면, 경제사회학의 주제는 시장의 사회적 구성과 거래의 사회적 배태성이다. 이 책은 이론적 논의와 다양한 수준의 경험적 연구를 통해 시장의 사회적 구성과 거래의 사회적 배태성이라는 경제사회학의 두 가지 주제를 제시하고자 하는 연구들로 이루어진다. 다시 말해서 이 책은 경제 영역에서 개인과 조직 행위자가 어떤 사회적 관계를 통해 거래하고 있고, 이것이 다시 행위자의 성과와 경제 영역 전체에 어떤 영향을 주는가에 대한 연구이다. 책의 구성을 구체적으로 살펴보면, 크게 세 부분으로 나누어진다. 1부에서는 경제사회학과 이 책의 핵심 주제인 신뢰와 사회적 자본에 대한 개념과 경제 영역의 사회적 관계성과 사회적 배태성에 대한 이론적 설명과 기존 연구를 정리한다.

이를 바탕으로 2부와 3부는 경험적 연구 위주로 이루어진다. 2부는 경제 영역에서 대표적인 조직 행위자인 기업을 중심으로 조직내, 그리고 조직간 사회적 관계를 분석한다. 이를 위해서 3장에서는 기업 관련 사회적 관계의 영향을 기업의 사회적 자본에 대한 논의를 통해 전개한다. 지금까지 사회적 자본이 주로 개인이나 사회적 수준에서 논의된 것과 달리 이 글은 기업 역시 기업내 구성원간 관계와 기업간 관계를 사회적 자본으로 파악하는 것이 가능하다고 보고 이를 위한 분석 방향을 제시하는 것이 주목적이다. 다음으로 4장은 기업내 구성원간 사회적 관계가 개인 성과에 어떤 영향을 주는가를 광고신문회사를 사례로 분석한다. 여기에서 주목한 것은 개인의 연결망 특성 중에서 유리한 성과를 주는 것으로 논의된 약한 끈(weak tie) 혹은 교량(bridge) 역할을 하는 개인이 실제로 영업 성과에서도 다른 개인들에 비해 더 나은 결과를 보여주는가이다.

5장은 조직간 관계가 시장에서 조직 성과에 주는 영향을 분석한다. 기존 기업간 관계에 대한 분석에서 대표적인 사례는 기업간 하청관계이다. 특히 자동차부품 산업에서 하청관계는 일본 자동차 산업의 성장을 배경으로 주목을 받아왔다. 5장에서는 이와 관련해서 우리나라 자동차부품 산업에서 하청 관계를 기업간 연결망 관점에서 분석한다. 부품산업의 원청기업과 하청기업간 관계를 단골화의 관점을 보여주는 연결망전속도의 개념을 통해 분석하고, 이것이 해당 기업 성과에 미치는 영향을 분석한다. 이를 통해 개인간 거래 관계에서와 마찬가지로 기업간 관계에 있어서도 단골화 경향이 주는 장점이 있음을 제시하고, 이를 통해 연결망 분석이 개인 수준과 조직 수준에서 모두 유용하다는 것을 주장한다.

3부는 전통적인 시장의 영역을 넘어서서 인터넷의 등장과 함께 새로운 유형의 시장으로 논의되고 있는 온라인 시장에 대한 연구들로 이루어진다. 온라인 시장은 인터넷이 제공하는 거래 대상자, 거래 결과, 그리고 가격을 포함한 거래 조건에 대한 손쉬운 검색 능력이 근본적으로 시장의 작동 원리를 변화시킨 사례로 논의되어 왔다. 그러나 사회학에서 이러한 논의들은 주로 이론적 수준에서 논의되어 왔다. 이에 대한 대안으로 이 책은 온라인 시장을 경제사회학적 관점에서 경험적으로 분석한다. 먼저 6장에서는 경제사회학의 핵심 주제인 거래 참여자간 사회적 관계 관련 특성들이 개인 거래 성과에 어떤 영향을 미치는가를 제시하고, 7장에서는 고전경제학과 경제사회학의 중요 논쟁점인 시장의 가격 형성을 조사한다. 또한 지금까지 연결망에 대한 기존 연구들이 정태적으로 한 시점의 연결망을 설명한 것과 달리, 이 장에서는 온라인 시장 사례의 시작 시점부터 수집한 자료를 통해 거래 연결망이 시장의 성장과 함께 어떤 형태로 진화하는가를 보여주는 동태적 분석을 제공한다. 또한 이러한 거래 연결망의 진화 과정이 시장의 가격 형성과 가격분산도에 어떤 영향을 주는가를 분석함으로써 기존 경제학적 분석틀에 대한 대안을 제공하고자 한다.

요약하면, 이 책의 구성은 1부에서는 경제사회학의 핵심 주제에 대한 이론적 논의를 제시하고, 이를 바탕으로 2부에서는 기업내, 기업간 수준에서 사회적 관계의 특성과 영향을 분석하고, 3부에서는 새로운 유형의 시장으로 등장한 온라인 시장에서 거래 참여자간 사회적 관계의 특성과 영향을 보여준다.

이 책의 4장에서 7장까지는 그동안 『한국사회학』에 발표되었던 조직 · 경제 사회학 분야의 글들을 수정 · 보완한 것이다. 4장은 "경쟁의 사회적 구조: 기업내 신뢰의 사회적 연결망과 개인의 조직내 성과"(1999, 33: 789-817), 5장은 "한국 자동차산업 하청연결망의 특성에 대한 연구"(2001, 35: 1-27, 한준 교수와 공저), 6장은 "온라인 중고시장의 시장불확실성과 경제적 교환의 사회적 성격"(2003, 37: 35-60), 7장은 "온라인 시장의 사회적 진화"(2004, 38: 163-194)라는 제목으로 발표된 것이다.

이 책을 정리하는 과정에서 모든 연구는 공동연구라는 생각을 하게 되었다. 동국대학교와 연세대학교의 교수님들, 그리고 경제조직사회학 연구회의 연구자분들의 도움은 부족한 이 글 모두에 여러 형태로 스며들어 있다. 두 학교의 대학원 학생들의 고생스런 자료 입력으로 이 연구들은 가능했다. 끝으로 이 글의 교정을 꼼꼼히 봐주신 장상철 박사와 정동철 씨에게 감사드린다.

차례

Part III 온라인 시장과 사회적 자본

제 1 부
시장의 사회적 구성

1
시장의 사회적 구성

제 1 장

신뢰와 사회적 자본

1. 서론

경제위기가 수 년 지난 지금, 위기에 대한 논의는 간헐적으로만 나타난다. 그렇다면 우리는 위기를 극복한 것인가? IMF 경제위기를 맞으면서 제시된 한국사회의 경제위기에 대한 진단들 중의 하나는, 경제위기의 원인은 한국사회가 가지고 있는 대내외적인 신뢰(trust)의 부재라는 것이다(Fukuyama, 1995). 대내적으로는 정부와 기업들 간의 신뢰 부재가 정부로 하여금 기업들에 대한 과잉 규제와 방향을 제시하게 하였고, 기업들로 하여금 이를 피하거나 이용하기 위해 비관련 다각화, 무리한 부채 경영 등을 하게 했다는 것이다. 결과적으로 대외적인 금융 위기는 순식간에 대내적인 금융 위기로 이어졌고 결과적으로 국가 전체의 지불 능력 마비라는 최악의 상태가 되었다.

한국사회에서 신뢰의 위기에 관한 논의는 이미 새로운 것이 아니다. 정치, 경제, 교육 등 사회 각 분야에 걸친 부정 · 부패의 문제와 관련하여 '믿지도 않고 믿을 수도 없는' 사회는 이미 익숙한 우리 사회의 한 단면이 되어 버린 듯하다. 후쿠야마(Fukuyama, 1995)는 한국사회를 중국과 함께 대표적인 저신뢰사회로 분류하면서 그 원인을 가족주의라는 중국문화권의 특징에서 찾는다. 후쿠야마에 따르면, 가족주의적 문화권에서는 모든 사회생활이 가족을 기본 단위로 구성되면서 그 안에서 개인의 정체성, 소속감, 이해관계를 추구하게 되고, 따라서 가족의 범위를 넘어서는 개인이나 집단을 신뢰하지 못하도록 한다. 이러한 이유로 인하여 한국사회에서는 가족 내에서는 높은 수준의 신뢰가 있지만, 사회 전체적으로는 신뢰 수준이 낮아지게 되었다는 것이다. 후쿠야마는 사회 전체의 신뢰 수준에 따라 고신뢰사회인 미국이나 일본은 가족중심의 기업을 넘어서서 전문경영인 중심의 대기업을 발전시킨 반면, 대만, 중국 등의 저신뢰사회는 가족중심의 소기업을 위주로 경제를 발전시켰다고 주장한다. 중국처럼 가족주의를 나타내는 한국은 저신뢰사회로 대만의 경로를 따랐어야 하지만, 경제발전을 목표로 하는 국가에 의하여 문화적 조건을 넘어서서 대기업을 발전시켰다는 것이다. 그러나 대기업 중심의 경제구조를 발전시켰음에도 불구하고 가족주의의 영향으로 인하여 이러한 대기업들은 여전히 가족 중심의 소유 · 경영구조를 보이고 있고, 이것이 한국 경제의 약점으로 작용해왔다는 것이 후쿠야마의 논지이다.

이처럼 한국사회를 저신뢰사회로 분류하는 논의는 최근의 경제위기와 관련하여 신뢰를 경제위기의 원인이자 결과로 설명하는 논의로 발전하였다. 후쿠야마(매일경제신문, 1998년 3월 5일자)는 한국경제의 위기는 민간에 대한 과도한 정부개입과 정부에 대한 신뢰 상실로 인한 기업의 무리한 투자가 정상적인(금융)시장의 부재를 초래하였고 이것이 외부적인 요인과 합쳐져서 외환금융위기를 초래한 것이라고 주장한다.[1] 갬베타(Gambetta, 1988: 171)는 저신뢰사회에서 특히 사업자들간의 신뢰의 부재는 심각한 경제적 결과를 초래한다고 주장한다. 특히 사람들간에 정보가 원활하게 유통되지 못하는 상황에서 파는 사람과 사는 사람 간에 정보의 불균형이 존재할 때, 사는 사람 입장에서는 속을지도 모른다는 위험 때문에 시장교환 자체를 중단하게 된다는 것이다. 이처럼 신뢰의 부재는 단순히 외환 보유고나 금융 자본 부족만의 문제가 아니라, 경제 활동과 시장 자체의 위축을 가져온다는 점에서 보다 근본적인 성격의 경제적 위기를 초래할 수 있다.

다른 한편에서는 사회경제적 위기는 그 자체로서 신뢰의 위기를 초래한다고 논의한다. 예를 들어 금융위기의 직접적인 원인은 해외 투자자들이 한국에서 투자했던 자본을 일시에 회수했기 때문인데, 이는 한국경제와 그 주요 행위자들인 국가와 재벌에 대한 신뢰를 상실한 결과라는 것이다(김용학 · 손재석, 1998). 모저(Moser, 1996)는 최근 경제적 위기를 맞은 남미와 동아시아에 대한 세계은행(World Bank) 보고서에서 경제위기의 사회적 결과를 요약한다. 이 보고서에 따르면 경제위기를 맞은 지역사회는 위기 이전에 유지하던 공동체 단위의 협동이나 신뢰로 나타나는 사회적 자본(social capital)이 경제적 자원에 대한 경쟁이 치열해짐에 따라 파괴되어 불신과 공동체 자체의 사회적 붕괴에 직면하였다. 이는 경제위기를 맞은 우리 사회에서도 위기 자체가 사회적 파급효과로서 신뢰의 상실을 가져올 수 있다는 것을 시사한다. 실제로 금융위기가 공식화된 1998년 1월에 경제위기를 맞은 우리 사회에 대한 뉴욕타임즈 기사(1998년 1월 4일자)에 따르면 오랫동안 우리 사회에서의 사회적 신

1 | 패그덴(Pagden, 1988:137)에 의하면 18세기 남부 이탈리아의 나폴리 지역은 이 지역을 정복한 스페인에 의해서 의도적으로 사회적 불신이 조장되었다. 그 결과 그 이전에 발전해오던 상업은 정체하게 되고, 결과적으로 이 지역은 경제적 위기를 맞게 되었다고 논의한다. 따라서 패그덴은 사회적 신뢰는 그 자체가 경제적 발전의 중요한 선행 조건이라고 설명한다.

뢰의 상징적 역할을 해왔던 계(契)가 깨지는 사례가 급증하고 있다고 한다. 그리고 역으로 이런 상황에서 사람들이 계와 같은 형태의 사회적 신뢰에 참여하는 것을 꺼리고 있다는 것이다.

한국사회의 신뢰 상실의 원인은 무엇이며, 신뢰의 회복을 위해서 우리는 무엇을 할 수 있을 것인가? 이 글에서는 신뢰에 관한 논의의 출발점으로 중요한 것은 신뢰가 하나의 사회학적 변수로서 그 원인, 형성 조건, 결과 등이 사회적인 조건과 역사적 상황에 따라 다양하게 나타난다는 것을 강조하고자 한다. 따라서 신뢰를 하나의 보편적인 현상으로 다룰 것이 아니라 신뢰가 생겨나는 조건에 따라 그 유형을 분류하고, 각 유형별로 분석하는 것이 중요하다고 주장할 것이다. 이를 위해 아래에서는 우선 신뢰란 무엇인가를 제시하고, 신뢰를 그 특징과 조건에 따라 유형별로 분류한 후, 신뢰의 회복 방안을 신뢰의 유형별로 논의한다. 그리고 이로부터 한국사회에서 사회적 신뢰가 낮아지게 된 요인들을 검토하고, 마지막으로 사회적 자본의 형성을 장기적이고 제도적인 신뢰의 회복 방안으로 제시할 것이다.

2. 신뢰란 무엇인가?

신뢰에 대한 논의는 철학, 사회학, 경제학 등의 분야에 걸쳐서 다양하게 전개되어왔다. 또 한 사회의 신뢰에 관한 연구도 한국뿐만 아니라 미국, 일본, 이탈리아 등 다양한 사회에 대해서 진행되어왔다(Fukuyama, 1995; Putnam, 1993, 1995; Gambetta, 1988b; Zucker, 1986; Pagden, 1988). 이처럼 신뢰에 대한 높은 수준의 학문적 관심은 신뢰의 정의에서부터, 신뢰의 차원, 원인, 결과 등에 걸쳐서 논의하는 사람마다 다양한 주장을 하는 것으로 이어졌다. 그러나 이 같은 개념의 양산과 그로 인한 개념적 혼란은 신뢰에 대한 논의를 저해하였고 논쟁을 개념 수준에서 맴돌게 하였다. 따라서 이 절에서는 먼저 신뢰에 대한 정의들을 간략히 살펴보고 이 글에서 택하는 신뢰의 정의를 제시한다.

신뢰에 대한 정의는 신뢰를 논의하는 수만큼 다양하다. 먼저 신뢰에 대한 고전적인 정의로 인용되는 도이치(Deutsch, 1958: 266)의 정의는 다음과 같다.

"신뢰란 한 행위자가 자신이 통제할 수 없는 다른 행위자가 어떤 행위를 할 것이라고 기대하고 행위하는 것"인데, 도이치는 이러한 신뢰가 일어나는 상황을 다른 행위자가 기대대로 행위하지 않았을 때 신뢰자가 받는 손실이 기대대로 행위했을 때 얻게되는 이익보다 크게 되는 경우로 제한한다. 루만(Luhmann, 1979)에 의하면, 신뢰는 어떤 행위가 일어날 것이라는 확신(confidence)이다. 콜만(Coleman, 1990)은 신뢰란 한 행위자가 택하는 위험(risk)이 다른 행위자의 행위(performance)에 따라 결정되는 상황이라고 정의한다. 버트와 네즈(Burt and Knez, 1996: 70)에 의하면 신뢰는 다른 행위자의 협조(cooperation)를 예상하는 기대이다. 가장 포괄적으로 신뢰를 정의하고 있는 갬베타(Gambetta, 1988b: 217)에 따르면, 신뢰는 한 행위자가 감시할 수 있기 전에 그 행위자의 행동에 영향을 미치는 상황에서 다른 행위자나 행위자 집단이 특정 행동을 할 것이라는 것을 평가하는 그 행위자의 주관적 확률이다. 이와 유사한 것으로 이재혁(1998:313)은 신뢰란 "정보의 불확실성과 감시의 불완전성이 존재하는 상황에서 상대의 행위가 우리의 이해에 영향을 미치게 될 때 우리의 이해에 부응하도록 상대가 특정한 행위를 할 것을 기대하는 선택적 행위"라고 정의한다.

이렇듯 다양한 정의로부터 우리는 신뢰라는 개념 속에 내재되어 있는 다음의 몇 가지 공통적인 구성요소를 발견하게 된다. 첫째, 신뢰는 항상 위험(risk)을 전제한다. 즉 신뢰자(truster)는 신뢰의 대상 혹은 피신뢰자(trustee)가 기대대로 행위하지 않을 수 있다는 배신의 가능성을 항상 전제한다. 만일 신뢰의 대상이 어떤 이유에서든지 특정 행위만을 할 수밖에 없다면 행위 내용에 상관없이 우리는 신뢰가 존재한다고 말할 수 없는 것이다.

둘째, 신뢰는 정보의 불확실성 및 감시의 불완전성을 전제한다. 만일 한 행위자가 다른 행위자가 어떤 행위를 할 것이라는 것에 대한 모든 정보를 가지고 있고 실제로 그가 어떤 행위를 하는가를 완벽하게 감시할 수 있다면 우리는 그 상황에서 신뢰가 존재한다고 말할 수 없다.

셋째, 신뢰는 자발적이다. 즉 신뢰는 신뢰자나 신뢰의 대상 모두에 있어서의 자발성을 전제로 한다. 강제로 신뢰한다던가 강제로 신뢰받는다는 것은 행위자가 특정한 방향으로 행동할 것을 미리 규정할 수 있다는 점에서 위에서 말한 신뢰의 정의와 어긋난다.

넷째, 신뢰는 신뢰자의 계산성(calculativeness)을 전제로 한다. 여기에서 우리는 계산성을 두 가지 의미로 구분할 수 있다. 우선 가장 강한 의미로 계산성을 정의하면 신뢰자가 신뢰의 대상이 자신의 기대대로 행동할 확률과 실제로 기대대로 행동했을 때의 이익, 그리고 배반했을 때의 손실을 사전에 예상하고 이에 따라 신뢰할 것인가 아닐 것인가를 미리 정한다는 것이다. 약한 의미로 계산성을 정의하면 신뢰자는 무조건 손해볼 것을 예상하면서 신뢰하지는 않을 것이라는 것이다. 물론 계산성을 강한 의미로 정의하건 약한 의미로 정의하건 간에 신뢰자의 계산은 정보의 불확실성과 감시의 불완전성 때문에 언제나 틀릴 위험을 전제로 한다.[2] 신뢰의 계산성을 전제로 콜만(1990: 99~100)은 한 행위자가 신뢰하기 위한 조건을 $P \cdot G > (1-P) \cdot L$이라고 주장한다. 여기

2 | 대부분의 신뢰에 대한 정의는 이러한 계산성을 포함한다. 그러나 윌리엄슨(Williamson, 1993)은 계산적인 신뢰라는 것은 용어 자체의 모순이며, 이러한 신뢰는 거래비용학파에서 사용하는 위험(risk)이라는 개념으로 대치되어야 한다고 주장한다. 그는 신뢰의 정의를 비계산성을 특징으로 하는 개인적인 관계(예를 들어 부모-자식 간의 관계)로 제한해야 한다고 주장한다. 이에 대해 본인은 세 가지로 반박한다. 첫째, 부모-자식 간의 관계에서도 물질적인 이해관계는 아니더라도 부모는 자식이 자신의 신뢰에 대해 어떻게 반응할 것인가에 대해 계산할 것이다. 둘째, 위험의 개념은 신뢰의 개념이 전제로 하는 행위자간의 사회적 관계와 그에 대한 사회적 기대를 나타내는데 부족하다. 끝으로 윌리엄슨으

에서 P는 신뢰받는 대상이 신뢰한 대로 행동할 확률이고, 1−P는 신뢰한 대로 행동하지 않을 확률이고, G는 신뢰받는 대상이 신뢰한 대로 행동했을 때 신뢰자가 받게되는 잠재적 이익이다. L은 신뢰받는 대상이 신뢰를 배반했을 때 신뢰자가 받게되는 잠재적 손실이다. 콜만에 의하면, P · G가 (1−P) · L과 같을 경우에는 행위자는 신뢰할 것인가에 대해 무관심해지거나 결정하지 못하고, 만일 작은 경우에는 신뢰하지 않는다. 그러나 이러한 신뢰의 조건에 대한 논의는 잠재적인 신뢰자가 신뢰의 대상이 어떻게 할 것이며 그에 따른 이익과 손실을 정확하게 객관적으로 파악한다는 것이 아니라 다만 파악하려고 노력할 것이라는 의미이며, 따라서 이런 조건들에 대한 개인의 평가는 주관적일 수밖에 없다는 것을 전제로 한다.[3] 하지만 콜만의 이러한 논의는 신뢰의 대상에 대한 논의를 누락하고 있다는 점에서 문제가 있다고 본다. 이 부분에서 필자는 콜만의 논의를 확장하고자 한다. 신뢰를 결정하는데 있어서 잠재적인 신뢰자가 신뢰의 대상이 신뢰한 대로 행동할 것이라는 확률 P는 신뢰 발생 여부를 결정하는 핵심적인 요소이다. 그러나 필자는 P 자체가 다시 배반시 신뢰의 대상이 받을 수 있는(신뢰자에 의해서나 아니면 제3자, 법적, 제도적 장치에 의해서) 손실과 신뢰한 대로 했을 시 받을 수 있는 이익과 그런 이익이나 손실이 발생할 수 있는 확률에 대한 평가에 의해 결정될 것이라고 주장한다. 다시 말해서 신뢰자가 P, 즉 신뢰의 대상이 신뢰한 대로 행동할 확률을 계산할 때 신뢰자는 신뢰의 대상이 받을 이익과 손실이 크면 신뢰의 대상이 신뢰대로 행

로 대표되는 거래비용학파는 그 학파가 거래비용 혹은 위험에 대한 해결책으로 제시하는 위계가 그 감시와 제재의 비용에 의하여 불가능할 경우, 신뢰가 위계의 대안으로 발생할 수 있다는 가능성을 간과하고 있다.

3 | 김용학 · 손재석은 신뢰에 대한 계산을 얼마나 자주 하는가에 따라 신뢰를 크게 사건으로서의 신뢰와 상태로서의 신뢰로 구분한다. 그러나 이러한 구분은 저자들이 말하는 것처럼 계산을 하거나 전혀 하지 않거나의 차이가 아니라 같은 대상에 대해 얼마나 자주 계산을 하는가에 따른 정도의 차이라는 점에서 여전히 계산성을 전제로 한다고 할 수 있다.

동할 확률이 높다고 계산할 것이고 신뢰의 대상이 받을 이익과 손실이 작으면 신뢰대로 행동할 확률이 낮다고 계산할 것이라는 것이다. 이에 대해서는 뒤에서 신뢰 형성을 위한 사회적 자본과 관련하여 다시 논의하기로 한다.

다섯째, 신뢰의 궁극적인 목표는 협조(cooperation)이다. 즉 한 행위자가 다른 행위자를 신뢰한다는 것은 다른 행위자가 자신의 이해에 부응하도록 협조할 것을 주관적으로 기대하는 것이다.

여섯째, 신뢰란 사회적 관계성을 전제로 한다.[4] 즉 신뢰란 최소한 두 사람 이상의 사회적 관계를 나타내는 특성이며 그 사회적 관계 내에 존재한다. 이런 점에서 신뢰는 이후 논의할 사회적 자본의 한 예로 분류될 수 있다.

위와 같은 신뢰의 구성요소를 바탕으로 이 글에서는 신뢰를 다음과 같이 정의한다. 신뢰란 '한 행위자가 위험에도 불구하고 다른 행위자가 자신의 기대 혹은 이해에 맞도록 행동할 것이라는 주관적 기대이다(willingness to risk cooperation).'

3. 신뢰의 유형과 위기의 유형

신뢰의 위기란 무엇인가? 신뢰의 위기는 한 사회 내의 대다수 행위자가 서로를 신뢰하지 않고, 그에 따라 신뢰가 제공하는 여러 가지 혜택, 즉 감시 비용의 절감, 사회적 협동, 사회성원들간의 결속감, 정보의 원활한 유통, 사회성원들의 헌신 및 만족, 불확실성의 감소 등이 발생하지 않는 사회적 상황을 말한다. 그렇다면 이러한 신뢰의 위기는 어떻게 발생하는 것일까? 콜만의 논의를 바탕으로 우리는 신뢰가 발생하지 않을 상황을 다음과 같이 정리할 수 있

4 | 관계성이 상호성을 전제로 하는 것은 아니다. 관련된 행위자들이 서로를 동시에 신뢰하는 것은 신뢰 관계의 한 특수한 예이지 일반적인 경우가 아니다.

다. 첫째, 신뢰의 대상이 신뢰한 대로 행동할 확률이 배반할 확률보다 작을 때 신뢰는 발생하지 않는다. 둘째, 신뢰의 대상이 신뢰한 대로 행동했을 때 신뢰자가 주관적으로 평가하는 잠재적 이익이 신뢰의 대상이 배반했을 때 신뢰자가 주관적으로 평가하는 잠재적 손실보다 작을 때 신뢰는 발생하지 않는다.

이에 덧붙여 중요한 것은 신뢰가 발생하려면 신뢰자가 나름대로 이러한 확률과 잠재적 이익 및 손실을 평가할 수 있는 최소한의 정보가 있어야 한다는 것이다. 특히 개인적으로 밀접한 관계에 있는 친구나 부모, 동창 등이 아닌 낯선 사람에 대한 신뢰가 중요시되는 현대사회에서는 비록 완전할 수는 없을지라도 신뢰의 대상에 대한 최소한의 정보가 사회적으로 · 제도적으로 확보되어야 한다. 정보 없이도 불가피하게 신뢰할 수밖에 없는 상황은 존재하지만, 사회적 신뢰가 형성되기 위해서는 최소한의 정보가 전제되어야 한다.

신뢰 발생에 영향을 미치는 그 밖의 것으로는 잠재적인 신뢰자와 신뢰의 대상이 신뢰행위와 관련하여 받을 수 있는 이익과 손해를 들 수 있다. 만일 신뢰한 대로 행동했을 때와 배반했을 때 그 정도와 상황에 따라 관련 행위자 모두가 공통으로 인식하는 이익과 손해는 그 크기에 따라 행위자들의 행동 방향을 직접적으로 결정한다.

이상에서 본 것처럼 신뢰에 영향을 미치는 직접적 요인들은 행위의 확률, 그에 따른 이익과 손실, 그리고 이런 요소들에 대한 정보라고 할 수 있다. 그러나 이 글의 목적은 단지 신뢰 형성에 관련된 요소들을 추상적으로 나열하는 것이 아니라 신뢰를 하나의 사회학적 변수로 연구하는 것이다. 그렇다면 우리는 신뢰를 어떻게 사회학적으로 연구할 수 있는가?이를 위해서 필자는 신뢰의 유형화 작업이 필요하다고 논의한다. 신뢰에 관한 비교 · 역사적 연구들은(Zucker, 1986; Gambetta, 1988b; Putnam, 1993) 공통적으로 신뢰가 형성되는 사회적 조건이 사회적 · 역사적으로 다양하게 나타났다고 논의한다. 그렇다면 우리는 신뢰가 형성되는 사회적 조건을 유형화함으로써 신뢰를 하나의 사회학적 변수로 다룰 수 있다는 것이다. 다시 말해서, 신뢰가 발생하는 조건이나 근거가 사회적으로 역사적으로 어떻게 다르게 나타나는가를 유형화하고 이를 사회의 특성에 따라서 이해함으로써 우리는 신뢰를 하나의 심리학적 혹은 철학적 개념으로 다루는 것에 멈추지 않고 이를 사회학적으로 다룰 수 있으며, 이는 왜 사회마다, 역사적으로 다른 시점마다 사회적 신뢰의 수준의 다르게 나타나는가를 이해하기 위한 출발점이라는 것이 이 글의 논지이다. 신뢰의 유형을 이렇게 이해했을 때 우리는 신뢰의 위기 또한 다양하게 나타날 수 있다는 것을 파악할 수 있으며, 각각의 유형에 따라 신뢰를 구축하기 위한 방안을 구별하여 제시할 수 있을 것이다.

1) 과정의존적 신뢰와 특성의존적 신뢰, 그리고 제도의존적 신뢰

신뢰의 유형을 제시하는 연구들 중에서 주커(Zucker, 1986)의 논의는 사회학적으로 신뢰를 연구하기 위해 중요한 출발점이다. 주커는 신뢰의 생산양식(modes of trust production) 혹은 신뢰의 근거에 의해서 신뢰의 유형을 과정의존적, 특성의존적, 제도의존적 신뢰로 분류하고, 미국 사회에서 역사적으로 신뢰의 유형이 어떻게 변화하였는가를 미국 사회의 변화를 통해 설명한다. 이는 한국사회에서 신뢰가 어떻게 형성되어 왔으며 현재의 신뢰 문제가 어떻게 발생했고, 앞으로 어떤 방향으로 신뢰를 구축할 수 있을 것인가에 대해 중요한 준거를 제공한다. 다음에서 주커의 유형 분류와 각 유형별 신뢰의 근거 혹은 조건 및 관련된 신뢰 구축방안을 간단히 정리하고자 한다.

(1) 과정의존적 신뢰

과정의존적 신뢰(process-based trust)는 한 번에 형성되는 것이 아니라 반복적으로 신뢰를 지킴으로 해서 쌓은 평판을 통해 형성된다. 이는 게임이론가들이 말하는 반복적인 죄수의 딜레마 게임과 유사한 것으로 신뢰는 한 행위자가 반복적으로 신뢰에 부응하는 행위를 했을 때 형성되는 평판을 통해 만들어진다. 이런 신뢰를 만들어 내거나 혹은 받기 위해서 행위자는 신뢰에 대한 투자를 하게 된다. 이 같은 투자는 결국 다른 행위자에 의해 제공되는 신뢰에 대해서 반복적으로 신뢰를 지킴으로써(즉, 신뢰의 평판을 쌓음으로써) 이루어진다. 하지만 이런 신뢰는 특정 개인이나 집단의 관습적이고 반복적인 행동에 기반하기 때문에 한 개인이나 집단에 대한 신뢰가 다른 개인이나 집단으로 이전될 수 없다. 이런 신뢰는 당사자들간에 지속적으로 밀접하게 관계를 가지는 한에서만 형성될 수 있다는 점에서 루만이 신뢰와 유사한 개념으로 제시한 친숙성(familiarity)의 개념과 상통하는 것이다(Luhmann, 1988). 친숙성과 평판을 기반으로 하는 이 유형의 신뢰는 주로 개인들간의 신뢰를 설명하는 데 적용될 수 있다.

집단간 신뢰는 어떤 근거를 통해 형성될 수 있는가? 다음 유형의 신뢰는 주로 집단의 특징에 근거를 한다.

표 1-1 신뢰의 생산양식(modes of trust production)에 의한 유형 분류: 과정의존적, 특성의존적, 제도의존적 신뢰

신뢰의 유형	근거	근거의 예	신뢰 구축방안
과정의존적 신뢰	반복되는 교환	평판	신뢰에 대한 투자(타인에게 양도될 수 없으므로 신뢰에 대한 시장 부재)
특성의존적 신뢰	개인이나 집단의 귀속적 특성	가문(혈연), 인종, 성(의 동질성)	신뢰는 주어지는 것
제도의존적 신뢰	공식적인 사회제도	신뢰를 특정 개인이나 조직, 혹은 사회 일반적으로 제공하거나 보증하는 제도나 조직(전문인집단, 학교), 기업, 은행, 정부	신뢰에 대한 투자 및 구매(신뢰에 대한 시장 형성)

(2) 특성의존적 신뢰

특성의존적 신뢰(characteristic-based trust)는 한 개인이 속하는 집단의 귀속적 특성에 기반한다. 예를 들어 남성은 여성에 비해 그 특성상 믿을 수 있다든지, A 집안 사람들은 가문의 특성상 믿을 수 있다라는 식으로 그 대상의 귀속적 특성을 바탕으로 제공되는 신뢰이다. 이 경우 잠재적인 신뢰자와 신뢰의 대상들이 동일한 귀속적인 특징을 공유함으로써 이 유형의 신뢰는 높은 수준에 도달하게 된다. 이는 뒤르켐(Durkheim)이 말하는 기계적 결속(mechanical solidarity)이 사회 성원들간의 동질성을 바탕으로 이루어진다는 것과 같은 맥락이다. 즉 귀속적인 속성을 공유하는 행위자나 집단들은 유사하게 생각하고 이것이 곧 신뢰의 기초가 된다는 것이다.[5] 이런 유형의 신뢰는 신뢰를 주고받는 대상간에는 긍정적일 수 있으나 우리 사회에 만연하는 지역주의, 미국사회에서의 인종 차별 등 사회적 편견이라는 부정적인 결과로 이어질 수 있다. 또 이 같은 신뢰는 귀속적으로 특정 대상에게 주어지는 것이기 때문에 투자할 수도 의도적으로 만들 수도 없다. 뒤르켐이 사회가 분화함에 따라 사회성원들간에 이질성이 높아지면서 기계적 결속이 약화된다고 주장했던 것처럼 현대사회가 진행됨에 따라 동질적인 귀속적 특성을 바탕으로 하는 특성의존적 신뢰는 약화될 가능성이 높다고 하겠다.

익명성이 높아가고 사람들간에 공통점보다는 차이점이 많아져가는 현대 산업사회에서 가능한 신뢰의 유형은 어떤 것인가? 우리는 사회적 신뢰를 포기하고 홉스(Hobbes) 식으로 만인의 만인에 대한 불신을 경험할 수밖에 없을

5 | 이런 점에서 뒤르켐의 기계적 결속은 주커의 신뢰 유형 중 특성의존적 신뢰와 연결될 수 있고, 뒤르켐의 유기적 결속은 주커의 유형 중 이후에 설명할 제도의존적 신뢰와 연결된다고 할 수 있다. 즉 특성의존적 신뢰는 개인이나 집단들 간의 동질성을 바탕으로, 제도의존적 신뢰는 사회적 이질성이 높아진 상황에서 기능적 상호의존성을 바탕으로 한 신뢰라고 할 수 있다.

까? 다음 유형의 신뢰는 개인적인 친숙성이나 귀속적인 지위의 동질성을 요구하지 않는다는 점에서 새로운 대안으로서의 신뢰라고 할 수 있다.

(3) 제도의존적 신뢰

제도의존적 신뢰(institutionally-based trust)는 공식적인 제도에 의해서 신뢰가 제공되는 유형의 신뢰이다. 즉 한 행위자나 집단이 신뢰를 받는 것이 개인의 평판이나 귀속적인 특성과는 상관없이 공식적으로 그 개인에 대한 신뢰를 제공해 줄 수 있는 제도나 조직에 의해서 이루어지는 유형의 신뢰이다. 예를 들어 한 개인이 회사에 취직할 때 회사는 그 개인의 능력이나 성실성에 대한 신뢰를 개인의 평판이나 귀속적 특성이 아닌 그가 제공하는 제도적 신뢰의 보증, 즉 학력, 성적표, 자격증 등에 의하여 부여하는 것이다. 혹은 돈을 빌려줄 때 개인의 평판이나 특성이 아니라 그 개인이 가입한 보증보험과 그것을 제공하는 금융기관에 기반하여 돈을 준다면, 이는 제도의존적 신뢰를 제공하는 경우라고 볼 수 있다. 또는 증권투자자들이 자신들이 투자하는 회사에 속한 개인들의 개인적 평판이나 귀속적 특성과는 상관없이 그 회사의 경영능력을 평가하는 신용평가기관에 의거하여 자신들의 돈을 제공하는 경우도 이런 신뢰에 해당한다. 이는 제도에 의한 신뢰이자 동시에 그 제도에 대한 신뢰를 바탕으로 한 신뢰라는 면에서 제도의 이중적인 역할을 전제한다. 즉 한 개인을 신뢰하는 이유는 공식적인 제도나 조직이 그 개인에 대한 신뢰를 제공하기 때문이고 동시에 신뢰자는 그 제도나 조직 자체를 신뢰하기 때문에 신뢰가 발생하는 것이다. 이런 신뢰는 개인이 신뢰를 제공하는 조직이나 제도의 요구사항을 만족시킴으로써 얻을 수 있기 때문에 개인은 그에 대한 투자를 하게 되고, 또한 신뢰를 제공하는 조직은 신뢰 자체를 상품으로 개발하게 된다.

이상과 같은 세 가지 유형의 신뢰가 한 사회에 공시적으로 존재하지만, 동시에 우리는 여기에서 역사적인 경향을 확인할 수 있다. 과정의존적이나 특성의존적인 신뢰는 개인의 사회적, 지리적 이동이 적고, 개인들간의 상호관계가 상대적으로 오래 지속되고, 상호작용을 하는 개인들의 수가 적고 그들이 다양한 측면으로 서로 연결되는 전통사회에서 주로 발견된다. 그러나 현대사회로 들어가면서 사회적, 지리적 이동의 급속한 증가, 익명성의 증가 등은 한 개인과 밀접한 관련이 있는 소수 인원을 넘어서서는 이런 유형의 신뢰를 불가능하게 만든다. 따라서 현대사회에서의 실질적인 신뢰 유형은 제도의존적인 신뢰라고 할 수 있다. 같은 맥락에서 주커는 20세기 초부터 현재까지의 미국 역사에 대한 분석을 통해 사회의 지배적인 신뢰 유형이 과정의존적인 신뢰에서 제도의존적인 신뢰로 변하였다고 논의한다.

우리 사회가 최근에 신뢰의 위기를 맞고 있다면 그 이유는 어떻게 설명할 수 있으며, 또 이를 위한 해결책은 무엇일까? 우선 주커의 논의를 한국사회에 적용해 보면 지금까지 한국에서의 지배적인 신뢰 유형은 과정의존적이고, 또 특성의존적이었다고 할 수 있다. 즉 개인이나 집단에 대한 신뢰는 대부분 반복적인 상호관계 속에서 접할 수 있는 개인이나 집단에 대한 평판을 통해 이루어지는 경우였던 것이다. 하지만 이렇듯 지속적으로 접촉하는 개인이나 집단에 대한 신뢰는 후쿠야마의 지적대로 가족의 범위를 넘어서기 힘들다는 점에서 극히 제한적이며, 바로 이것이 후쿠야마가 우리 사회를 저신뢰사회라고 분류하는 근거이다. 밴필드(Banfield, 1958)는 이러한 신뢰를 탈(脫)도덕적 가족주의(amoral familism)라고 명하고 이것이 도덕적으로 뒤떨어진 사회의 대표적인 특징이라고 규정한다. 이런 유형의 신뢰는 가족 내에서의 고신뢰 자체가 가족을 벗어난 개인이나 집단들의 신뢰를 저해하고 오히려 불신을 조장함으로써, 사회적으로는 신뢰의 수준을 떨어뜨리는 결과를 낳게 되었다고 할 수 있다. 따라서 가족주의에 입각한 신뢰가 도리어 사회적 신뢰의 위기를 초래하게 되는 것이다.

특성의존적인 신뢰는 우리 사회에 존재하는 또 다른 신뢰의 유형이라고 할 수 있다. '지역주의' 에서 나타나는 특정 지역 사람들에 대한 신뢰나 불신, 성 차별주의에서 발견되는 특정 성에 대한 신뢰나 불신, 가족 혹은 가문에 따라 부여되는 신뢰나 불신 등은 특성의존적인 신뢰의 대표적인 사례들이다. 이런 유형의 신뢰는 가족주의를 바탕으로 한 신뢰보다는 그 범위가 넓지만 역시 사회 전체로 신뢰가 확산되는 것을 제한하고 저해한다는 점에서 사회적 신뢰의 위기를 가져올 수 있다. 다시 말해서 과정의존적인 신뢰나 특성의존적인 신뢰는 신뢰의 범위를 제한하고 그 범위 밖에 있는 사람들과 안에 있는 사람들을 구별하여 특정한 혜택(일자리, 자금, 사회적 교제, 투자 기회 등)을 제공한다는 점에서 배타적이고 영합게임(zero-sum game)적인 사적(私的) 재화(private goods) 혹은 위치재(positional goods)인 것이다.[6] 갬베타는 마피아가 특정 고객에게 사적 신뢰를 제공함으로써 오히려 그 이외의 사람들의 신뢰를 파괴하고 불신을 조장하며 선별적으로 불이익을 가한다고 설명한다. 여기에서 마피아와 고객 간의 신뢰는 그것이 크면 클수록 다른 사람들간의 신뢰를 감소시킨다는 점에서 영합게임적이다. 또 같은 맥락에서 볼 때 가족주의나 연줄망에 의거한 신뢰 역시 영합게임적이다.

6 | 여기서 강조하는 위치재의 특성은 그 혜택이 그 재화를 직접 소유하고 있는 사람에게만 돌아가고, 한 사람이 가진 만큼 다른 사람들은 가질 수 없다는 것이다. 위치재의 반대되는 것은 도덕적 자원인데, 이는 혜택이 재화를 직접 소유하고 있지 않은 사람들에게도 돌아갈 뿐 아니라, 사용하면 할수록 그 양이 늘어가는 유형의 재화를 말한다. 신뢰에 대한 중요한 논쟁 중의 하나는 신뢰가 위치재인가 아니면 도덕적인 자원인가, 혹은 사적재화인가 아니면 공공재인가 하는 것이다. 필자는 신뢰가 그 유형에 따라 이런 두 가지 특징을 동시에 가지고 있다고 논의한다. 잠재적인 신뢰 대상의 사회적 범위가 제한된 경우(예를 들어, 귀속적 특징에 바탕을 둔 신뢰)는 사적재화의 성격이 강하고, 반대로 제한되어 있지 않은 경우는 공공재의 성격이 강하다고 할 수 있다. 동시에 신뢰 대상의 범위가 제한된 경우라고 하더라도, 그 안에 속한 사람들간의 신뢰는 공공재의 성격이 강하다고 할 수 있다. 예를 들어, 같은 혈연으로 맺어진 집단 내의 신뢰는 구성원들이 서로에게 신뢰를 주면 줄수록 신뢰의 수준이 높아질 것이고, 일단 신뢰의 혜택이 발생하면 그 안의 성원 모두에게 돌아간다고 할 수 있다.

현대사회에서 사회적 신뢰를 형성하고자 할 때 보다 나은 유형의 신뢰는 제도의존적인 신뢰라고 할 수 있다. 이는 실제적인 동시에 바람직하다. 우선 제도의존적 신뢰가 실제적이라는 것은 다음과 같은 이유에 근거한다. 익명성과 높은 수준의 사회적, 지리적 이동성을 전제로 하는 현대사회에서 한 사람이 특정 개인과 반복적으로, 또 지속적으로 관계함으로써 얻는 평판은 극히 제한적이다. 반면 제도의존적 신뢰는 사전 접촉이 없고 개인적 평판에 대한 정보가 없는 다수의 타인들에 대해 공식적인 제도에 의거하여 신뢰를 제공할 수 있다는 점에서 실제적인 대안이라고 할 수 있다. 또한 제도의존적인 신뢰는 바람직하다. 즉 이런 유형의 신뢰의 기반이 되는 제도가 공정하고, 보편적이며, 객관적으로 운영되고 또 동일한 기준에 의해 신뢰를 매개하거나 보증한다면, 제도의존적 신뢰는 배타적이거나 영합게임적이라기 보다는 공공재적이고 허쉬만(Hirschman, 1984)이 말했던 것처럼 도덕적 자원(moral resources)이 될 수 있는 것이다. 다시 말해서 이런 유형의 신뢰는 사용할수록 그 수준이 높아지며, 이런 신뢰를 사용하는 사람이 많을수록 전체의 사회적 신뢰가 높아지게 된다는 것이다.

그러나 제도의존적인 신뢰는 몇 가지 전제를 필요로 한다. 우선 제도가 운영되는 방식이 공정하게 객관적으로 운영되어야 하고, 다음으로 대다수의 사람들이 그 제도의 공정성을 신뢰해야 하며, 마지막으로 특정 집단만이 아니라 사회 대다수의 사람들이 이런 유형의 신뢰를 추구해야 한다는 것이다. 현재 한국사회의 신뢰의 위기는 바로 이들 세 가지 전제가 충족되지 않고 있다는 것에서 비롯된다. 특히 공정한 기준에 의하여 신뢰를 제공해야 하는 금융기관이 연줄망에 의한 혹은 과정의존적 신뢰나 특성의존적인 신뢰를 제공하고 있다는 점이나, 이런 문제에 대한 매스미디어의 보도 및 이에 대한 대중의 인식이 신뢰를 제공하는 제도 자체에 대한 불신을 초래했다는 것이다. 이는 패그덴(Pagden, 1988)이나 퍼트남(Putnam, 1993) 등이 논한 바 있는 '불신의 악순환' 을 초래한다. 불신의 악순환이 심각한 것은 일단 불신이 사회적으로 정착되면 신뢰 자체에 내재된 공공재로서의 성격으로 인해 합리적인 개인들은 불신하거나 협조에 참여하지 않고 다른 사람들이 대신 신뢰하거나 협조하기를 바라는 죄수의 딜레마에 빠지게 된다는 것이며 따라서 개개인들이 신뢰하지 않는 것이 사회적 균형상태(social equilibrium)가 된다는 것이다. 퍼트남이나 갬베타가 묘사하는 남부 이탈리아는 이런 점에서 현재 한국사회의 신뢰의 위기와 매우 흡사하다.

지금까지 살펴보았던 주커의 신뢰 유형 분류는 신뢰의 근거가 역사적으로 어떻게 변화했는가에 초점을 둔 분류라고 할 수 있다. 이에 반해 아래에서는 신뢰가 생겨나고 유지되는 근거를 논리적인 차원에서 분류한 샤피로, 셰퍼드, 체라스킨(Shapiro, Sheppard, and Cheraskin, 1992)의 논의를 소개하고 이에 따른 신뢰 위기의 유형과 그 극복방안을 논의하기로 한다.

2) 제재의존적, 지식의존적, 일치감의존적 신뢰

샤피로, 셰퍼드, 체라스킨(1992)의 논의는 신뢰의 유형을 논할 때 자주 인용되고 있다. 이들 논의의 장점은 위에서 살펴 본 주커의 경우에서처럼 단순히 신뢰의 유형을 구분하는 데 그치지 않고, 유형별로 가능한 신뢰를 만들어내기 위한 조건 혹은 방안을 제시한다는 데 있다. 그들은 우리가 누군가를 신뢰하는 이유 또는 근거에 의해 신뢰 유형을 크게 제재의존적(deterrence-based), 지식의존적(knowledge-based), 일치감의존적(identity-based) 신뢰로 구분한다.

(1) 제재의존적 신뢰

제재의존적 신뢰에서는 신뢰자가 신뢰하는 근거는 신뢰의 대상으로부터 배반당했을 때 그에 상응하는 제재나 처벌을 가할 수 있다는 점이다. 제재에 기반한 신뢰에 대하여 그것이 신뢰의 정의에 부합하는가라는 질문을 제기할 수 있다. 신뢰의 상식적 개념이 신뢰자와 신뢰 대상자 간의 제재나 이익과 관계없이 한 사람이 다른 사람에게 자발적으로 제공하는 믿음이라고 한다면, 제재를 기반으로 하는 신뢰가 과연 신뢰일 수 있는가라는 질문이다. 이는 윌리엄슨(Williamson)이 신뢰를 비계산적이고 극히 제한된 사적 관계에서만 발견된다고 논의하는 맥락과 같다. 그러나 이는 실제적인 정의라고 할 수 없다. 왜냐하면 그런 식의 제재가 필요 없는 무조건적인 혹은 맹목적인 신뢰(blind trust)는 물론 신뢰의 한 형태 혹은 수준이지만 이것만을 신뢰로 정의한다면 우리는 신뢰의 영역을 극히 제한하는 것이다.

제재는 단순히 신뢰자가 신뢰 대상과의 관계를 끊어버리는 것에서부터 배신한 사람에게 응분의 물질적, 사회적, 심리적 비용이나 대가를 치르게 하는 것까지 다양하게 존재할 수 있다. 여기에서는 이런 제재에 대해서 신뢰의 대

표 1-2 신뢰의 근거에 의한 유형 분류: 제재의존적, 지식의존적, 일치감의존적 신뢰

신뢰의 유형	근거	근거의 예	비용	신뢰 구축 방안
제재의존적	제재	사회적 처벌(관계 끊기, 따돌림); 법적, 경제적 처벌 등	감시비용; 제재비용	a. 반복적 상호작용 b. 동일인과의 다양한 종류의 관계
지식의존적	신뢰 대상에 대한 예측가능성(정보)	회사에 대한 신용평가보고서	정보수집비용	c. 규칙적인 의사소통 d. 상대방에 대한 정보수집 (a와 b 방안도 적용)
일치감 의존적	신뢰자와 신뢰 대상간의 일치감	소속의식, 집단의식	경직성 혹은 운용(maneuvering)의 제한	e. 공통의 목표 설정 f. 공통의 명칭을 형성 g, 지리적, 사회적 근접화 h. 공통의 가치, 규범 형성 (a에서 d 방안도 적용)

상이 알고 있고, 또 신뢰의 대상이 알고 있다는 것을 신뢰자가 알고 있음으로 해서 신뢰가 발생한다. 이런 신뢰에는 두 가지 종류의 비용이 발생한다. 첫째, 제재를 하기 위해서는 상대방이 배신하고 있는지 여부를 파악하기 위한 감시 비용이, 둘째, 제재를 가하는 데 드는 비용이 요구된다. 예를 들어 관계가 상호적일때, 상대방의 배신에 대한 제재로서 관계를 끊는다는 것은 그 자체로서 제재자에게 제재일 수 있다. 따라서 제재가 효과적이려면 신뢰자는 제재를 가할 때 드는 비용을 지불할 용의가 있다는 것을 신뢰의 대상에게 사전에 제시해야 한다.

이런 신뢰를 구축하는 방안은 반복적인 상호작용을 함으로써 매번 신뢰의 혜택을 발생시키고 그것이 증가되도록 하는 것이다. 이런 식으로 증가하는 신뢰의 혜택 혹은 이익은 배반시 추가의 처벌이 없더라도 그 혜택을 잃는 것과 관계가 끊긴다는 것 자체가 제재가 되는 것이다. 또한 신뢰의 대상이 신뢰자와 한 종류의 관계를 가질 뿐 아니라 동시에 여러 종류의 관계를 가진다면, 그는 한 종류의 관계에서 배신함으로써 이익을 얻더라도 다른 종류의 관계가 끊김으로 해서 받는 누적적 손실이 더 크기 때문에 신뢰를 지킬 확률이 높아지는 것이다. 다른 한편, 신뢰의 대상이 같은 종류의 관계를 동시에 여러 명과 형성하고 있고 이들이 사회적으로 서로 연결되어 있을 경우에도 그 연결망은 신뢰에 대한 제재 효과를 높인다. 즉 한 명에 대한 배신이 다른 사람들에게 알려질 경우, 배신을 하는 사람은 단지 한 사람과의 관계를 넘어 동시에 여러 사람과의 관계까지를 잃게 되므로 배신에 대한 제재효과가 크게 되고 이에 따라 신뢰를 지킬 확률이 높아지는 것이다. 이렇게 볼 때 제재의존적 신뢰라는 개념은 주커가 말하는 과정의존적 신뢰 – 평판에 기반한 – 의 개념과 상당 부분 공통적인 부분이 있다는 것을 알 수 있다. 신뢰와 사회적 자본, 사회적 연결망의 관계는 뒤에 다시 논의하기로 한다.

(2) 지식의존적 신뢰

두 번째 유형의 신뢰는 지식의존적이다. 이는 신뢰의 대상이 어떻게 행동할 것이라는 것을 예측할 수 있는 능력을 기반으로 발생하는 종류의 신뢰를 지칭한다. 신뢰의 대상이 어떻게 행동하리라는 것을 신뢰자가 사전에 확실하게 알 수 없다는 점에서 신뢰는 언제나 위험 혹은 불확실성을 내포하는 것이지만, 신뢰의 대상에 대한 예측가능성을 정해진 한계 내에서 높일 수 있다면 신뢰수준 또한 높아질 수 있다. 샤피로 등(1992)에 따르면 지식의존적 신뢰를 만들어내기 위해서는 제재의존적 신뢰가 필요로 했던 전제조건들 이외에도 규칙적인 의사소통과 신뢰를 결정하기 전에 상대방에 대한 효율적인 파악(courtship)이 요구된다. 즉 여기에는 제재 가능성 여부와는 별도로 정보의 문제가 수반되는 것이다. 따라서 지식의존적 신뢰에서 발생하는 비용은 주로 정보를 획득하는데 드는 비용이 된다. 정보 수집의 초점은 신뢰 대상에 관한 평판(reputation)으로서, 이는 다시 주커가 제시했던 반복된 상호작용을 통한 개인의 평판에 기반한 지식의존적 신뢰와 연결된다고 할 수 있다.

제재의존적 신뢰와 지식의존적 신뢰는 상호 배타적이 아니라 상호보완적이다. 배반에 대한 상호 제재가 가능하고, 동시에 상대방의 행동에 대해 예측이 가능하다면, 이는 어느 한 종류에만 근거하고 있는 경우보다 더 높은 수준의 신뢰를 형성할 수 있을 것이다. 하지만 이런 두 유형의 신뢰에는 여전히 감시, 제재, 정보 수집상의 결점이라는 위험과 함께 그것을 위한 비용이 뒤따르게 된다. 따라서 샤피로 등(1992)에 의하면 이상적이고 가장 높은 수준의 신뢰는 다음 유형의 신뢰이다.

(3) 일체감의존적 신뢰

일체감의존적 신뢰는 말 그대로 상호간의 일체감을 바탕으로 한 신뢰이다. 이것은 곧 나와 너의 구분 자체가 뚜렷하지 않고 하나의 공동체를 형성하고 있다고 믿는 행위자간 신뢰이다. 따라서 이상적인 상황에서 일체감의존적 신뢰는 감시, 제재, 정보 파악 등의 노력과 비용을 최소화할 수 있다. 샤피로는 이런 신뢰를 형성하기 위해서는 일체감을 형성하기 위한 방안이 필요하다고 논의한다. 여기에는 공동의 목표를 설정하고, 공통의 명칭을 사용하고, 지리적, 사회적으로 가까이 위치하고, 공통의 가치 및 규범을 형성하는 것 등이 포함된다. 그 중에서도 특히 공통의 가치 및 규범을 형성하는 것은 가장 높은 수준의 일체감의존적 신뢰를, 따라서 가장 높은 수준의 신뢰를 가능하게 한다. 이 수준의 신뢰에서는 신뢰의 대상이 신뢰자의 대행자(agent) 역할을 하는 것이 가능하며 신뢰는 행위자들에게 내면화된다.

그러나 이런 유형의 신뢰는 그것을 성취했을 경우에는 가장 높은 수준의 신뢰이자 계산성을 전제하지 않는 상식적인 의미의 신뢰에 가장 근접하지만, 동시에 가장 달성하기 힘든 유형의 신뢰이기도 하다. 사회적 신뢰가 사회 성원들간의 가치 및 규범을 공유해야만 가능한 것이라면, 다원화된 가치들이 공존하는 현대사회에서 이런 신뢰의 구축은 쉽지 않을 것이다.

지금까지 신뢰를 유형별로 분류한 중요한 논의를 정리하면서 각 유형의 신뢰의 특색은 무엇이며, 이런 신뢰를 형성하기 위해서 전제되는 필요조건들은 무엇인가를 살펴보았다. 다음에서는 이상의 논의를 정리하면서 우리 사회의 사회적 신뢰 위기를 극복하기 위한 방안에 대해 토의하기로 한다.

4. 신뢰 위기의 요인

1) 신뢰에 관한 비관론

특정 사회의 신뢰를 사회학적 · 역사적 관점에서 다루고 있는 기존의 연구들을 보면 한국사회의 신뢰의 위기에 대해 비관적인 결론을 내리게 한다. 기존의 연구들은 고신뢰사회에서 저신뢰사회로 변하게 된 사례는 다루면서도 저신뢰사회가 고신뢰사회로 변하게 된 사례에 대해서는 논의하고 있지 않다. 따라서 저신뢰사회가 고신뢰사회가 되기 위하여 구체적으로 어떤 사회적, 정치적, 제도적, 문화적 실천이 필요한가라는 실천적 물음이 제시되지 못하고 있다. 이는 무엇을 의미하는가? 신뢰란 깨지기는 쉬우나 한 번 깨지면 회복될 수 없는가? 우리 사회가 저신뢰의 사회라고 한다면 이 불신의 악순환에서 벗어날 길은 없는가? 이에 대답하기 전에 먼저 저신뢰사회에 대한 기존의 연구를 통해 사회적 신뢰를 파괴하는 요인들을 살펴보도록 한다.

북부와 남부 이탈리아의 시민문화에 관한 연구에서 퍼트남(Putnam, 1993)은 두 지역이 역사적으로 정반대의 발전을 경험했다고 논의한다. 10세기 초반 정치적인 분권화와 이에 따른 공화정치를 형성한 북부 이탈리아 지역은 시민문화의 형성과 함께 높은 수준의 사회적 신뢰와 사회 · 경제적 발전을 이루어왔다. 반면 10세기 초반에 중앙집권적인 정치체계를 이룬 남부 이탈리아는 그 후 시민문화의 부재, 낮은 수준의 사회적 신뢰, 그리고 사회 · 경제적 퇴보를 겪게 되었다. 그렇다면 북부 이탈리아가 고신뢰사회가 될 수 있었던 사회적 요인은 무엇인가? 이 지역에서는 정치적으로는 지방자치와 같은 지방분권화가 이루어져 있었고, 문화적으로는 시민문화가 형성되어 있었다. 이때 시민문화는 상호성의 규범(norms of reciprocity)을 지칭하는 것이고 이를 위해 사회성원들은 다양한 시민조직을 만들고 여기에 참여할 수 있는 시민조직들간의 연결망(networks of civic engagement)을 만들었다는 것이다. 하지만 이와 같은 퍼트남의 논의는 그 시사점에도 불구하고 몇 가지 문제를 가지고 있다. 첫째, 퍼트남은 북부 이탈리아가 10세기 초에 어떻게 시민문화의 발전을 시작했으며 결과적으로 그 후 거의 1000여 년에 걸쳐 높은 수준의 사회적 신뢰를 유지할 수 있었는가를 밝히지 못하고 있다. 물론 정치적 분권화를 남부 이탈리아와 구별되는 특징으로 제시하지만 그것이 어떤 경로를 통해서 시민문화를 발전시키는가라는 문제는 여전히 불분명하다. 더 중요한 문제는 퍼트남의 논의가 결국 어떤 이유에서든지 역사적으로 시민문화가 부재하고 신뢰가 낮은 수준으로 되어버리면 그 사회는 돌이킬 수 없는 불신의 악순환만을 되풀이할 수밖에 없다는 결정론으로 귀결되고 만다는 데 있다. 실제로 그는 남부 이탈리아의 약 천년간의 역사는 지속적인 불신의 역사였다고 단언한다.

패그덴(Pagden, 1988)은 18세기 남부 이탈리아의 나폴리 지역의 경우는 이 지역을 정복한 스페인에 의해서 사회적 신뢰가 깨지고 불신의 역사가 시작되었다고 주장한다. 스페인이 사회적 신뢰를 낮추기 위해서 구사한 몇 가지 전략들은 우리에게 중요한 시사점을 제시한다. 스페인은 먼저 시민들에게 주어지는 정보의 양을 줄이도록 하였다. 이를 위해 정부의 행정 업무에 관한 정보를 공개하지 않았다. 또한 이전에 평등했던 남녀관계를 의도적으로 남성 위주의 관계가 되도록 제도를 고쳤으며, 또 귀족들은 법 적용에 있어서 예외적인 취급을 받도록 하였다. 즉 사회 내에서의 정보 감소, 남녀 및 지배 · 피지배집단 간의 사회적 · 법적 불평등은 나폴리 사회에서 급속도로 신뢰가 파괴되었던 주요 원인들이라는 것이다. 그 결과 나폴리 사회의 지배적인 사회 구성원리는 시민들간의 보편적인 수평적인 연대보다는 귀족들 간의 가족주의로 특징지어졌으며 결과적으로 사적 신뢰는 공적 신뢰의 희생을 기반으로 확대될 수 있었다는 것이다. 이상과 같이 패그덴은 신뢰가 짧은 시간 내에 상대적으로 쉽게 파괴될 수 있다는 것을 보여준다. 반면 그는 한번 파괴된 신뢰가 어떻게 회복할 수 있을 것인가에 대해서는 침묵한다. 퍼트남과 마찬가지로 패그덴 역시 불신의 악순환을 깨는 것에 대해 비관적인 입장을 취하는 것이다.

시실리 지역에 관한 연구에서 갬베타(Gambetta, 1988b)는 저신뢰의 직접적인 원인으로 마피아를 들고 있다. 그는 마피아 혹은 불신이 사회적으로 제도화된 이유로 다음의 몇 가지를 제시한다. 첫째, 믿을 수 있고 효과적인 법제정 및 집행 체계의 부재이다. 따라서 신뢰를 어긴 행위에 대한 제재의 불확실성과 예측 불가능성은 사람들간의 약속이 이루어지는 것도, 또 그 약속을 신뢰하는 것도 어렵게 만들었다. 이에 따라 경제 활동은 정체되고 합리적인 사람들은 가족처럼 잘 아는 사람들만을 신뢰하게 된 것이다. 이런 식으로 시실리식 가족주의는 시민사회를 대치하게 된다. 둘째로, 지금 우리가 경험하고 있는 것처럼, 침체된 경제는 사람들간의 생존 경쟁을 극대화하고 여기에 경쟁의 규칙이 없는 상태가 더해질 때, 불신의 지속적인 상승이라는 악순환이 이어지게 된다. 부득이 가족 이외의 사람들과 거래해야 할 경우 사람들은 마피아로부터 일종의 신뢰 보험을 구매한다. 다시 말해 상대방이 배신할 경우 마피아로 하여금 그에 대한 강력한 제재를 가하게 함으로써 배반의 가능성을 최소화하는 것이다.[7]

결국 마피아는 공정한 제재의 제도적 부재 및 경제 침체로 인한 생존 경쟁의 가속화라는 상황에서 사회적 불신을 사업화함으로써 유지되는 조직이다. 공정한 제재를 집행하는 국가 혹은 법제도가 없는 상황에서 사람들은 자신들의 집단 내에서만 신뢰를 주고받든지, 어쩔 수 없이 그 영역을 벗어날 경우 마피아로부터 사적 신뢰를 구입함으로써 다른 사람들과 경쟁하게 되고, 이에 따라서 사적 신뢰와 공적 신뢰는 상호 모순관계가 되어버리는 것이다. 여기에서 강조할 것은 사적 신뢰와 공적 신뢰 간의 관계는 항상 정(正)의 관계이거나 항상 부(負)의 관계라기보다는 그 자체가 사회, 역사적 조건에 따라 결정된다는 것이다.

후쿠야마(Fukuyama, 1995)의 신뢰에 대한 관점은 더욱 비관적이다. 그의 논리에 의하면 사회적 신뢰 수준은 근본적으로 그 사회의 문화적 특성에 의해 규정되는 것이다. 그는 중국 문화권의 공통적인 문화적 특성을 가족주의라고

7 | 최근 들어 채무자의 빚을 받기 위하여 동원되는 조직폭력배와 관련된 사건들은 우리 사회에서도 채무와 관련된 영역에서 법의 효력이나 공정성을 믿지 못하는 상황에서 사적인 신뢰를 파는 조직폭력배가 마피아처럼 등장할 가능성을 시사한다.

규정하고, 여기에 속한 중국, 한국, 대만 등의 사회가 가족주의로 인한 저신뢰사회라고 주장하였다. 이런 식의 논의는 저신뢰사회가 고신뢰사회로 될 수 있는 가능성에 대해 부정적일 수밖에 없다. 신뢰의 수준이 역사적으로 오랜 기간동안에 축적된 문화에 의해 규정되는 것이라면 이는 문화가 바뀌지 않고는 신뢰의 수준도 바뀔 수 없다는 결론을 내리게 하는 것이기 때문이다. 따라서 이 논리를 따르면 우리 사회의 신뢰의 위기는 좀처럼 극복될 수 없다는 결론밖에 없다.

2) 한국은 왜 저신뢰사회인가?

우리 사회는 왜 저신뢰사회로 되었는가?[8] 본 연구에서는 이를 크게 두 가지로–일반적 요인과 우리 사회의 특수한 요인–나누어 대답하고자 한다. 먼저 전통사회에서 현대사회로 가는 산업화의 과정에서 일반적으로 발생하는 사회적 신뢰의 변화이다. 이를 가장 잘 보여주는 것은 위에서 제시한 주커의 논의이다. 즉 우리 사회가 현대 산업사회로 가는 과정에서 사회적, 지리적 이동의 증가, 익명성의 증가, 성취적 지위에 의한 귀속적 지위의 대치 등은 과정의존적이고 특성의존적 신뢰의 근거를 약화시켰고 그에 따른 신뢰의 감소가 발생하였던 것이다. 이는 주커가 설명하듯이 미국 사회가 경험했던 신뢰의 감소 현상과 유사하다고 할 수 있다. 마치 뒤르켐이 기계적 결속의 부재로 인한 아노미 현상을 해결하기 위하여 유기적 결속이라는 새로운 사회적 결속의 근거가 나타났다고 주장한 것처럼 주커는 미국 사회에서 신뢰의 부재를 해결하기 위해 제도에 의한 신뢰가 등장하였다고 논의한다.

8 | 이 글에서 우리 사회가 저신뢰사회라고 하는 것은 실제로 가족, 혈연, 지연 등의 집단 내의 사적 신뢰는 높고, 그 반면에 공적 신뢰는 낮다고 하는 논의이다. 이와 같은 논의의 예로는 이재혁(1998)을 참조.

산업화 과정에서 발생하는 사회적 신뢰의 감소 요인 이외에 우리 사회에서 사회적 신뢰가 형성되지 못하고 있는 이유는 무엇일까? 이에 대해 구체적인 사회의 신뢰의 문제에 대한 연구들은 몇 가지 요인들을 지목한다. 첫째, 퍼트남의 논의에서 보았듯이 남부 이탈리아가 경험한 스페인 식민지와 그 후 등장한 중앙집권적인 지배집단이 위계적 사회질서를 통해 남부 이탈리아의 사회적 분열과 불신을 뿌리내리게 한 것처럼, 우리 사회가 경험한 일제 식민지 시대와 1960년대 이후 권위주의 체제도 동일한 맥락에서 신뢰에 필요한 시민사회의 발전을 저해했다고 할 수 있다.

둘째, 패그덴이 나폴리 지역에서의 저신뢰를 설명하는 요인으로 제시하는 계층간 사회적 · 법적 불평등, 사회 내의 정보의 결핍, 가족주의 등은 우리 사회의 문제점으로 흔히 거론되고 있는 것이다. 특히 정보의 결핍과 법적 불평등은 제재의 불확실성을 증가시킴으로써 사람들의 제도에 대한 신뢰를 떨어뜨리고 그 결과 제도에 대한 신뢰를 바탕으로 하는 익명의 타인들에 대한 신뢰가 이루어지는 것을 어렵게 만드는 것이다.

셋째, 갬베타(Gambetta, 1988b)는 시실리 지역에서 마피아가 제도화한 이유로 믿을 수 있고 효과적인 법의 집행의 부재와 경제적인 후진성에 따른 생존 경쟁의 격화를 들고 있다. 제재의 결핍은 거래나 계약의 불확실성을 증가시키고 나아가 공적 불신을 제도화한다는 것이다. 공공조직, 사조직, 개인들을 포함하는 반복적인 부정부패로 익숙해진 우리의 현실은 시실리 지역이 경험하는 제재의 결핍과 유사하다. 물론 마피아와 같은 명시적인 범법조직은 아니지만 김현철 사건 등에서 볼 수 있듯이 정치적 청탁을 거래하는 정치 브로커의 존재는 우리 사회에서도 사적 신뢰를 사고 파는 집단이 존재한다는 것을 보여주고 있다.

넷째, 후쿠야마의 가족주의는 신뢰의 범위를 가족 내로 제한하고 가족 밖의 사람들에 대해서는 불신을 조장함으로써 사적 신뢰와 공적 신뢰를 모순관계에 놓게 하고, 갬베타의 용어를 빌면 신뢰 자체를 위치재(positional goods)로 만든다. 따라서 사적 신뢰가 가족주의와 같은 배타적인 것에 근거할 경우 개인들의 사적 신뢰가 높을수록 사적 신뢰의 총합은 사회적으로 높아질 수 있으나, 사적 신뢰가 높을수록 공적 불신의 정도 또한 상승하기 때문에 결과적으로 사회적 신뢰는 낮은 수준에 머물게 되는 것이다.

5. 신뢰 위기에 대한 해결방안

1) 제도의 투명성과 공정성

신뢰 위기에 대해 우리는 무엇을 할 수 있는가? 위의 사례연구에서 불신을 초래한 요인들로 지적된 것들은 역으로 신뢰를 구축할 수 있는 제도적 방안을 시사한다. 이를 요약하면 제도, 특히 제재를 초점으로 하는 법적 제도의 공정성 및 효율성의 확립이라고 할 수 있다. 이를 통해 사람들은 제도에 대한 신뢰를 갖게 되며 이는 다시 타인들에 대해서 제도에 의한 신뢰를 가능하게 하는 밑거름이 될 수 있다. 콜만이 신뢰의 형성 조건으로 말하는 신뢰가 지켜질 확률 P와 신뢰의 대상이 신뢰를 지켰을 때 받을 잠재적 이익인 G, 지키지 않았을 때 받을 잠재적 손해인 L은 모두 그 사회의 제도에 영향을 받을 것이다. 즉 제도가 공정하고 투명할수록 잠재적인 신뢰자는 P의 확률에 대해서 상대적으로 쉽게, 객관적으로 파악할 수 있을 것이고, 또한 배반시 보상 등의 방안을 통해서 L은 줄고 G는 늘어날 수 있을 것이다. 따라서 이러한 거시적 제도의 형성은 미시적 수준의 신뢰 형성을 촉진시킬 것이고, 이는 다시 거시적 수준에서 사회적 신뢰의 형성을 가능하도록 할 것이다.

지금까지 우리 사회의 신뢰에 대한 연구들 역시 이 같은 제도의 중요성에 초점을 맞추어 왔다(이재혁, 1998; 김용학 · 손재석, 1998; 이재열, 1998). 이런 논의들이 주로 공공영역에서의 제도에 초점을 두고 있다면, 아래에서는 사적 영역에서의 신뢰 구축 방안으로서 사회적 자본의 축적을 통한 신뢰의 위기 극복의 문제를 논의하고자 한다.

2) 사회적 자본으로서의 연결망의 형성

(1) 사회적 자본으로서의 신뢰

콜만은 사회적 자본(social capital)을 물리적 자본(physical capital)과 인적 자본(human capital)과 구별되는 새로운 유형의 자본으로 제시한다(1990: 302). 사회적 자본은 그것이 생산적이라는 점에서 자본이라고 할 수 있다. 즉 그것을 가진 사람에게 그것이 없을 때 하지 못했던 새로운 활동을 가능하게 하고 새로운 목표를 성취할 수 있도록 한다. 이 점에서 사회적 자본은 다른 유형의 자본들과 자본으로서의 특징을 공유하고 있다.

그렇지만 사회적 자본은 몇 가지 중요한 측면에서 다른 유형의 자본과 구별된다. 첫째, 사회적 자본은 사회적이다. 여기서 '사회적' 이라는 용어는 사회적 자본이 사회구조의 특정한 측면을 내용으로 하고 있고 그 사회구조에 참여하고 있는 행위자에게 특정적인 행위를 가능하게 한다는 점을 지칭한다. 예를 들어 규범, 조직, 권위관계, 권리와 의무관계 등은 모두 사회구조의 한 측면을 가리키고 있다. 따라서 사회적 자본의 특징은 다른 자본들과는 달리 개인이나 물리적 생산시설에 존재하는 것이 아니라 사회적 관계 내에 존재한다는 점이다.

둘째, 물리적 자본은 가장 구체적으로 관찰 가능한 반면에 인적 자본에서 사회적 자본으로 갈수록 직접적인 관찰은 힘들어진다.

셋째, 사회적 자본은 선별적으로 교환 가능하다. 즉 한 종류의 목적이나 행위를 촉진시켜주는 사회적 자본이 다른 종류의 목적이나 행위에는 부적절할 수 있다는 것이다. 예를 들어 위계적 규범은 군대 조직에서는 효과적인 사회적 자본일 수 있으나 친구집단 등에서는 관련 없을 뿐 아니라 관계 자체를 저해할 수 있다는 것이다.

넷째, 사회적 자본은 도덕적 자원(moral resources)이다. 즉 사회적 자본은 사용하면 사용할수록 늘어난다. 예를 들어 상호 협동의 규범은 많은 사람에게 자주 작용할수록 없어지는 것이 아니라 그 혜택을 통하여 늘어갈 수 있다. 따라서 일단 시작되면 사회적 자본은 가속적으로 늘어날 수 있다는 특징을 가진다. 그러나 사회적 자본이 사회적으로 항상 발견되지 않는 이유는 무엇일까? 그것은 바로 사회적 자본의 또 다른 특징인 공공재(public goods)로서의 특징 때문이다. 즉 사회적 자본은 사적 재화의 경우와는 달리 일단 만들어지면 한 개인이 배타적으로 소유하거나, 나누거나, 양도하는 것이 불가능하다. 그 정의상 사회적 자본은 사회적 관계 자체에 내재하기 때문에 그 사회적 관계에 참여하고 있는 사람들은 사회적 자본의 형성에 대한 기여 여부와 관계없이 혜택에서 제외될 수 없다. 여기에서 사회적 자본의 근본적인 문제가 발생한다. 즉 합리적인 개인이라면 감시, 제재, 처벌, 선택적 유인 없이는 사회적 자본의 형성에 기여하지 않을 것이라는 점이며, 따라서 강제나 유인이 없다면 사회적 자본은 그 혜택에도 불구하고 형성되지 않을 것이라는 점이다.

신뢰는 사회적 자본의 대표적인 경우이다. 신뢰는 사회적 관계이며, 그 관계 속에서 존재하며, 신뢰가 있음으로 해서 관련 행위자들은 협동을 할 수 있고, 감시와 통제 비용을 줄일 수 있다는 점에서 사회적 자본의 전형적인 경우이다.[9]

9 | 신뢰의 혜택에 관한 논의는 신뢰를 논의하는 거의 모든 논의에 포함된다. 그 중에서 조직의 구성원리로서 신뢰를 제시하며 그 혜택을 논의하는 것으로는 파웰(Powell. 1996)을 참조하고 일반적인 신뢰의 혜택에 대한 논의로는 콜만(1990)과 갬베타(1988b)를 참조.

또한 신뢰는 사회적 자본으로서 공공재의 성격을 가지고 있다. 이는 다시 말해 신뢰 또한 공공재로서의 딜레마를 갖고 있다는 것을 의미한다. 즉 사회적 관계 내에서 합리적 개인이라면 자신은 신뢰를 주지 않으면서 타인들은 자신에게 신뢰를 주거나 혹은 자신과 관련된 사람들간에 사회적 신뢰가 형성되기를 바랄 것이다.

사회적 자본으로서 신뢰는 다른 공공재처럼 감시, 제재, 선택적 유인 없이 발생할 수 있는 것인가? 신뢰가 공공재인 한 감시, 제재, 선택적 유인은 신뢰 형성에 필요하지만, 그 이외에 신뢰 자체에 대한 가치의 형성 또한 신뢰의 중요한 요인이 될 수 있다. 일단 신뢰에 대한 행위자의 가치가 내면화되면 제재나 선별적 유인 없이도 신뢰의 형성에 참여할 수 있다는 것이다. 그렇다면 다음 질문은 신뢰 형성을 위해서 우리는 구체적으로 어떻게 감시, 제재, 유인, 가치가 형성되도록 할 것인가? 이 글에서는 사회적 자본으로서의 신뢰의 형성은 다른 사회적 자본의 형성, 즉 연결망의 형성을 통해서 가능하다고 주장한다. 다음에서는 이를 간략히 정리해 보기로 한다.

(2) 신뢰 구축 방안으로서의 연결망

사회적 자본으로서의 연결망의 형성이 또 다른 사회적 자본으로서의 신뢰를 형성시킬 수 있는 이유는 무엇일까?[10] 이것에 대답하기 위하여 우리는 위에서 제시한 신뢰의 형성 조건에 관한 논의로 돌아갈 필요가 있다. 주커는 신뢰의 형성 근거로서 크게 세 가지, 즉 제재, 상대방에 대한 정보 및 예측가능성, 그리고 행위자들간의 공유된 가치 및 정체감을 들고 있다. 이런 요인들은 모두 성원들간의 연결망 혹은 사회적 관계가 만들어지고, 강화되고, 확대됨으로써 향상시킬 수 있는 것이다. 여기서 연결망은 연줄망과 구별될 필요가 있

10 | 신뢰의 구축 방안으로서 연줄망과 구별되는 연결망의 확장을 제시한 논의로는 김용학(1998)을 참조.

다. 연결망과 연줄망은 사회적 관계라는 점에서는 동일하다. 하지만 연줄망이 흔히 혈연주의, 학연주의, 지연주의, 가족주의 등에서처럼 가입 기준이 귀속적이거나 대상의 자격이 의도적으로 제한적인 반면 연결망은 가입 기준이 성취적이고, 보편적이며 또 확장적이다. 퍼트남이 말하는 시민조직(civil engagement)이나 요즘 시민사회에 대한 논의에서 자주 등장하는 비정부 조직(non-governmental organization)에 가입함으로써 형성되는 연결망 등이 대표적인 예라고 할 수 있다.

신뢰에 대한 연결망의 효과는 보다 많은 사람들이 다양하게 연결됨으로써 신뢰에 필요한 감시, 제재, 정보, 선택적 유인, 공유된 가치가 함께 만들어질 수 있다는 것에서 발생한다. 즉 만일 한 사람이 다른 한 사람하고만 관계한다면 그 사람은 들키지 않고도 다른 사람을 속일 수 있을 것이다. 그러나 관계하는 사람들이 많아질수록 감시는 상대적으로 적은 비용으로 가능하게 된다. 또한 한 사람을 배신하게 되었을 때 배신한 사람은 배신의 대상으로부터 제재를 받게 되고 그 중의 하나는 관계 자체를 잃어버리게 되는 것이다. 그러나 만일 두 사람 모두가 동일한 연결망에 속한 경우, 한 사람을 배신하는 것은 연결망을 통해서 배신자로서의 평판이 그 사람들에게 모두 알려지게 될 것이고, 이들로부터 받게 될 제재로 인하여 잠재적인 배신자는 배신 행위를 주저하게 된다는 것이다.

이는 곧 연결망의 정보 확산 효과를 통해 제재의 범위와 정도가 쉽게 확산되고 강화될 수 있다는 것을 의미한다. 긍정적인 측면에서 보면 다수의 사람들 사이에 연결망이 형성되어 있을수록 한 사람이 다른 한 사람의 신뢰를 지킬 경우 그 사람으로부터 장래의 협동과 그 혜택을 기대할 수 있게 될 뿐 아니라 연결망과 관련된 다른 모든 사람들로부터도 평판의 확산을 통해 협조를 기대할 수 있게 되는 것이다. 동시에 그라노베터(Granovetter, 1973)가 말하는 약한 끈의 힘(strength of weak ties)이나 버트(Burt, 1992)가 말하는 구조혈

(structural holes)이라는 개념에서 확인할 수 있듯이 연결망의 확장 과정에서 새로운 사람과의 연결을 통해서 새로운 정보를 얻을 수 있을 가능성이 높아진다. 이처럼 연결망을 통한 다양한 정보의 획득 가능성과 협조 가능성의 확산이 신뢰에 대한 선택적 유인으로 작용하게 되면서, 신뢰 그 자체의 공공재적 딜레마에도 불구하고 사람들로 하여금 신뢰 창출에 기여하도록 만들 수 있다. 뒤르켐의 유기적 결속이라는 개념은 서로의 특징이 다르더라도 서로 관계를 맺고 있는 사람들은 가치를 공유할 가능성이 높다는 것을 제시한다. 마찬가지로 우리는 사회연결망 내의 사람들간에 가치의 공유를 기대할 수 있다. 이런 점에서 이탈리아와 미국의 사회적 신뢰에 대한 퍼트남의 연구는 시민조직에 참여하는 사람들이 궁극적으로 시민문화를 공유하게 되고 이에 따라 그런 조직에 참여하지 않는 사람들보다 높은 수준의 사회적 신뢰를 가지고 있다는 것을 보여줌으로써 우리에게 중요한 시사점을 제시한다.

연결망이 이렇게 신뢰를 증진시킬 수 있다면 신뢰 구축을 위해서 우리는 의도적으로 연결망을 만들 수 있지 않을까? 이 문제에 대해서는 쉬운 해결책이 없다. 일단 사회적 불신이 높아지면 그 자체가 연결망의 형성과 확산을 저해할 것이다. 또 우리 사회에서 강하게 자리잡고 있는 연줄망의 존재는 보편적인 연결망의 형성을 방해할 것이기 때문이다. 이런 상황에서 우리가 할 수 있는 것은 연줄망의 혜택을 최소화하도록 연줄망의 부정적인 작용을 감시하고 제재하는 제도의 공정성과 투명성을 확립하고(김용학, 1998), 동시에 다소 인위적으로 연결망의 형성을 가능하게 하는 퍼트남식의 시민조직을 만들어 가는 것이라고 본다. 시민조직은 거창한 조직일 필요가 없다. 퍼트남이 주장하는 대로 보울링 리그나 우리식으로는 조기 축구회 등의 각종 동호회에서부터 자원 봉사단체, 각종 비영리, 비정부 조직은 모두 연결망 형성을 위한 시민조직의 예라고 할 수 있다. 지금까지 시민단체에 대한 논의는 정부와 기업에 대한 견제의 기능에 초점이 맞추어져 왔지만, 시민조직들이 가입자로 하여금 사회적 신뢰를 경험하게 하고 만들어 내도록 기능하고 있다는 측면 또한 간과해서는 안될 것이다.

6. 결론

불신의 시대에 우리는 무엇을 할 수 있을까? 공공재로서의 사회적 신뢰를 우리는 어떻게 구축할 수 있을까? 신뢰가 문화적으로, 역사적으로 주어지는 것이고 우리 사회가 시실리나 나폴리처럼 사회적 불신이 문화적으로, 역사적으로 전해 내려왔다면 우리에게 높은 수준의 사회적 신뢰는 남의 나라 이야기로만 남아 있을 것인가? 신뢰에 관한 구체적인 사례 연구들은 대부분 이런 질문들에 대해 비관적 결론을 내린다. 한 번 불신의 악순환에 빠지면 이를 뒤집기는 힘들다는 것이다.

그럼에도 불구하고 이 글은 경제위기의 원인이며 동시에 결과인 우리 사회의 사회적 불신을 어떻게 극복할 것인가를 토의하기 위한 조심스러운 시론이다. 갬베타가 주장하는 것처럼 신뢰 문제의 핵심은 누군가가 일단 신뢰를 주기 시작하면 우리는 신뢰의 각종 혜택을 통해 신뢰의 선순환을 기대할 수 있다는 것과, 동시에 그러나 합리적 개인은 자신이 먼저 신뢰를 주지는 않게 된다는 점이다. 그렇다면 서로 먼저 신뢰를 주도록 하기 위해서 우리는 무엇을 할 수 있는가? 이 글에서는 크게 두 가지를 제안하였다. 첫째, 제도의 공정성과 투명성을 통해서 신뢰를 배반할 경우 받는 제재를 누구나 확실하게 인지하도록 함으로써 신뢰의 위험을 최소화하고 배신의 위험을 최대화하는 것이다. 둘째, 보편적인 연결망을 확대함으로써 신뢰 형성에 도움이 되는 제재, 감시, 선택적 유인, 공통된 가치 및 일체감 형성을 가능하도록 하는 것이다. 이를 위한 구체적인 방안으로 다양한 시민조직과 비정부 조직의 의도적인 창출과 이를 통한 시민들의 적극적인 참여 및 동원을 제안하였다. 끝으로 제도의 개선과 연결망의 확대는 상호 보완적이다. 즉 공정하고 투명한 제도의 형성과 운영은 특수주의적이고 집단이기주의적인 연줄망에 제재를 가함으로써 보편주의적 연결망의 형성을 유도할 것이다. 보편주의적 연결망의 발전은 다양한 사람들을 동원하고 관련시킴으로써 투명하고 공정한 제도 운영을 중요한 사회적 목표로 만들 것이다.

제 2 장

관계적 사회학과 사회적 자본

1. 관계적 사회학 대 실재적 사회학

사회학을 다른 학문과 구별하는 가장 중요한 특징이 있다면 무엇일까? 콩트, 스펜서, 마르크스, 베버, 뒤르켐 같은 고전사회학자들이 공통적으로 강조하는 사회학의 특징은 무엇일까? 지금처럼 수많은 사회학 내의 이론적 접근들, 분야들이 존재하고 아직까지 사회학 내에서 사회학의 정체성에 대한 논쟁이 그치지 않는 현실에서 마치 사회학개론 시간에 할 만할 이런 질문에 대한 대답은 무엇일까? 뒤르켐식의 개인을 초월한 실재하는 '사회'에 대한 객관적이고 과학적인 접근일까? 아니면 베버식의 개인들의 사회적 행동과 그 의미를 찾는 것일까? 이런 다양한 전통 속에서 사회학을 사회학으로 만들고 수많은 사회학적 연구들을 묶는 것은 무엇일까?

19세기 말 세기말 학문으로 시작한 사회학이 또 다른 세기말을 맞고 또 새로운 세기를 맞으면서 이런 질문은 단순히 학부 개론시간에 던져 볼 만한 질문 이상의 의미가 있다. 이런 질문에 대해 단지 한 사람이, 심지어는 한 사회학자 집단들이, 짧은 시간에 대답을 찾을 수 없다는 것은 너무나 당연하다. 사회학의 출발을 19세기 말이라고 잡아도 지금까지 100년이 넘는 동안 사회학자들이 평생 고민하다가 다음 세대 사회학자들에게 넘기게 되는 질문이 이러한 사회학의 정체성에 대한 질문일 것이다. 이 글은 이 질문에 대한 대답을 구하고자 하는 최근의 시도에 대한 소개이다.

이 글의 출발점은 사회학의 중요한 전통은 사회학이 사회적 관계를 다루는 학문이라는 것이다. 다시 말해서 사회학의 핵심적인 주제는 연구의 대상을 이해하기 위해서 그 대상이 위치하고 있는 사회적 맥락을 이해해야 한다는 것이다. 마르크스가 생산양식에 따라서 구분한 사회의 발전단계나, 뒤르켐의 기계적 결속과 유기적 결속이라는 사회의 유형, 베버가 말하는 개인의 사회적 행동은 분석단위와 상관없이 모두 행위자들간의 사회적 관계에 초점을 두고 있다. 최근 경제사회학, 조직사회학, 사회정책, 사회운동 등의 다양한 분야에서 사용되고 있는 '사회적 배태성(social embeddedness)'이라는 개념의 인기는 사회학의 주요 흐름들이 사회학의 출발부터 사회학의 핵심이었던 사회적 관계의 분석적 중요성에 다시 관심을 가지는 것이라고 해석할 수 있다.[1] 이에 따라 미국을 포함한 사회학계에서는 사회적 관계에 대한 중요성과 이를 위한 방법론의 제기가 빈번히 이루어지고, 21세기를 맞이하면서 이런 움직임이 뚜렷한 학문적 경향으로 나타나고 있다.

에머베이어(Emirbayer, 1997)는 'Manifesto For A Relational Sociology'라는 글에서 지금까지 서구 사회학의 흐름을 크게 실재론적 접근과 관계론적

1 | 배타성 개념에 대한 대표적인 논의는 Granovetter(1985)를 참조.

접근으로 나누었다. 실재론적 접근(substantialist perspective)은 하나의 독립된 실체로서 존재하는 것으로부터 출발하며 이런 실체가 분석단위이다. 이 입장에서 실재하는 것은 개인일 수도 있고 집단, 조직, 혹은 사회일 수도 있다. 흔히 우리가 사회학의 두 가지 방법론적 접근으로 나누는 방법론적 개인주의나 방법론적 전체주의는 단지 그 분석단위를 개인 혹은 사회(혹은 체계)라는 점에서 차이가 나지만, 이들은 모두 개인이나 사회가 각각 독립되어 존재하며 사회적 결과를 일으키는 실체라고 인식한다는 점에서 같다. 합리적 선택론(rational choice theory)에서 실재하는 것은 합리적 개인들이고 이들은 각각 주어진 조건 하에 자신의 이해를 추구하기 위한 최선의 선택을 하려고 시도하며, 집단이나 사회의 변동은 이러한 개인적 선택의 결과이다. 반면에 구조, 규범, 체계를 강조하는 입장에서 실재하는 것은 개인이 아니라 개인을 넘어서는 사회단위이며 이것들은 사회화 과정을 통하여 개인에게 내면화되고, 결과적으로 개인들은 이러한 초개인적 실재의 규정에 따라 행동한다.

개인, 집단, 사회를 각각 독립된 실체로 인식하는 것을 출발점으로 하는 실재론적 접근에 반하여 에머베이어가 말하는 관계론적 접근(relational perspective)은 독립된 실체라는 것은 없으며 모든 것이 행위자들간의 관계 속에서 그 정체가 성립되고, 이해관계가 형성되고, 또한 그런 관계 속에서 사회적 결과가 만들어진다고 주장한다. 이런 관계는 실재론적 입장에서 말하는 구조나 체계처럼 경직되고 미리 정해진 것이 아니라 관계의 특성(구성원, 방향, 강도, 지속성, 관계를 이루는 내용) 자체가 역동적으로 계속 변한다는 것을 강조한다. 개인, 조직, 사회의 특성이나 정체성은 이러한 사회적 관계 속에서 형성되며, 또한 계급, 평등, 자유, 문화, 사회구조와 같은 사회학적 개념들은 실재론과 달리 그 자체가 독립되어 존재하며 사회적 결과를 만들어 내는 것이 아니라 사회를 구성하는 행위자들의 관계에 의해서 그 범위, 특성, 구성원, 내용, 방향이 역동적으로 '구성' 된다는 것이다.

실재론과 관계론의 대비는 방법론에 있어서 속성주의와 관계주의의 대비와 연결된다. 속성주의에서 사회학의 분석 대상은 속성(attribute)이다. 속성이란 개인이나 집단, 혹은 사회에 속하는 것으로 인식되는 특성으로 주로 행위자의 특징, 의견, 행동을 말한다. 대표적인 개인의 속성으로는 성, 소득, 학력, 나이, 직업 같은 것을 예로 들 수 있다. 집단의 속성으로는 그 집단의 크기, 역사, 집단의 구성원들의 소득, 성, 학력과 같은 대표적 속성이 있다. 사회의 속성은 인구의 크기, 역사, 사회 구성원들의 대표적 속성을 들 수 있다. 속성주의적 접근에서의 분석단위인 속성은 주어진 것으로 인식된다는 점에서 위에서 말한 실재론적 접근과 이어진다. 전형적인 분석방법은 속성을 변수(variable)의 특정한 값으로서 설문조사 등의 방법을 통하여 측정하고, 이렇게 측정된 속성들을 통해서 변수 혹은 개념들 간의 '정적인(static)' 상관관계와 인과관계를 추론하는 것이다. 여기에서 변수는 개인의 속성으로 정의된다. 예를 들어, 계급은 개인들간의 사회적 관계이지만, 관계 자체로 정의되는 것이 아니라, 소득 수준 혹은 학력과 같은 개인의 속성으로 정의된다. 이렇게 정의된 계급과 유사하게 개인의 속성으로 정의되는 다른 변수, 예를 들어 민주적 가치와의 관계는 개인들간의 사회적 관계로부터 분리되어 정의된 개인들의 속성간의 통계적 상관관계로 측정된다.

속성주의적 접근과 구별되는 관계주의적 접근의 기본적 분석단위는 행위자들간의 관계이다. 여기에서 행위자는 개인일 수도 있고, 또한 조직이나 집단일 수 있다. 행위자들간의 관계는 개별 행위자의 속성과 구별되는 관계의 특징, 즉 관계의 존재여부, 관계가 존재할 경우, 관계의 방향, 강도, 지속도, 내용을 나타낸다. 따라서 이 접근에 의하면 권력과 같은 사회학적 개념은 분석자가 정한 개인의 권력자원의 양에 의해서 측정되는 것이 아니라, 개인들간의 관계의 특성과 특정 개인이 그 관계 내에 어떻게 위치하는가에 의해서 측정된다. 이렇게 권력을 정의할 때 권력이라는 개념 자체가 사회적 관계로 분석되는 것이고, 따라서 한 개인이 주위의 다른 사람들과의 관계의 존재여부와 어떤 관계를 가지고 있는가에 따라 동일한 개인적 속성을 가지고 있더라도 권력의 정도가 달라질 수 있다는 것이다. 예를 들어, 한 조직내의 권력을 분석한다면 속성주의적 접근에서는 우선 권력자원을 정의하고 각 개인이 조직의 공식적 위계상에서의 지위와 같은 권력자원을 얼마나 소유하고 동원할 수 있는가를 조사할 것이다. 그러나 관계주의적 접근에 의하면, 권력은 기본적으로 사회적 관계이기 때문에 각 개인의 권력 정도는 개인의 독립적인 속성이 아니라 실제로 조직내 사람들간의 권력관계가 어떻게 형성되어 있는가에 달려 있는 것이다. 따라서 관계주의적 접근에서는 조직내 권력을 조사하기 위하여 각 개인들에게 누구에게 명령을 받고, 누구에게 명령을 하며, 누구와 정보를 주고받는가, 누구와 상의를 하는가, 조직내에서 누가 영향력이 있다고 생각하는가, 누구에게 도움을 받는가, 누구를 신뢰하는가 등의 다양한 권력관계 자체를 조사할 것이다. 이러한 조사를 통하여 각 개인간 권력관계와 그 구조를 다양한 측면에서 파악하고, 그 관계 내에서 개인이 어떻게 위치하고 있는가를 분석할 것이다. 이 경우 개인의 권력자원이라고 할 수 있는 공식적 지위, 학력, 임금은 그 조직 구성원간 사회적 관계에 따라 개인의 권력 정도에 긍정적인 혹은 부정적인, 혹은 영향이 없는 것으로 나타날 수 있다. 공식적인 권력구조와 사회적 관계에 대한 조사 결과가 차이가 난다면, 이는 연구자가 이론적으로 구성한 권력의 개념을 실제 사람들의 행동과 관계에 맞게 조정해야 하는 것을 의미하고, 이를 통해서 사회학적 개념을 지속적으로 재구성해야 하는 것을 말한다. 또한 한 조직에서는 권력에 긍정적인 영향을 미치는 것으로 나타난 개인의 속성이 다른 조직에서는 부정적인 영향을 미치는 것으로 나타날 수 있다. 따라서 관계주의적 접근에서 강조하는 것은 사회학의 핵심적인 개념들이 시공간을 넘어서서 보편적으로 존재하는 실체가 아니라, 그 자체가 사회적 시공간 내에서 지속적으로 만들어지고 구성되는 관계로서 파악되어야 한다는 것이다.

이 글에서는 앞으로의 사회학의 중요한 방향으로 실재론적 접근과 속성주의적 방법론에 대한 대안으로 관계론적 접근과 방법론을 제시한다. 이 글에서는 경제사회학, 조직, 계급, 사회운동, 사회복지, 의료사회학 등에서 많이 사용되고 있는 사회적 자본이라는 개념을 이러한 관계론적 접근을 가장 잘 보여주는 사회학적 개념으로 소개하고, 이런 개념에 대한 관계론적 방법론의 대표적 예로서 사회연결망분석기법을 제시한다. 사회적 자본을 선택한 이유는 이 개념이 제기된 처음부터 개인의 속성이 아니라 사회적 관계 자체를 분석의 대상으로 삼고 사회적 관계를 하나의 독립변수로 인식하는 분석틀을 제기하기 때문이다.

2. 사회적 자본

1) 개념

사회적 자본이란 무엇인가? 콜만에 의하면 사회적 자본이란 '한 개인이 그 안에 참여함으로써 특정한 행동을 하는 것을 가능하게 만들어주는 사회구조 혹은 사회적 관계의 한 측면' 이다(Coleman, 1990, 2000). 다시 말해서 사회적 자본이란 한 개인에게는 없지만 그 개인이 참여하고 있는 사회적 관계를 통하여 다른 사람들이 가지고 있는 자원을 동원할 수 있는 능력을 말한다. 사회적 자본의 이러한 특징 때문에 초기 사회적 자본에 관한 논의들은 사회적 자원동원이론(social resource mobilization theory)이라고도 한다.

콜만이 드는 사회적 자본의 예를 하나 제시하면 다음과 같다. 뉴욕시에는 전문적인 보석상들이 있다. 이들은 많은 양의 고가(高價)의 보석을 서로 거래한다. 특이한 것은 이들이 서로 보석을 주고받을 때 문서로 보석의 양과 품질을 명시하거나 사고가 발생할 경우 보상에 대한 각서를 사용하지 않는다는 것이다. 보석을 맡은 사람이 실제 받은 보석보다 낮은 질의 보석을 바꿔치기 하거나 극단적으로는 보석을 자기 것으로 주장할 수 있음에도 불구하고 이들은 아무런 계약서나 각서 없이 서로의 보석을 주고받으며 거래한다. 만일 이들이 계약서나 각서, 보증 등을 요구한다면 그 자체가 비용이 들 뿐 아니라, 거래의 속도, 양, 범위가 줄어들 것이다.

그렇다면 이런 신용거래가 가능한 이유는 무엇인가? 콜만은 그 이유를 뉴욕 보석상들의 사회적 관계에서 찾는다. 이들은 대개 유태인으로서 오랜 기간 동안에 (흔히 몇 세대에 걸쳐서) 같은 종교와 다른 사회적 공동체에 중첩적인 사회적 관계(multiplex social relations)를 형성해 왔다. 이런 중첩적이고 장기적인 사회적 관계는 이들 사이에 신뢰라는 사회적 자본을 형성해 왔고, 이는 구성원들로 하여금 기회주의적인 행동(opportunistic behavior)을 억제하고 대신 개개인들의 자원을 함께 극대화하도록 만들었다는 것이다.

게임이론적 시각에서 말하면 사회적 관계는 개인들이 배반하지 않고 계속해서 반복적으로 게임에 참여하는 것이 개인에게도 유리한 것으로 만들었다는 것이다. 만일 보석상들 중의 하나가 거래에서 속였다면 어떻게 될까? 물론 이것은 가능하지만, 보석상들간의 사회적 연결망의 특성으로 인하여 위반행위는 발견되기 쉽고, 발견될 경우 그 사람은 단지 보석상을 그만두어야 할 뿐 아니라 자신이 다양하게 형성하고 있는 모든 사회적 관계로부터 축출되기 때문에 그러한 행위를 자제하게 되는 것이다. 여기에서 사회적 자본은 개인의 능력을 넘어서서 구성원들 전체에 대한 감시능력, 기회행동에 대한 처벌, 협력적 행위에 대한 혜택을 극대화함으로써 사회적 자본을 재생산하는 기능을 한다.

한국사회에서의 사회적 자본의 예를 들면 우리 사회에서 학연과 지연은 오랫동안 그런 사회적 관계에 참여하는 사람들간에 경제적, 정치적, 사회적 자원의 동원을 가능하게 해 주는 사회적 자본으로 작용해 왔다. 동창간이나 같은 고향 출신들간에는 법적인 계약서나 재정적인 보증 없이 돈을 빌려주는 것, 취업난이 극심한 상황에서도 서로에게 일자리를 제공하는 것, 계를 통하여 금리보다 높은 이자수익을 얻는 것, 개인이 실직과 같은 위기를 당했을 때 가족이나 친척이 사회적 안전망의 역할을 제공하는 것 등이 모두 우리사회에서 기능하고 있는 사회적 자본의 예이다.

콜만은 사회적 자본을 물리적 자본(physical capital)이나 인적 자본(human capital)과 구별되는 새로운 유형의 자본으로 제시한다. 사회적 자본은 그것이 생산적이라는 점에서 자본이라고 할 수 있다. 즉 그것을 가진 사람에게 그것이 없을 때 하지 못했던 새로운 활동을 가능하게 하고 새로운 목표를 성취할 수 있도록 한다. 이 점에서 사회적 자본은 다른 유형의 자본들과 자본으로서의 특징을 공유하고 있다.

그렇지만 사회적 자본은 몇 가지 중요한 측면에서 다른 유형의 자본과 구별된다. 첫째, 사회적 자본은 사회적이다. 여기서 '사회적' 이라는 용어는 사회적 자본이 사회구조의 특정한 측면을 내용으로 하고 있고 그 사회구조에 참여하고 있는 행위자에게 특정적인 행위를 가능하게 한다는 점을 지칭한다. 예를 들어 규범, 조직, 권위관계, 권리와 의무관계 등은 모두 사회구조의 한 측면을 가리키고 있다. 따라서 사회적 자본의 특징은 다른 자본들과는 달리 개인이나 물리적 생산시설에 존재하는 것이 아니라 사회적 관계 내에 존재한다는 점이다. 이 글의 머리말의 용어를 빌면, 물리적 자본과 인적 자본은 개인의 '속성' 이고, 사회적 자본은 개인들간의 '관계' 이다.

다음의 그림에서 인적 자본은 각 꼭지점으로 나타나는 A, B, C 행위자의 개인적 속성이라고 할 수 있고, 반면에 사회적 자본은 A와 B, B와 C, C와 A를 잇는 삼각형의 선, 즉 사회적 관계라고 할 수 있다.

둘째, 물리적 자본은 가장 구체적으로 관찰 가능한 반면에 인적 자본에서 사회적 자본으로 갈수록 직접적인 관찰은 힘들어진다.

셋째, 사회적 자본은 선별적으로 교환 가능하다. 즉 한 종류의 목적이나 행

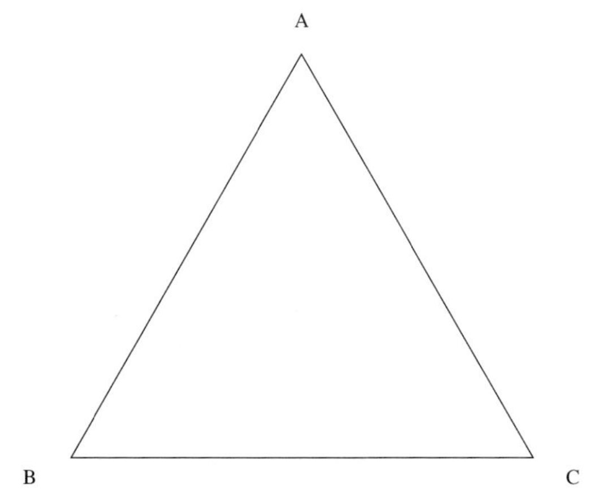

그림 2-1 인적 자본과 사회적 자본(Coleman, 1990: 190)

위를 촉진시켜 주는 사회적 자본이 다른 종류의 목적이나 행위에는 부적절할 수 있다는 것이다. 예를 들어, 위계적 규범은 군대 조직에서는 효과적인 사회적 자본일 수 있으나 친구집단 등에서는 관련 없을 뿐 아니라 관계 자체를 저해할 수 있다는 것이다.

넷째, 사회적 자본은 도덕적 자원(moral resources)이다. 즉 사회적 자본은 사용할수록 늘어난다. 예를 들어, 상호 협동의 규범은 많은 사람에게 자주 작용할수록 없어지는 것이 아니라 그 혜택을 통하여 늘어갈 수 있다. 따라서 일단 시작되면 사회적 자본은 가속적으로 늘어날 수 있다는 특징을 가진다.

사회적 자본이 사회적으로 항상 발견되지 않는 이유는 무엇일까? 그것은 바로 사회적 자본의 또 다른 특징인 공공재(public goods)로서의 특징 때문이다. 즉 사회적 자본은 사적 재화의 경우와는 달리 일단 만들어지면 한 개인이 배타적으로 소유하거나, 나누거나, 양도하는 것이 불가능하다. 사회적 자본은 사회적 관계 자체에 내재하기 때문에 그 사회적 관계에 참여하고 있는 사람들은 사회적 자본의 형성에 대한 기여 여부와 관계없이 혜택에서 제외될 수 없다. 여기에서 사회적 자본의 근본적인 문제가 발생한다. 즉 합리적인 개인이라면 감시, 제재, 처벌, 선택적 유인 없이는 사회적 자본의 형성에 기여하지 않을 것이라는 점이며, 따라서 강제나 유인이 없다면 사회적 자본은 그 혜택에도 불구하고 형성되지 않을 것이라는 점이다.

2) 유형

콜만은 사회적 자본에 대한 사회학적 연구를 위해서 사회적 자본의 기능에 초점을 둘 것을 주장한다. 콜만은 사회적 자본의 기능을 분석함으로써 연구자는 사회적 자본이 존재하는 사회적 구조들의 구체적 예를 넘어서서 다양한 사회적 관계가 어떻게 사회적 자본으로 기능하는가를 비교 · 분석할 수 있다는 것이다. 이와 같은 맥락에서 사회적 자본에 대한 콜만 이후의 논의의 방향은 사회적 자본의 기능을 유형화하는 것이다. 콜만은 사회적 자본의 유형으로 세 가지를 들고 있다.

(1) 사회적 의무와 기대 및 사회적 구조의 신뢰성

첫째, 사회적 자본의 유형은 사람들이 서로에 대해서 가지는 의무(obligations)와 기대(expectations)이다. 사람들이 반복적으로 참여하는 사회적 관계는 참여 성원들로 하여금 서로 필요할 때 도와주는 관계를 형성하도록 하여준다. 즉 내가 필요하지만 혼자 할 수 없는 일을 나와 사회적 관계를 맺고 있는 사람이 할 수 있다면 다음에 그 사람이 필요할 때 도와주는 것을 기대하고 그 사람으로부터 도움을 받는 것이다. 사람들이 서로에게 가지는 의무는 문자 그대로 일종의 사회적 빚과 크레딧(credit)이다. 우리는 이런 예를 현대 사회보다는 전통사회에서 쉽게 발견할 수 있다. 예를 들어, A라는 농부가 모내기로 일손이 필요할 때 B가 A를 도와주었다면 A는 B에 대해 사회적 빚을 지고 있는 것이고 B는 A에 대해서 사회적 크레딧을 가지게 되는 것이다. 이러한 의무관계가 특정 개인들 사이에만 발생하는 것이 아니라 사회 전체에 전반적으로 형성되어 있고 사람들이 진 빚을 갚을 것이라는 기대를 안정적으로 할 수 있다면, 이는 그 사회내의 사회적 자본으로 기능하는 것이다. 화폐경제가 발달하지 않은 전통사회나 비공식경제(informal economy)의 비중이 큰 사회에서 이런 사회적 의무관계는 중요한 사회적 자본으로 기능한다.

이런 형태의 사회적 자본이 현대사회보다 전통사회에서 쉽게 발견되는 이유는 전통사회에서 공동체의 범위와 구성원이 안정적이고 구성원간의 상호작용이 폐쇄적인 범위 안에서 지속적으로 반복되기 때문에 구성원들간의 사회적 채무관계가 이행될 것이라고 확신을 할 수 있기 때문이다. 콜만의 표현을 빌리면 이런 사회의 상대적 폐쇄성과 안정성으로 인하여 사람들은 '사회구조의 신뢰성(trustworthiness of structures)'을 기대할 수 있기 때문이다. 현대사회에서 사회적 자본이 형성되기 어려운 이유는 끊임없이 변하는 사회의 범위와 성원들 사이에 이러한 구조의 신뢰성이 자리잡기 힘들기 때문이라는 것이다. 따라서 이러한 유형의 사회적 자본이 풍부하게 만들어지기 위해서는 두 가지 조건이 필요하다. 하나는 사람들이 가능한 한 많이 사회적인 빚을 지고 이를 갚아야 한다는 것이다. 다르게 표현하면, 사회 구성원들간에 서로 신세를 많이 지고 살아야 한다. 이를 위해서 필요한 두 번째 조건은 내가 남을 도와주면 그 사람이 내가 필요할 때 나를 도와줄 것이라는 '사회구조의 신뢰성'이 있어야 한다.

(2) 정보유통 채널

둘째로 콜만이 드는 사회적 자본의 유형은 사회적 관계 내에 발생하는 정보유통 채널이다. 이것 역시 개인들이 필요하지만 혼자서는 비용 등의 이유로 가질 수 없는 정보를 개인들이 서로 맺는 사회적 관계를 통해서 신속하게 가질 수 있다는 것이다. 디마지오와 라우치(DiMaggio and Louch, 1998)는 이를

'검색 배태성(search embeddedness)' 이라고 한다. 이는 우리 일상 생활에서 쉽게 발견되는 것이다. 예를 들어 많은 사람들이 가전제품을 사거나, 병원 의사를 찾거나, 선을 보거나, 아이의 학습지를 선택하거나, 자동차를 사거나, 영화 비디오를 빌리는 것과 같은 사소한 것에서 중요한 것에 이르기까지 거의 습관적으로 주위의 사람들에게 그것에 대해 물어보고 결정한다. 이는 단지 가격이 정해지지 않는 것에 대한 것뿐 아니라 가격과 품질이 상대적으로 표준화되어 있는 것에 대해서도 해당된다. 이는 사회적 관계를 통해 최소한의 비용으로 최대한의 정보를 얻고 이를 통해 불확실성을 최소화하려는 것으로 우리 사회에서 흔히 관찰되는 것이다. 그러나 이는 단지 우리 사회의 문화적 특성 탓으로 돌릴 수는 없다.

1996년 전국사회조사(General Social Survey)에 의하면 미국 사회에서 주택, 자동차, 가구같은 상품의 구입이나 주택 수리, 변호사와 같은 서비스 구입에 관한 전국 설문 조사를 한 결과, 미국 사회에서도 대다수의 사람들이 구매하기 전에 주위의 사람들에게 정보를 구한다는 것이다. 더 나아가 상품의 질이 불확실하고 구매 회수가 작을수록, 즉 위험이 클수록, 사람들은 시장보다는 자신들이 사회적 관계를 통해서 알고 있는 사람들로부터 구입한다는 것이다(DiMaggio and Louch, 1998). 이는 조사된 구매 비율의 60%를 넘는 것으로 나타났다. 이는 상대적으로 사람들간의 물리적 거리가 넓고 물리적, 사회적 이동이 잦은 미국사회라는 것을 고려하면 상당히 높은 수준의 사람들이 기존의 사회적 관계를 통해 상품정보를 교환하고 직접 구매한다는 것이다. 정보사회에서 정보의 양이 아무리 많이 쏟아져 나오더라도, 혹은 역설적으로 바로 그런 정보의 홍수 때문에, 사람들은 정보를 선택하기 위한 메타정보가 필요하고 이를 자신의 사회적 관계 내에서 찾는 것이다. 따라서 사회적 관계를 통해 존재하는 정보채널은 중요한 사회적 자본의 유형이다.

(3) 규범과 제재

콜만은 세 번째 사회적 자본의 유형으로 규범과 효과적인 제재를 들고 있다. 이는 위에서 설명한 사회적 자본이 형성되고 유지 · 발전되기 위한 사회적 자본이라고 할 수 있다. 개인의 이익보다 사회 공동의 이해를 추구해야 하고 이를 명예, 지위와 같은 가치로 보상해 주는 공동체적 규범은 전통적 사회에서 발견될 수 있는 강력한 형태의 사회적 자본이다. 이런 규범은 사회적 자본의 공공재적 성격에도 불구하고 그것이 형성될 수 있는 기반이다. 현대사회에서 공정한 제도의 존재와 집행은 사회적 자본에 대한 기회주의적 행동을 억제하고 사회적 자본의 형성을 가능하게 한다. 이런 면에서 위에서 논의한 제도의 공정성과 이에 대한 사회적 인식은 그 자체가 핵심적인 사회적 자본이다.

(4) 조직

끝으로 현대사회로 이행하면서 중요한 사회적 자본의 유형으로 등장하는 것은 자발적인 조직이다. 베버가 제시한 관료제조직은 사회적 관계의 공식화된 형태로서의 조직이 어떤 형태와 속성을 가질 때 가장 효과적인가에 대한 분석이다. 베버 이후 다양한 형태의 공식, 비공식조직들에 대한 연구는 조직 자체가 사회적 관계의 한 유형이라는 점에서 사회적 자본의 예라는 것을 보여준다. 콜만은 조직이 사회적 자본을 만들기 위해서 만들어지는 것이 아니라 공식적 목표를 추구하기 위해서 만들어지지만 그 부산물로서 사회적 자본을 형성한다고 논의한다. 예를 들어, 조직 연구들이 보여주는 것처럼 시민단체와 같은 조직들은 원래 만들어진 공식적 목표가 성취된 후에도 해체되는 것이 아니라 계속 새로운 공식 목표를 찾아내어 다시 이를 위해 조직이 동원되고 유지되는데, 이는 조직의 목표를 추구하는 과정에서 성원들간의 사회적 자본이 생겨나고, 이런 사회적 자본의 효과는 그들이 계속 조직을 유지하도록 하기 때문이라는 것이다. 뒤에서 논의할 사회적 자본의 공공재적 성격을 고려할 때, 콜만은 현대사회에서 가장 중요한 사회적 자본의 원천이 조직이라고 제시한다.

3) 혜택

사회적 자본이란 한 개인이 다른 사람과의 직접적이거나 간접적인 사회적 관계를 통해서 얻는 능력이라고 할 수 있다. 그렇다면 이러한 사회적 자본을 통해서 우리가 얻는 것은 무엇인가? 다시 말해서 사회적 자본의 혜택은 무엇인가? 샌드퍼와 라우만(Sandefur and Laumann, 1999)은 사회적 자본의 기능 또는 혜택을 크게 정보(information), 통제(control), 결속감(solidarity)의 세 가지로 정리한다. 첫째, 사람들은 사회적 관계를 통해서 자신에게 필요한 정보를 얻고, 유리한 사회적 관계 내에 위치할수록 그렇지 않은 사람에 비해서 필요한 정보를 더 빠르게 얻을 수 있다. 우리가 비싼 물건을 사거나, 의사를 찾거나, 변호사를 구할 때 먼저 그 분야에 있는 사람들이나 그런 사람들을 아는 사람을 찾는 것은 그러한 연결망을 통해서 빠른 시간에 필요한 정보를 얻을 수 있는 사회적 자본의 혜택을 보여준다.

둘째, 개인이 배태되어 있는 사회적 연결망의 구조적 특징에 따라서 그 개인은 주위의 사람들을 작은 노력으로 효과적으로 통제할 수 있다. 우리 속담에 나오는 '어부지리'(漁父之利)는 바로 이러한 사회적 관계의 구조적 특징에 따라서 행사할 수 있는 통제력과 그에 따른 혜택을 보여준다. 패짓과 안셀(Padgett and Ansell, 1993)은 르네상스기의 이탈리아에서 메디치가가 다른 가문들을 누르고 독자적인 권력으로 성장할 수 있었던 이유를 메디치가가 다른 가문들과 가지고 있던 사회적 관계의 구조적 특성에서 찾고 있다. 즉 메디치가와 다른 가문들과의 차이는 메디치가는 전통적 명문가들과 신흥명문가들과 다양하게 결혼, 상업, 정치적 관계를 맺고 있었다. 이러한 메디치가 연결망의 이질성(heterogeneity)으로 인하여, 메디치가는 가문들의 사회적 연결망의 중심에 있으면서, 동시에 그 집안들끼리는 서로 직접 연결되어 있지 않고 메디치가를 통해야만 서로 연결될 수 있는 연결망을 가지고 있었다. 이러한 연결망적 특성으로 인하여 메디치가는 다른 집안들로부터 다양한 혜택과 자원을 얻으면서, 동시에 이들 집안들을 상호견제하며 통제할 수 있는 전략적 행동(robust action)을 가능하게 하였고, 이것이 메디치가를 당시 이탈리아 권력의 핵심으로 끌어올릴 수 있었다는 것이다.

셋째로, 사회적 자본을 가진 사람들간에 가치관, 규범, 목적의 공유를 통해서 결속감을 만들어낼 수 있다. 이러한 사회적 자본의 통합효과는 사회적 자본을 가지고 있는 사람들이 집합행동을 할 수 있게 한다. 최근 사회운동 분야의 많은 연구들이 운동의 조건과 결과를 이해하기 위해서 잠재적인 운동의 성원들이 그들의 기존의 사회적 연결망을 가지고 있을 때 효과적으로 동원되고 성공적인 사회운동을 만들어 내는가에 초점을 맞추고 있다.

경험적인 연구를 보면, 콜만(Coleman, 2000)은 미국의 인쇄공조합(International Typographers Union)의 예에서 이 조합이 다른 조합들보다 강한 결속력으로 효과적인 파업을 행하고 강한 노조로 성장할 수 있었던 원인은 노조 안에서 형성되었던 다양하고 중첩적인 사회적 관계에 기인한다고 주장한다. 굴드(Gould, 1991)는 파리코뮌에 대한 분석을 통해서 노동운동을 주도한 사람들은 기존의 노동자들의 사회적 관계를 활용하여 효과적으로 동원을 하고, 결속감을 다지고, 이를 통하여 집합행동을 이끌어냈다고 논의한다.

앞으로의 연구에서 주의할 점은 사회적 자본의 결과가 개인과 집단에게 서로 모순되는 방향으로 나타날 수 있다는 것이다. 예를 들어, 한 조직내에 버트(Burt, 1992)가 말하는 구조혈(structural hole)이 많다면 구조혈의 중심에 있는 개인들은 이러한 사회적 자본을 통해서 위에서 말한 정보, 통제, 결속을 극대화할 수 있으나, 전체 조직 수준에서는 오히려 정보, 통제, 결속이 줄어들 수 있다. 패짓과 안셀의 연구가 보여주는 것은 메디치가의 성공 가능성은 역설적으로 다른 집안들이 서로 직접 연결되지 않고, 정보가 교환되지 않고, 결속이 떨어져서 서로 경쟁하고 반목할수록 높아졌기 때문에, 이 경우 한 행위자의 혜택과 집단 전체의 혜택은 서로 일치하지 않을 수 있다는 것이다. 따라서 앞으로의 사회적 자본과 그 연결망적 특성의 효과에 대한 연구는 단지 개인적 수준의 효과뿐 아니라 집단 수준에서의 효과도 동시에 분석해야 할 것이고, 이것이 조화되거나 모순될 가능성을 분석해야 할 것이다.

4) 비용과 공공재로서의 사회적 자본

사회학자들, 특히 경제사회학자들이 사용하는 사회적 자본이라는 개념에 대한 비판에는 사회적 관계를 '자본' 이라고 부르는 것이 단지 하나의 표현일 뿐이며 경제학에서 말하는 자본이라는 개념적 엄밀성을 가지지 못한다고 비판한다(Baron and Hannan, 1994). 경제학적 의미에서 자본이라는 개념을 사용하기 위해서는 자본시장(capital market)이 있어야 하며, 자본을 취득하기 위한 기회비용(opportunity cost)이 있어야 하고, 또한 자본은 증식되는 것이라야 한다는 것이다. 그러나 사회적 자본의 구성이 되는 사회적 관계는 시장이 존재하지도 않고 또한 우리가 삶을 살면서 거의 '자동적으로' 얻게 되기 때문에, 이를 사회적 '자본' 이라고 부르는 것은 개념적으로 오류라는 것이다.

이 글에서는 먼저 자본의 증식에 대해서는 사회적 자본 역시 하나의 사회적 관계는 또 다른 사회적 관계로의 확장 가능성을 열어주기 때문에 다른 자본들과 마찬가지로 사회적 자본 역시 자본의 속성을 가진다고 주장한다. 더 중요한 것은 위의 비판과는 다르게, 사회적 자본을 형성하기 위해서는 개인적으로, 사회적으로 비용이 수반된다고 주장한다. 사람들과의 관계의 일부는 자동적으로, 저절로 얻을 수도 있으나, 중요한 사회적 관계일수록 형성하고 유지하기 위해서 많은 시간적, 금전적, 사회적 비용이 들어간다. 개인이나 기업과 같은 각종 조직들은 일년에도 수없이 일어나는 각종 경조사를 파악하고, 참여하고, 조의금을 전달한다. 경조사비용 이외에도 직장, 친목회, 동호회, 동창회에 대한 사람들의 끊임없는 시간과 돈의 투자는 사회적 자본에는 비용과 기회비용이 수반된다는 것을 보여준다. 만일 사회적 자본에 기회비용이 없다면 어떤 일이 벌어질까? 우리는 우리가 원하는 누구와도 자유롭게 사회적 관계를 맺을 수 있을 뿐 아니라 같은 정도로 그 관계를 유지할 수 있을 것이다. 그러나 사회연결망분석에서 나타나는 것처럼 사회적 관계를 맺고 유지하는 것에는 다양한 비용이 들고, 그 비용을 지불할 수 있는 능력은 무한하지 않기 때문에 우리는 모두 선택을 하게 된다. 즉 A와 B가 동시에 상(喪)을 당했다면, C와 D가 동시에 결혼을 한다면 우리는 어느 쪽을 갈 것인가? 토요일 주말에 가족과 시간을 보낼 것인가, 아니면 직장 상사와 만나서 술을 마실 것인가? 우리는 사회적 관계에 대하여 수많은 선택을 하고 있고 매 선택은 그 자체의 기회비용을 수반한다.

사회적 자본의 비용과 관련하여 논의해야 할 것은 사회적 자본이 비용이 든다는 점은 사적재화(private goods)와 같으나, 그 혜택이 비용을 지불한 사람만이 아니라 사회적 자본의 바탕인 사회적 관계에 참여한 사람이면 누구나 즐길 수 있다는 점에서는 공공재(public goods)라는 것이다. 예를 들어 신뢰의 경우 우리는 다른 사람들이 자신을 신뢰하기 바라고 공적 신뢰가 있기를 바라지만, 자신은 다른 사람들을 신뢰하는 데서 발생하는 배신의 위험 혹은 비용을 지불하고 싶지 않고, 어차피 공적 신뢰가 형성된다면 누구나 사회의 성원으로서 혜택을 받을 수 있으므로, 다른 사람들을 신뢰하지 않게 된다. 결과적으로 사회 전체의 수준에서는 사회적 자본의 공공재적 특징 때문에 사회적 자본은 의도적으로 생겨날 수 없고 단지 다른 행동이나 의도의 부산물로 형성되거나 소멸될 것이라는 것이다(Coleman, 1999).

이러한 공공재적 특징에도 불구하고 사회적 자본이 형성되기 위한 사회적 조건은 무엇일까?

5) 사회적 조건

사회적 자본이 형성되기 위해서 유리한 사회적 조건은 무엇인가? 사람들이 서로 직접, 간접적으로 많은 사회적 관계를 형성하고, 이런 관계를 장기간 지속하고, 이를 활발하게 활용하여 자원을 동원할수록 사회적 자본의 양은 늘어날 것이다. 따라서 이렇게 사회적 관계가 활발하게 형성되기 위한 조건이 곧 사회적 자본이 사회적 수준에서 형성될 조건이라 할 수 있다.

콜만은 네 가지 조건을 제시한다. 첫째, 사회적 관계 혹은 사회구조의 완결성(closure)이다. 사회적 관계를 통해서 사람들이 활발하게 자원을 제공하고 받기 위해서는 먼저 도움을 제공했을 때 다시 돌려받을 수 있다는 믿음, 즉 사회구조의 신뢰성(trustworthiness of social structure)이 있어야 한다 . 이런 사회구조의 신뢰성은 사회내의 구성원들이 서로 직접, 간접으로 연결되어 한 사람에게 도움을 제공하면 그 사람으로부터 직접 다시 도움을 받지는 않더라도 그 사람과 연결되어 있는 다른 사람으로부터 도움을 받을 가능성이 있을 때 사람들은 사회적 자본에 활발하게 투자한다는 것이다. 경제학자들이 말하는 '50마일 문제' 라는 것은 합리적 개인이라면 집에서부터 50마일 이상 떨어진 식당에서는 팁을 남기지 않는데, 이는 그 식당의 종업원은 어차피 다시 볼 사람이 아니기 때문에 그 사람에게 좋은 인상을 남기기 위해 팁을 줄 필요가 없다는 것이다. 현대사회에서 일회적인 상호작용이 빈번해짐에 따라 사회적 관계의 폐쇄성이 약화되고, 이는 사회적 자본형성의 장애로 작동한다.

둘째, 사회적 자본이 형성되기 위한 사회적 조건은 사회구조의 안정성이다. 만일 사회내에 개인의 물리적, 사회적 이동이 극심해서 사람들간에 지속적인 상호작용이 이루어지기 힘들다면, 사람들은 사회적 자본에 투자할 유인이 작을 것이고, 결과적으로 사회적 자본이 형성되기 힘들다. 주커(Zucker, 1986)는 전통사회에서 신뢰는 개인과 집단별로 반복적으로 상호작용하면서 서로에 대한 친밀성, 평판을 바탕으로 형성되었다고 논의한다. 이러한 '아는' 사람에 대한 신뢰는 사회적 이동이 활발하여 상대 개인이나 집단을 파악할 시간이나 기회가 적은 상황에서는 형성되기 힘들 것이다. 따라서 현대사회로 오면서 이러한 유형의 신뢰 혹은 사회적 자본은 점점 더 형성되기 힘들 것이다.

셋째, 공공재로서의 사회적 자본을 고려할 때 무임승차 문제를 해결하기 위한 조건은 이를 극복할 수 있는 이데올로기이다. 다른 사람이나 집단의 이해를 개인의 이해보다 먼저 생각하는 공동체 이데올로기 혹은 규범이 강하게 형성되어 있는 사회에서는 사회적 자본이 형성되기 쉽다. 반대로 개인주의적 이데올로기는 사회적 자본의 형성에 부정적으로 작용하는데, 개인주의는 단지 집단보다 개인을 우선시한다는 것뿐 아니라 개인의 자급자족을 강조하는 믿음도 해당된다.

끝으로, 사람들이 덜 의존하게 하는 요소들은 역설적으로 사회적 자본의 형성을 방해할 수 있다. 개인들이 경제적으로 풍요하여 필요한 것을 시장을 통해서 구입할 수 있거나, 도움이 필요할 때 복지국가와 같은 제도를 통해서 공식적인 해결책을 활용한다면, 사회적 관계를 활용할 필요는 줄어들 것이고, 이는 사회적 자본의 형성에 도움이 되지 않을 것이다. 여기에서 사회적 자본, 시장, 국가는 서로 대안으로 작용하는 세 가지 자원 동원의 기제로 인식된다.

사회적 차원에서 위의 네 가지 요소들이 사회적 자본이 형성되기 위한 조건이라면 개인적 차원에서 사회적 자본의 양에 영향을 미치는 요소는 무엇인가? 린(Lin, 1999)은 현대사회에서 개인의 사회계층적 지위가 높을수록, 물리적 · 인적 자본을 많이 가지고 있을수록, 접근할 수 있고 동원할 수 있는 사회적 자본의 양이 많아질 것이라고 논의한다. 단지 얼마나 많은 사람들을 아는가 하는 것뿐 아니라, 얼마나 중요한 사람을 아는가라는 점이 동원할 수 있는 사회적 자본의 '질'을 결정한다면, 기존의 사회계층 내에 유리한 위치에 있고 다른 사람들에게 제공할 수 있는 물리적 · 인적 자본이 풍부한 사람이 다른 사람들에게 매력적인 대상으로 인식되기 때문에 사회적 자본 역시 풍부하게 가질 것이라는 것이다. 이는 사회적 자본이 기존의 사회적 불평등이나 계층을 상쇄하기보다 그 연장선상에 있을 가능성을 제기한다. 부르디외(Bourdieu, 1984)는 문화적 자본(cultural capital)이라는 개념을 통하여 문화적 자본이 기존의 불평등체계의 구성요소이자 이를 확대재생산하는 도구라고 논의하였다. 우리사회의 고질적인 '연줄'의 문제는 단지 연줄이 집단과 집단을 나누고 반목하게 한다는 차원을 넘어서서, 유리한 연줄을 가진 집단이 사회, 정치, 경제 영역에서 이미 유리한 위치에 있는 집단이라는 점이고, 이들의 연줄망이 기존의 사회적 위계를 유지하는데 적극적으로 활용된다는 점이다. 그렇다면 앞으로 사회적 수준에서 사회적 자본의 영향력을 평가하는데 있어서 중요한 이슈는 개인이나 집단의 사회적 자본이 동시에 사회적 수준에서의 사회적 자본으로 이어지고, 결과적으로 사회적 불평등을 해소하는 방안으로 나아갈 수 있는 방안을 모색하는 것이다.[2]

2 | 사회적 자본이 사회적 불평등을 해소할 수 있는 방안으로 보편적 구성원을 가진 시민단체 연결망과 이들의 소액주주운동은 사회운동의 영역에서 사회적 자본이 활용되는 예라고 할 수 있다.

6) 영역별 사회적 자본

사회적 자본에 대한 이론적 논의는 최근 다양한 영역에서 활발한 경험적인 연구로 이어지고 있다.[3]

대표적인 영역은 경제사회학이다. 개인적 수준에서는 사회적 자본이 개인이 직장을 구하는 것에 어떻게 영향을 미치는가에 대한 그라노베터(Granovetter, 1973)의 연구가 사회적 자본에 대한 경험적 연구를 주목하게 한 대표적 연구이다. 다음으로 경제사회학의 핵심주제인 시장이 사회적 관계를 통해 어떻게 형성되고, 시장내의 행위자들이 어떤 사회적 관계를 형성하고, 이러한 사회적 관계가 거래 대상을 찾거나 거래에서 좋은 조건을 얻어내는데 있어서 사회적 자본이 어떻게 활용되는가에 대한 연구가 중점적으로 이루어지고 있다. 또한 조직 수준에서의 사회적 자본에 대한 연구가 활발한데, 이러한 연구들은 조직이론에서 자원의존이론(resource dependence theory), 인구생태학이론(populationa ecology), 연결망이론(network theory)이 결합하면서 더욱 증가하고 있다. 조직수준의 연구로는 조직내에서 개인이나 집단간의 사회적 관계가 업무를 실행하거나 개인과 조직의 성과에 어떤 영향을 미치는가에 대한 연구가 활발하다. 조직간의 사회적 관계가 각 조직의 시장내 성과에 어떤 영향을 미치는가에 대한 연구도 이루어지고 있다. 조직간의 사회적 관계에 대한 대표적인 연구에는 겸직이사(interlocking directory) 제도를 통해서 연결되는 기업들이 효과적인 기업간 전략적 제휴나 동맹을 형성하게 되고 이에 따라 사회적 자본이 취약한 기업들에 비해서 더 좋은 기업 성과를 나타낸다는 연구들이 있다. 또한 기업과 은행이나, 같은 산업내 제조업체와 부품업체들 간의 사회적 자본에 대한 연구들은 같은 맥락에서 기업간 사회적 관계가 관계 당사자

3 | 유사한 분야에 대한 이론적 요약으로는 Lin(1999)을 참조.

기업들 성과에 어떻게 영향을 미치는가에 초점을 맞춘다. 최근에는 기존의 기업간 사회적 관계를 바탕으로 앞으로의 전략적 제휴, 합병, 매각의 가능성을 예측할 수 있다는 것을 보여줌으로써 사회적 자본이 단지 현재의 상태를 서술하는 것을 넘어서서 경제행위자들의 전략과 미래의 결과를 예측하기 위해서도 유용하다는 것을 보여줄 수 있다. 다음의 표는 경제 영역 내에서의 사회적 자본에 대한 연구를 요약한 목록이다.

정치와 관련하여 가장 대표적인 연구는 퍼트남(Putnam, 1993)의 연구이다. 퍼트남은 북부 이탈리아와 남부 이탈리아가 같은 사회 안에서도 공적 신뢰, 경제적 발전, 민주주의라는 측면에서 뚜렷한 차이가 나타나는 것에 주목하고 이를 두 지역 내의 사회적 자본의 차이로 설명하였다. 이후의 연구들은 사회 내의 사회적 자본의 수준과 민주주의 발전과의 상관관계를 경험적으로 분석하는 연구들이 나오고 있다.

표 2-1 경제 영역에서의 사회적 자본에 대한 연구들

분석수준	기존연구들
개인과 시장	- Granovetter(1973, 1974): 구직 - Burt(1992): 직장내 성과 및 승진 - Baker(1984): 증권시장에서 거래자들간의 사회연결망의 특성과 가격안정성 - Podolny and Baron(1997): 직장내 성과 및 승진 - 박찬웅(1999): 기업내 신뢰연결망과 직장내 성과 - DiMaggio and Louch(1998): 소비재시장에서의 구매와 만족도
조직	- Podolny(1993): 기업(반도체회사)의 지위와 기업성과 - Gabbay(1997): 기업-은행 연결망과 기업의 융자기회와 조건 - Linclon, Gerlach, and Abmadjian(1996): 일본의 기업집단소속과 기업성과 - Uzzi(1996): 의류업체간 사회연결망과 기업의 경영성과 - Uzzi(1999): 기업(중소기업)-은행 연결망과 융자기회와 조건 - Leenders and Gabbay(1999): 다양한 유형의 기업들의 사회적 자본과 기업성과
지역 또는 사회	- Saxenian(1996): 사회적 자본과 지역경제발전 - Cohen and Fields(1999): 실리콘밸리 기업들의 사회적 자본과 지역경제 발전 - Dasgupta and Serageldin(1999): 사회적 자본과 경제발전 - Snyder and Kick(1979): 국가간 교역 및 외교연결망과 세계체제론의 중심부 - 주변부

사회운동은 사회적 자본이 활발하게 논의되는 또 다른 분야이다. 특히 사회운동에 대한 자원동원이론(resource mobilization theory)에서 사회연결망이 자원동원에 핵심적인 채널을 제공하는 것에 주목하면서 사회적 자본과 사회운동의 특성 및 성과에 대한 연구가 제시되고 있다(Gould, 1995).

공동체는 사회학의 가장 오래된 주제이면서 다시 주목받기 시작하고 있다. 사회적 자본과 관련하여 사람들이 어떤 목적에 대하여 어떻게 누구로부터 얼마나 도움을 받고 이를 통해 개인의 사회적 자본이 그 사람의 개인적 만족도나 삶의 질에 어떤 영향을 미치며, 지역사회 수준에서는 공동체가 어떻게 사회적 자본을 통해서 형성되고 유지되는가에 대한 연구가 활발하다(Wellman, 1999). 최근에는 전통적인 공동체뿐 아니라 정보공간에 참여하고 있는 사람들간의 사회연결망을 분석함으로써 정보공간의 공동체로서의 가능성을 검토하고 있는데, 이를 확장하면 앞으로 정보공간내에서의 사회적 자본의 형성과 그 결과에 대한 연구가 흥미로운 주제라고 할 수 있다(Wellman and Gulia, 1999).

3. 방법론: 사회연결망 분석

사회적 자본을 어떻게 측정할 것인가? 사회적 자본이란 사회적 관계에 내재하므로 이를 측정하기 위해 가장 중요한 것은 사회적 관계를 어떻게 측정할 것인가라는 문제로 이어진다. 기본적으로 개인이 가지고 있는 사회적 관계의 수(數)가 많을수록, 그 관계가 오래 지속될수록, 관계의 강도(强度)가 강할수록 동원할 수 있는 사회적 자본은 잠재적으로 많다고 할 수 있다. 그러나 단지 이런 수량적 측면을 넘어서서 중요한 것은 사회적 관계의 구조적 특성이다. 사회적 자본을 이해하는데 있어서 사회연결망 분석의 중요한 기여는 개인이나 조직 혹은 공동체가 가지고 있는 사회적 자본의 혜택은 단지 사회적 관계의 수나 강도뿐 아니라, 사회적 관계의 구조적 특성과도 밀접한 관련이 있다는 것을 보여준다는 점이다. 패짓과 안셀(Padgett and Ansell, 1993), 버트(Burt, 1992), 그라노베터(Granovetter, 1973)의 사회연결망 분석 연구는 모두 사회적 관계의 구조적 특성의 중요성을 지적한다. 이러한 구조적 특성 중에서 가장 유리한 것은 사회연결망 분석의 용어를 빌면 '별(star)' 형이다. 별형에서 별의 중심은 다른 모든 행위자들과 연결되어 있으면서 그 행위자들끼리는 연결되어 있지 않다. 반대로 연결망 유형중 수레바퀴형은 모든 사람들이 서로 연결된 경우인데, 이 경우 집단 전체로서는 결속감과 같은 사회적 자본의 혜택은 극대화될 수 있으나, 별형의 중심에 있는 개인과 비교할 때 수레바퀴의 가운데 있는 개인은 다른 사람들이 서로 정보를 직접 교환하고 협력할 수 있기 때문에 권력이라는 측면에서 불리한 형태의 사회적 자본이다. 그라노베터의 연구나 버트의 직장내 개인의 연결망과 승진기회에 대한 연구는 모두 그라노베터가 '약한 끈'(weak tie)이라고 부르고, 버트가 '구조혈(structural hole)' 이라고 부르는 관계 유형의 혜택을 강조한다. 이 논의에 따르면 개인이

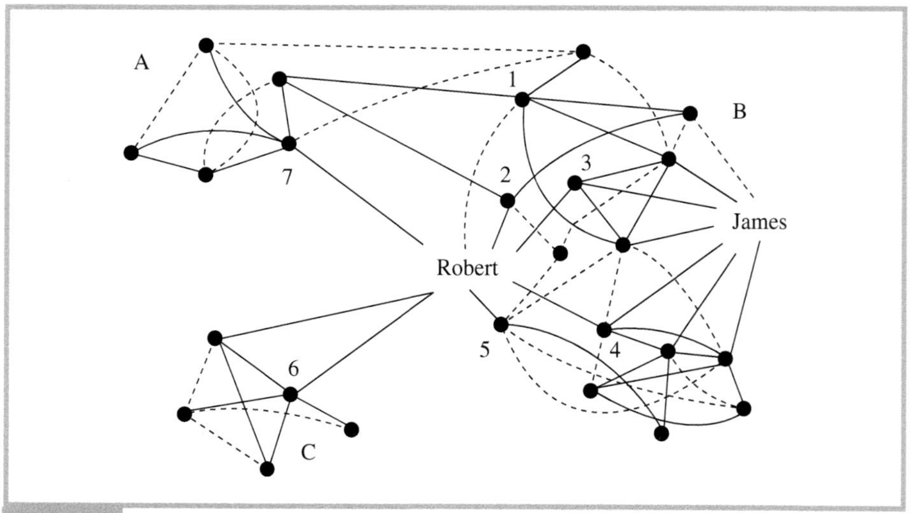

그림 2-2 Structural Hole

많은 사람들과 연결되면서 동시에 그 사람들끼리는 서로 연결되어 있지 않는 형태의 사회적 자본이 가장 그 개인에게 정보와 통제를 위하여 유리하다.

그라노베터(Granovetter, 1973)는 화이트칼라 직장을 가진 사람들에 대한 경험적 연구에서 그 사람들이 어떻게 직장을 구했는가에 대해서 조사했다. 특히 직장을 얻기 위해서 중요한 사회연결망은 무엇이었는가에 대해 조사했다. 연구결과는 직장을 구하는 사람에게 유리한 사회연결망은 다른 사람들이 본인과 아주 가깝고 서로 친한 '강한 끈'이 아니라 본인과 매우 밀접한 관계도 아니면서 다른 사람들끼리도 서로 잘 모르는 '약한 끈' 연결망이라는 것을 보여준다. 직장을 구하는 데 가장 중요한 요소는 좋은 직장에 대한 빠르고 적절한 정보인데, 강한 끈을 가지고 있는 사람은 어차피 그 사람들이 서로 밀접한 관계이므로 한 사람이 아는 정보는 다른 사람도 알 확률이 높기 때문에 다양한 정보를 얻기 힘들다. 반면에 약한 끈으로 연결된 사람들은 각자 다양한 영역에서 활동할 가능성이 높고 따라서 이런 끈을 가진 사람은 다양한 정보를 얻을 가능성이 높고, 결과적으로 직장에 대한 정보를 빨리 얻을 가능성이 높다는 것이다.

정리하면 개인, 조직, 사회적 수준에서 사회적 자본을 측정한다는 것은 단위 행위자들간의 사회적 관계의 특성을 측정함으로써 가능하다. 사회적 관계의 형식적 특성은 사회적 관계의 수, 방향, 지속도, 빈도, 다른 유형의 사회적 관계의 중첩성(multiplexity)을 위주로 측정하고, 사회적 관계의 내용면에서의 특성은 사회적 관계의 강도(强度), 관계의 내용(예를 들어, 친구관계, 동료관계, 동호회 회원관계, 혈연, 지연, 학연 등)을 위주로 파악한다. 그러나 단지 이렇게 단위 행위자별로 파악되는 것 이상으로 중요한 것은 사회적 관계의 구조적 특성이다. 여기서 주목하는 것은 한 개인이나 정해진 범위 내에서 행위자들간의 사회적 관계가 어떤 구조적 특성을 나타내는는가이다. 예를 들어, 전체 사회적 관계가 특정 행위자를 중심으로 집중적으로 연결되어 있을 수 있고, 아니면 작은 수의 집단으로 분산되어 집단들이 서로 떨어져 있을 수 있다. 그라노베터의 용어를 빌면 어떤 사람의 사회적 관계는 '약한 끈' 으로, 다른 사람의 사회적 관계는 '강한 끈' 으로 나타날 수 있다. 또한 사회적 관계의 내용이 무엇인가에 따라서 한 개인이 가지고 있는 사회적 관계들은 다른 구조적 특성을 나타낼 수 있다.

사회연결망분석은 이러한 사회적 자본의 관계적 특성을 가장 잘 측정할 수 있는 최적의 분석기법이다. 사회연결망 분석기법은 게스탈트학파와 구조주의 인류학에 의해서 시작되어 그후 수학의 그래프이론, 소시오메트리, 교환이론, 해리슨 화이트(Harrison White) 중심의 하버드학파에 의해서 발전하였다.[4] 사회연결망은 단순한 분석기법뿐 아니라 짐멜(Simmel)이 잘 보여주는 것처럼 그 자체가 하나의 사회이론을 포함하고 있다. 분석기법으로서 사회연결망의 대상은 연결망이다. 연결망은 단지 사람이나 조직뿐 아니라 사회, 동식물 등 연결로 표시할 수 있는 것은 무엇이나 가능하다. 연결망 분석은 크게 연결망의 유형을 크게 세 가지로 나누고 유형에 따라 다양한 분석기법 및 개념을 제공한다. 이런 유형에는 범위를 정하고 범위 내에 포함된 노드(node)들간의 관계를 전체적으로 조망하는 완결연결망(complete network), 전체 연결망보다는 각 개인이 가지고 있는 연결망의 특성을 보는 자아중심적 연결망(ego-centric network), 그리고 직접 연결되는 것은 아니지만 같은 사건에 참여함으로써 간접적으로 연결되는 유사연결망(quasi-network)이 있다.

연결망 분석은 연결망의 특성을 파악하기 위한 접근방법에 따라 크게 위치

4 | 사회연결망 분석기법에 대한 대표적인 입문서는 Scott(1991), Wasserman and Faust(1994)가 있고, 간단한 소개로는 김용학(2003) 참조. 대표적인 프로그램으로는 윈도우용 프로그램인 UCINET Version 6과 도스용 Structure Version 4. 2가 있다. 이외에 연결망의 구조를 점과 선으로 보여주는 프로그램으로는 도스용 프로그램인 Krackplot과 Pajek이 있다.

적 접근(positional approach)과 관계적 접근(relational approach)으로 나누어진다. 관계적 접근은 여기서는 먼저 개인이 어떤 연결망을 가지고 있고 전체 연결망내에서 어떤 관계를 가지는가를 측정한다. 핵심적인 개념으로는 개인이 전체 연결망에서 얼마나 중요한 위치인가를 나타내는 중앙성(centrality)이 있고, 이외에 개인의 연결망의 수, 연결망밀도, 연결망제약성(constraint)이 있다. 또한 파벌(clique) 분석은 전체 연결망내에 어떤 집단들이 형성되어 있고 각 집단에는 어떤 사람들이 소속해 있는가를 보여준다. 다음 그림은 기업내 사람들간의 신뢰연결망을 보여준다(박찬웅, 1999a).

관계적 접근이 연결망내 개인이 가지는 관계의 개인적 특성에 관심을 두고 개인들간의 '직접적' 연결에 초점을 맞춘다면, 위치적 접근은 연결망의 구조적 측면에 주의를 기울인다. 대표적인 분석개념은 역할, 구조적 등위성(structural equiv-

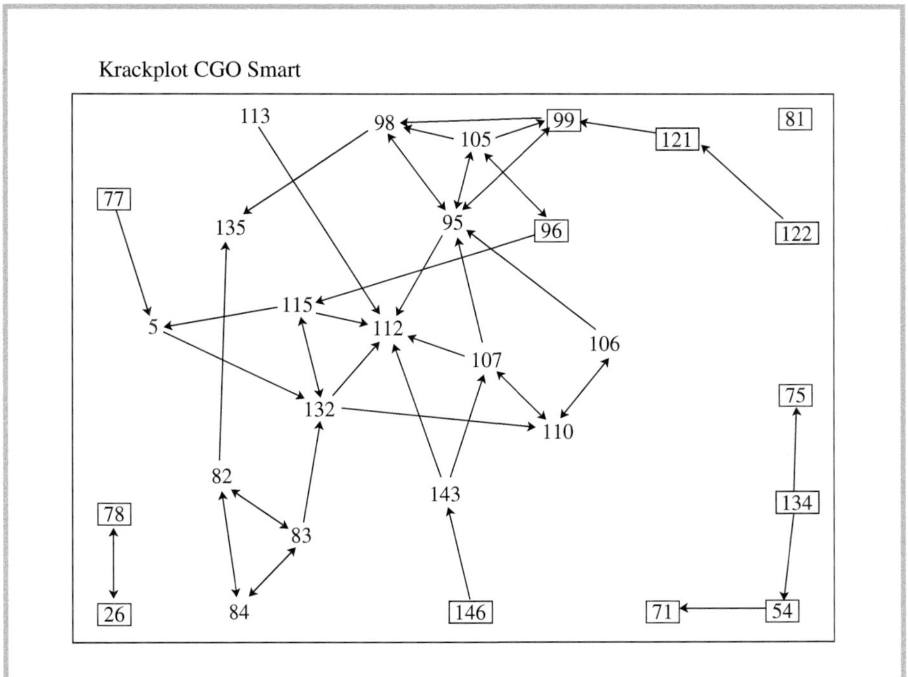

그림 2-3 기업내 신뢰연결망의 예

alence), 역할 등위성(role equivalence), 블록모델링(block modeling)이다. 사회학의 고전적 개념인 역할은 무엇인가? 이는 비슷한 유형의 사회적 관계를 총괄하는 개념이다. 위치적 접근에서의 역할분석은 행위자들의 다양한 연결망의 유형을 행위자 별로 비교하고, 여기에서 유사한 유형의 연결망을 나타내는 행위자들을 묶어서 하나의 역할로 나타내고, 다시 이런 역할들간의 관계를 분석함으로써 전체의 사회구조의 특성을 측정하고자 하는 시도이다. 이런 면에서 사회연결망 분석의 위치적 접근은 이 글의 앞부분에 말하는 관계론적 접근과 잘 통한다. 여기서 주장하는 것은 역할이나 지위 혹은 사회학의 개념이나 범주(계급 혹은 권력 등)들은 연구자가 선험적으로 정해놓은 속성에 따라 분류하는 것이 아니라 행위자들이 서로 어떤 관계를 가지고 상호작용을 하는가를 경험적으로 분석함으로써 만들어져야 한다는 것이고, 위치적 접근은 이런 작업을 목적으로 한다.

사회연결망 분석기법을 활용하여 사회적 자본을 측정하는 경험적 연구들을 살펴보면 다음과 같은 질문이 주가 된다(박찬웅, 1999a; Podolny and Baron, 1997; Onyx and Bullen, 2000; Burt, 1992). 먼저 관계의 내용이나 교환되는 대상의 유형에 따라 영역을 나눈다. 여기에는 친구관계, 동료관계, 가족관계, 이웃관계, 공식적 관계, 사회적 지지(social support)관계 등이 있다. 각 영역 내에서는 관계의 수, 강도, 빈도, 지속 정도, 관계되어 있는 사람들에 대한 호감도, 그 사람들의 사회경제적, 인구학적 특성, 그 사람들간의 관계를 묻는다. 이를 바탕으로 사회연결망의 유형 별로 위에서 말한 연결망 개념들이 측정되고, 다른 연결망들간의 중첩성(multiplexity)을 측정한다. 또한 유사한 유형의 사람들이 관계를 형성하는 정도를 나타내는 유유상종(homophily)를 분석함으로써 사회연결망의 생성 원인을 분석한다. 이외에 조사대상의 다른 특성(예를 들어 사회경제적 성취도나 만족감 등)을 측정하고 연결망 변수와의 상관관계를 조사한다. 이를 통해 연결망의 결과를 분석한다.

4. 앞으로의 연구방향

이 글에서는 사회적 관계가 사회학의 핵심 분야가 되어야 한다는 최근의 주장을 소개하고, 이를 가장 잘 보여줄 수 있는 개념으로서 사회적 자본을 소개하였다. 먼저 사회적 자본의 개념, 사회적 자본의 형성 원인 및 조건과 그 결과에 대한 주요 논의를 요약하였다. 또한 사회적 자본 개념을 활용한 경험적 연구들을 경제, 정치, 사회운동, 공동체에 대한 사회학 영역들을 중심으로 소개하고 각 영역에서 앞으로의 연구 방향을 제시하였다. 끝으로 관계론적 접근을 실행하기 위한 방법론으로서 사회연결망을 소개하였다.

기존의 사회적 자본에 대한 경험적 연구들은 사회적 자본을 경험적으로 측정하는 것과 사회적 자본의 긍정적 결과를 보여주는 것에 초점을 두었다. 앞으로의 연구방향을 정리하면 다음과 같다.

첫째, 사회적 자본의 측정방법을 좀더 다양화하고 세련화할 필요가 있다. 이는 다양한 영역에서의 사회적 자본을 연구함으로써 가능할 것이지만 표준화된 질문의 목록을 개발해서 영역간의 비교연구가 가능하도록 할 필요가 있다. 또한 현 단계에서 대부분의 경험적 질문들이 사회적 자본의 긍정적인 측면만을 조사하고 있으나, 이는 개념의 세련화와 함께 사회적 자본의 부정적인 결과에 대해서도 분석할 수 있는 질문을 개발해야 한다.

둘째, 사회적 자본과 기존의 사회학적 변수가 어떻게 관련되는가에 대한 연구와 이를 통한 개인적 속성이 사회적 관계들을 통하여 어떻게 형성되고, 다시 관계들을 형성하는가에 대한 연구가 필요하다. 예를 들어 남성과 여성, 인종, 학력, 사회적 지위와 같은 대표적인 사회학적 변수들은 사회적 자본과 어떤 관계가 있는가에 대한 연구는 사회적 자본의 형성 원인과 결과를 이해하는데 있어서 중요하다.

셋째, 사회적 자본의 동학(動學)에 대한 연구가 필요하다. 즉 사회적 자본이 어떻게 형성되며, 개인들과 집단, 사회별로 사회적 자본이 어떻게 다르게 나타나고, 그 원인은 무엇인가에 대한 체계적 연구가 필요하다. 사회적 자본의 원인으로는 사회경제적 지위, 학력, 물리적 및 인적 자본과 같은 변수들도 중요하지만, 사회적 수준에서 정치 · 문화가 그 사회내의 개인과 집단의 사회적 자본의 형성에 어떻게 영향을 미치는가를 분석하는 것이 필요하다. 이를 위해서는 거시적 수준에서 사회적 자본과 사회적 제도가 역사적으로 어떻게 관련되어왔는가에 대한 비교역사 · 사회적 연구가 필수적이다.

넷째, 사회적 자본의 결과는 긍정적인 측면이 주로 강조되었으나, 최근 들어 사회적 부채(social liability)라는 개념을 통하여 사회적 관계가 개인적 또는 사회적으로 부정적인 결과를 가져올 수도 있다는 논의가 나오고 있다. 특히 집단이나 사회적 수준에서 사회적 관계가 기존의 불평등을 유지하고 악화시킬 수 있는 가능성에 대한 경험적 연구가 필요하다.

끝으로, 흥미로운 영역으로는 정보공간내에서 사회적 자본이 형성될 수 있는가에 대한 연구가 있다. 이는 정보공동체에 대한 최근의 연구를 발전시킬 수 있는 계기가 될 것이다.

제 2 부
기업과 사회적 자본

2. 시장의 사회적 구성

제 3 장

기업의 사회적 자본과 사회적 부채: 형성조건, 유형과 전략

1. 왜 기업의 사회적 자본인가?

무어(Moore, 1998)는 고전경제학에서 말하는 기업간의 경쟁은 새로운 형태의 경쟁에 의해 대치되었다고 주장한다. 그는 앞으로의 기업간 경쟁은 개별 기업 수준에서의 경쟁이 아니라 '기업생태계' 간의 경쟁이라고 주장한다. 즉 엄청나게 빠르게 변화하는 기술과 기업환경, 특히 전 세계적 경쟁이 벌어지고 있는 지금의 상황에서 개별 기업 수준에서의 기술혁신, 가격경쟁, 마케팅 전략은 심각한 한계에 부딪치고 있고, 이에 적응하기 위해서는 기업의 상품, 고객, 시장 등을 통해서 연결된 기업생태계내에서 그 기업의 핵심역량(core competency)을 바탕으로 공진화(共進化, co-evolution)해야 한다는 것이다. 예를 들어, 소프트웨어 산업에 있어서 마이크로소프트 대 애플의 싸움이 아니라 마이크로소프트를 중심으로 하는 기업생태계와 애플사를 중심으로 하는 기업생태계간의 싸움이 라는 것이다. 경쟁의 단위가 개별 기업에서 기업생태계로 변화하면 경쟁에서 승리하는 기업은 기업생태계 전체에 기여할 수 있는 핵심역량을 개발함으로써 기업생태계 수준의 발전을 가져오는 기업이라는 것이다.

그렇다면 기업생태계 수준의 경쟁에서 중요한 것은 무엇인가? 기업 수준에서는 다른 기업들과 차별화되는 핵심역량의 개발과 함께 다른 기업들과의 공진화를 위한 생산적인 기업간 관계의 개발이다. 다시 말해서 기업간 관계는 그 자체가 기업의 중요한 자산이 되는 것이다(Porter, 1990). 핵심역량의 개발은 기업의 전문화를 의미하고, 결과적으로 관련 기업들과의 협력 여부가 이전보다 더 중요해진다. 또한 기업생태계에 속한 기업들간의 협력이 활발하기 위해서는 기업들 간의 조정(coordination)과 기업간 신뢰가 전제되어야 한다는 것이다.

기업의 사회적 자본에 대한 관심은 기업생태계 단위의 경쟁과 이를 위한 기업간 관계의 중요성에 대한 질문에 의해서 시작되었다. 이러한 관심은 최근 경제사회학 분야에서 기업들에 대한 주요 논의들이 개별 기업들에 대한 분석을 벗어나서 기업간 관계에 대한 분석으로 전환하는 경향과 자연스럽게 이어진다 (Gabbay, 1997; Uzzi, 1996, 1999). 이 논의들에 의하면 기업은 고립되어 존재하는 것이 아니라 기업을 둘러싼 사회적 환경에 영향을 받는다. 기업의 사회적 환경을 이루는 요소들 중에서 가장 중요한 것은 기업이 직 · 간접으로 상대하는 다른 기업들이다.[1] 개별 기업들은 경쟁, 하청, 고객 혹은 전략적 제휴 등의

1 | 기업간 관계에 대한 관심을 바탕으로 일부 학자들은 지속적인 형태의 기업간 관계를 네트워크형 조직이라고 부르고, 이를 기존의 조직에 대한 대안적 형태의 조직이고 주장한다. 이러한 주장에 대한 입장은 두 가지로 나누어져 있다. 한 입장은 네트워크형 거래, 신뢰, 관계적 계약(relational contracting)이라고 불리는 것은 시장과 위계 사이에 존재하는 일시적인 혼합형에 불과하다는 것이고(Williamson, 1993), 반대로 다른 입장에서는 기업간 관계가 시장과 위계에 대한 독립적인 대안이라는 것이다(Bradach and Eccles, 1989; Smitka, 1991). 만일 네트워크형 거래가 기업에게 존재하는 독립적인 대안이라면, 추후의 연구들은 위계와 네트워크형 거래가 발생하는 조건을 이론적으로, 경험적으로 구분하는 근거를 명료화할 필요가 있다.

관계를 통해 다른 기업들과 연결되고, 개별 기업들은 이 관계를 통해 각종 자원을 제공받고 동시에 이 관계로부터 제약을 받는다는 것이다. 이런 기업간 관계를 가장 잘 나타내주는 분석 개념으로 주목받고 있는 것이 기업의 사회적 자본(corporate social capital)이다.

최근의 연구 성과에도 불구하고 기업의 사회적 자본에 대한 논의는 몇 가지 중요한 질문을 제기한다. 첫째는 사회적 관계가 행위자들로 이루어진 것이라면 기업의 사회적 관계는 '누구의' 사회적 관계를 말하는가? 기존의 논의에서 보면 기업의 사회적 자본은 크게 두 가지 수준으로 구분된다. 첫 번째 수준에서 기업의 사회적 자본은 기업내 개인간 사회적 관계가 기업에게 어떤 영향을 미치는가를 분석한다. 따라서 초점은 개인간 관계이다. 두 번째 수준에서 기업의 사회적 자본은 기업들간의 관계와 그 관계가 해당 기업들에게 어떤 영향을 미치는가에 주목한다. 이 연구에서는 상대적으로 많은 연구가 이루어지지 않은 두 번째 수준의 사회적 자본, 즉 기업을 행위자로 보고 기업들간의 사회적 관계가 해당 기업들의 성과에 어떻게 영향을 미치는가에 초점을 맞춘다.

둘째는 사회적 관계는 반드시 긍정적인 결과만을 가져오는가? 이에 대해서 최근 연구들은 사회적 관계의 부정적 측면을 나타내는 기업의 사회적 부채(corporate social liability)라는 개념을 제시하였다(Leenders and Gabbay, 1999). 기업의 사회적 자본이 기업내부와 외부에서 자원을 동원함으로써 기업 성과에 도움을 주는 기업의 사회적 관계를 지칭한다면, 사회적 부채란 기업을 구속하고 규제함으로써 기업 성과에 부정적인 영향을 주는 사회적 관계를 말한다. 그러나 아직까지 사회적 관계가 어떤 경우에 사회적 자본으로 기능하고, 어떤 경우에 사회적 부채로 작용하는가에 대한 이론적 논의와 경험적 연구가 충분히 이루어지고 있지 못하다. 따라서 이 연구는 최근 연구들을 바탕으로 기업의 사회적 자본과 부채에 대한 사회학적 논의를 제기할 것이다.

종합하면 이 글은 기업의 사회적 자본의 개념과 세 가지 수준, 형성 요인, 혜택, 구조적 특징에 따른 두 가지 유형, 사회적 자본과 사회적 부채, 끝으로 사회적 자본에 대한 기업의 전략을 논의한다. 이를 바탕으로 앞으로 다양한 산업에 걸친 기업의 사회적 자본에 대한 연구를 위한 이론적 논의와 측정의 한 가지 출발점을 제공하고자 한다.

2. 기업의 사회적 자본의 개념과 분석수준

사회적 자본에 대한 논의는 개인간 사회적 관계에 대한 분석에서 출발하였다. 즉 개인이 참여하는 사회적 관계의 특성이 개인에게 제공하는 혜택에 초점을 맞추었다. 다음에서는 이렇게 개인간 사회적 자본에 대한 논의를 정리하고, 이를 바탕으로 조직간 사회적 자본에 대한 논의를 제시한다.

사회적 자본이란 무엇인가? 콜만(Coleman)에 의하면 사회적 자본이란 한 개인이 그 안에 참여함으로써 특정한 행동을 하는 것을 가능하게 만들어주는 사회구조 혹은 사회적 관계의 한 측면이다(1990: 302). 예를 들면 우리사회에서 학연과 지연은 오랫동안 그런 사회적 관계에 참여하는 사람간에 경제적, 정치적, 사회적 자원의 동원을 가능하게 만드는 사회적 자본으로 작용해왔다. 동창간이나 같은 고향 출신간에 법적인 계약서나 재정적인 보증 없이 돈을 빌려주는 것, 취업난이 극심한 상황에서도 서로에게 일자리를 제공하는 것, 계를 통하여 금리보다 높은 이자수익을 얻는 것, 개인이 실직과 같은 위기를 당했을 때 가족이나 친척 등이 사회적 안전망의 역할을 제공하는 것 등이 모두 우리사회에서 기능하고 있는 사회적 자본의 예이다. 물리적 자본(physical capital)이나 인적 자본(human capital)이 개인에게 속하거나 개인의 속성으로 존재한다는 것과는 달리, 사회적 자본은 사회적 관계에만 존재한다. 즉 사회적 자본은 사회구조 혹은 사회적 관계에 항상 배태되어(embedded) 존재한다. 그렇다면 기업의 사회적 자본을 어떻게 개념화할 것인가?

기업의 사회적 자본은 기업을 하나의 행위자로 인식한다는 것을 전제할 때, 개인의 사회적 자본의 개념과 기본적으로 동일하다. 즉 기업행위자가 기업내, 기업간 사회적 관계를 통해 동원할 수 있는 자원이라고 정의할 수 있다. 개인의 사회적 자본과 구별되는 것은 개인과 달리 기업은 사회적 자본이 어떤 수준의 사회적 관계에 존재하는가에 따라 크게 세 가지로 나눌 수 있다. 첫째, 기업의 사회적 자본의 첫 번째 수준은 기업내 개인들간에 존재하는 사회적 자본이다. 이는 같은 기업에 있는 근로자들간의 사회적 관계의 특성이나 그러한 관계에서 나타나는 공통된 규범, 정체성, 신뢰, 협동을 나타낸다. 조직내(intra-organizational) 사회적 자본이라고 할 수 있다.[2] 초기 기업의 사회적 자본에 대한 연구들은 주로 기업내 사회적 자본이 개인 근로자의 성과(예를 들어 승진이나 임금 인상)에 어떤 영향을 미치는가, 또한 조직 전체의 성과에 어떤 영향을 미치는가에 초점을 두었다(Podolny and Baron, 1997; 박찬웅, 1999a).

둘째, 기업의 사회적 자본의 두 번째 수준은 기업간(interorganizational) 관계에 존재하는 기업간 사회적 자본이다. 이는 기업간에 존재하는 사회적 관계를 통해 나타나는 사회적 자본이다. 기업간 '사회적' 관계는 무엇을 의미하는가? 사회적 관계가 행위자간에 상대방을 지향해서 의미 있는 행동을 통해 상호작용하는 것을 지칭한다면 이런 의미에서 기업간 사회적 관계를 말할 수 있는가? 기업간 사회적 자본에 대한 기존의 연구들은 기업내 개인간 사회적 자본에 대한 연구를 연장하여 기업간에 존재하는 다양한 자원들의 교환, 계약 및 제휴 관계를 기업간 사회적 자본을 위한 자료로 사용한다. 따라서 분석의

2 | 기업내 성원들간의 사회적 관계에 대한 관심은 조직연구들 중 인간관계학파(human relation school)의 중요한 연구 주제이다. 이외에도 조직의 비공식적 구조(informal structure)에 대한 분석 역시 기업내 사회적 자본에 대한 연구와 직접 연결된다.

수준이 개인에서 기업으로 바뀌었지만, 실제 사회적 자본을 측정하는 사회적 관계의 유형은 같은 방법을 사용한다.

기업간 관계에 대한 연구는 사회적 자본에 대한 관심 이전부터 실시되었다. 기존의 조직연구들에서 거래비용 이론이나 자원의존 이론은 기업간 관계를 분석하였으나, 이들 연구들은 주로 기업간 관계의 특성이 무엇이고, 이 특성이 어떻게 나타나는가에 초점을 맞추었고, 기업간 관계가 기업의 성과에 어떤 영향을 미치는가에 대한 분석은 상대적으로 소홀하였다(Ahmadjian, 1995). 이에 대한 대안으로 기업간 사회적 자본에 대한 연구들은 기업간 관계가 직접적으로 기업성과에 어떻게 영향을 미치는가를 분석한다. 우지(Uzzi, 1996)는 의류회사들이 거래하는 회사들과 장기적인 신뢰관계와 가격에 기반한 시장거래형 관계를 적절히 조화함으로써 다른 형태의 기업간 관계를 가진 기업들에 비해 매출면에서 더 나은 기업성과를 가진다고 논의한다. 우지(Uzzi, 1999)는 미국 중서부에 있는 기업들에 대한 연구에서 기업이 은행과 형성하는 관계의 특성에 따라 더 유리한 조건으로 대출을 얻게 된다는 것을 보여줌으로써 기업의 사회적 자본이 다른 유형의 자본인 금융자본을 동원하는데 있어서 중요하다는 것을 보여준다. 이외에 일본 자동차 하청관계에 대한 연구들은 '일본식 하청관계'에서 나타나는 완성업체와 부품업체들 간의 장기적인 신뢰에 바탕을 둔 기업간 관계가 완성업체와 하청업체 모두에게 기술혁신, 매출 등에서 유리한 결과를 가져온다고 논의한다(Nishiguchi, 1994; Smitka, 1991).

셋째, 기업의 사회적 자본은 기업과 사회와의 관계에서 존재한다. 기업 환경에는 물론 위에서 말한 다른 기업들이 포함할 수 있지만, 여기에서 주목하는 것은 기업과 기업이 존재하는 지역사회 혹은 사회 일반과의 관계이다. 기존의 조직 연구에서 제도론적 연구들은 기업들이 사회적 정당성을 얻기 위해서 사회에서 인정하는 중요한 가치를 조직에 반영하고자 노력하고, 이 결과 기업의 제도적 환경에 따라 기업의 특성이 영향을 받는다고 논의한다. 이를 기업의 사회적 자본에 대한 논의에 적용하면, 기업의 사회적 자본은 그 기업이 처한 사회로부터 얻는 사회적 인지도, 정당성, 혹은 신뢰라고 할 수 있다. 기업의 사회적 책임과 이를 위한 기업의 다양한 노력들은 이 수준에서의 기업의 사회적 자본을 위한 투자라고 할 수 있다.

이렇게 세 가지 수준의 기업의 사회적 자본은 논리적으로 구분할 수 있지만, 경험적으로는 이 세 가지 수준들은 서로 연결되고 상호작용한다. 첫째, 기업내 개인들이 가지고 있는 사회적 자본을 통해서 다른 기업들과의 사회적 자본이 형성될 수 있다. 우리 사회에서 직원을 채용할 때 명문대학 출신을 선호하거나, 특정 지역 출신을 선호하는 것은 개인이 가지고 있는 사회적 자본을 통해 기업간 사회적 자본을 형성하기 위한 전략이라고 볼 수 있다. 둘째, 기업간 사회적 자본은 반대로 각 기업에 속한 개인간 사회적 자본을 형성할 수 있다. 예를 들어, 기업협회를 통해 사외 이사제에서 형성된 개인간 관계는 이들의 이직이나 창업 기회로 연결될 수 있다. 끝으로 거시적 수준에서 사회적 인지도나 신뢰 면에서 높게 평가되고 있는 기업은 이를 바탕으로 다른 기업들과의 제휴에서 다른 기업들에 비해 유리한 기회를 가지게 되어 기업간 사회적 자본의 형성에 더 나은 결과를 가질 수 있다. 세 가지 수준의 기업 사회적 자본을 정리하면 다음 그림과 같다.

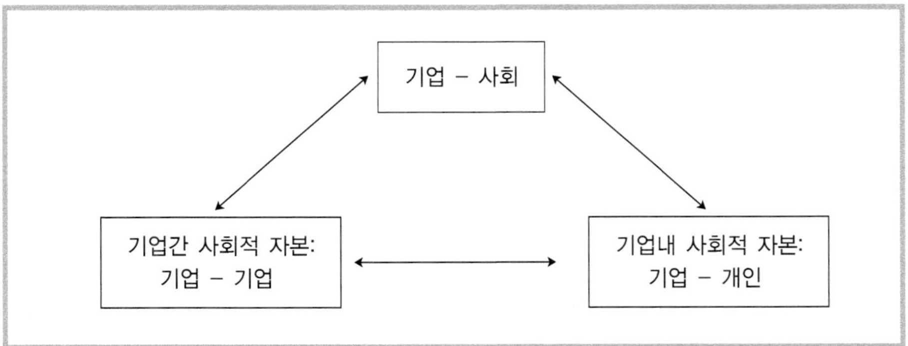

그림 3-1 기업내 신뢰연결망의 예

이러한 세 가지 수준들 중에서 기업간 사회적 자본에 초점을 맞추고자 한다. 이는 기업간 사회적 자본이 최근의 조직이론과 연결망 기법을 이용한 연구들이 집중하고 있는 기업간 관계에 대한 연구들이 제공하는 논의와 질문들과 가장 직접 관련이 있기 때문이다.

3. 기업의 사회적 자본의 원인과 조건

기업간 관계에서 형성되는 기업의 사회적 자본에 대한 기존의 연구들은 대부분 기업간 관계의 특성과 그것이 기업에 미치는 영향에 주목했다. 그러나 기업의 사회적 자본이 미치는 성과를 이해하기 위해서는 기업의 사회적 자본 형성에 영향을 미치는 요인을 이해하는 것이 중요하다.

어떤 기업들이 높은 수준의 기업간 사회적 자본을 형성할까? 최근 조직이론에서는 기존의 시장이나 위계적 조직에 대한 대안으로서 네트워크형 조직을 제시한다. 이 입장에 의하면 네트워크형 조직은 '위계적인 권위 없이 지속적이고 반복적으로 거래하는 행위자들의 모임' 이라고 정의된다(Podolony and Page, 1998). 네트워크형 조직의 예는 조인트벤처, 기업간 전략적 제휴, 기업집단, 프랜차이즈, 일본식 하청관계이다. 이러한 네트워크형 조직은 시장과는 장기적으로 지속적인 거래관계라는 점에서 구별되고, 위계적 기업과는 거래관계를 지배하는 단일한 위계적 권위가 없다는 점에서 구별된다. 또한 조직의 범위 자체가 단일 기업을 넘어서서 다수의 기업을 포함한다는 점에서 네트워크형 조직은 단지 시장과 위계적 조직 사이의 일시적 중간형태가 아니라 하나의 독립적인 조직 유형이라는 것이다. 네트워크형 조직은 시장이나 위계적 조직 형태에 비해서 참여하는 조직들에게 보다 나은 정보를 제공하는 학습효과, 정당성과 조직 위신(status), 그리고 불확실한 환경에 더 잘 적응하도록 해준다. 네트워크형 조직은 지속적이고 강한 기업간 관계라는 면에서 기업의 사회적 자본의 강한 형태라고 할 수 있다.

네트워크형 조직이나 기업의 사회적 자본으로서의 기업간 관계가 형성하게 될 요인들에 대한 논의는 사회적 자본의 혜택을 고려할 때, 왜 모든 기업들이 사회적 자본을 형성하지 않는가에 대한 답변을 제시한다. 사회적 자본의 형성요인에 대한 이해는 기업간 관계와 사회적 자본이 단일 요인에 의해서 보편적으로 나타나는 것이 아니라, 다양한 요인들에 의해서 형성되고 발전되거나 혹은 쇠퇴하게 될 수 있다는 경험적 사실을 설명하기 위해서도 중요하다. 다음에서는사회적 자본의 형성요인들을 분석 수준별로 제시한다.

1) 기업의 속성

기업의 사회적 자본 형성에 영향을 미칠 수 있는 첫 번째 요인은 기업 자체의 특성이다. 이는 개인의 사회적 자본을 설명하기 위해 먼저 개인의 속성에 주목하는 것과 같은 논리이다. 그렇다면 기업의 어떤 특성이 사회적 자본의 형성을 위하여 중요할까? 기존의 연구들은 기업의 권력 또는 힘(power)이라고 주장한다. 기업과 은행의 관계에 대한 베이커(Baker, 1990)의 연구에 따르면, 기업의 힘이 약할수록 은행과 네트워크형 기업간 관계를 형성할 가능성이 높다. 이는 자원의존 이론(resource dependence theory)에 의해 설명할 수 있다. 자원의존 이론에 의하면 모든 조직들은 외부의 환경으로부터 조직의 생존에 필요한 자원을 의존하게 되는데, 중요한 자원들을 외부에 의존하는 정도가 클수록 조직들은 의존도를 줄이고 조직의 자율성을 높이기 위해 다양한 조직들과 관계를 형성한다는 것이다. 베이커는 상대적으로 자원이 풍부한 기업들은 은행과 네트워크형보다는 시장거래형을 선호한다는 것을 주장한다. 이러한 논의들은 조직의 힘 혹은 외부로부터의 자원의존도가 높은 기업들은 조직의 자율성을 높이기 위해 기업간 사회적 자본을 형성하기 위해 노력할 것이라는 것을 보여준다. 만일 조직의 자율성이 기업간 사회적 자본을 형성하기 위한 주목적이라면, 결과적인 사회적 관계의 연결망적 형태는 소수의 기업들과의 강한 끈(strong tie)보다는 다수의 기업들과의 약한 끈(weak tie) 혹은 구조혈(structural hole) 형태를 나타낼 것이다. 이는 강한 연대에서는 동원할 수 있는 자원의 수준은 높을 수 있으나, 반대로 강한 연대에 포함된 다른 조직들로부터 받는 규제(constraint)가 높을 것이기 때문이다.

외부에 의존적인 기업이 자율성을 유지하기 위해 기업간 사회적 자본을 형성하려고 시도한다면, 자원이 풍부하거나 강한 권력을 가진 기업들은 왜 이러한 기업간 관계에 참여할 것인가? 자원의존 이론과 거래비용 이론(transaction cost theory)은 서로 반대 방향에서 기업들이 기업간 사회적 자본을 형성하려는 것을 설명해준다(Ahmadjian, 1995). 자원의존 이론이 다른 기업에 자원을 의존해야 하는 기업들이 사회적 자본을 형성하려고 시도하는 것에 초점을 둔다면, 거래비용 이론은 다른 기업에게 자원을 제공할 수 있는 기업이 사회적 자본을 형성하려고 시도하는 것을 분석한다. 이를 잘 보여주는 예가 완성업체 혹은 조립업체와 하청업체간의 관계이다. 자원의존 이론에 의하면, 하청업체는 완성업체에 대한 지나친 의존을 줄이기 위해 다양한 완성업체와 관계를 형성하려고 시도하고, 동시에 완성업체가 하청업체들간의 경쟁을 통해 통제하려는 것을 줄이기 위해 그들간의 기업간 관계를 강화하려고 한다. 반면에 거래비용 이론에 의하면, 거래의 자산특정성이 높고, 빈도와 지속기간이 높고, 성과를 측정하기 힘들수록 완성업체가 하청업체와의 관계를 시장거래 관계보다는 장기적이고 지속적인 협동관계, 즉 기업간 사회적 자본을 형성하려고 한다는 것이다.

아마드지언(Ahmadjian, 1995)은 일본 자동차 하청관계에 대한 연구에서 완성업체의 입장에서 완성업체와 하청업체간의 세 가지 유형의 기업간 관계를 분석하였다. 세 가지 유형은 출자관계, 사외이사 파견관계, 그리고 공통의 은행 관계이다. 각 기업간 관계의 존재 여부와 서로 다른 관계가 동시에 나타나는 중첩성(multiplexity) 정도가 높을수록, 완성업체와 하청업체간에 높은 수준의 기업간 사회적 자본이 존재한다고 할 수 있다. 이 연구에 따르면 완성업체는 자신에게 생산물의 대부분을 판매하는 하청업체와 자신이 해당 부품을 대량으로 구매하는 하청업체와 출자관계를 형성할 가능성이 높고, 출자관계는 사외이사 파견으로 이어진다.

종합하면, 기업의 사회적 자본에 대한 이론적 입장들은 권력이 있는 기업과 권력이 없는 기업의 사회적 자본에 대한 설명으로 구분될 수 있다. 한편으로 상대적으로 권력이나 힘이 약한 기업의 입장에서 기업의 사회적 자본은 다른 기업에 대한 의존을 줄이고 자율성을 늘리기 위한 것이다. 다른 한편으로 권력이 있는 기업의 입장에서 사회적 자본은 거래비용을 줄이려는 동기에서 비롯된다. 따라서 기업간 관계에 대한 거래비용 이론과 자원의존 이론이 서로 모순된다기보다는 자원이나 권력이 서로 다른 두 조직이 어떻게 기업간 사회적 자본을 형성하는 데 공동으로 참여하는가를 서로 다른 입장에서 설명한다.

2) 거래의 특성

조직의 권력이나 자원의 수준 이외에 조직이 다루어야 하는 거래의 특성 역시 기업간 사회적 자본의 형성에 영향을 미칠 수 있다. 이는 동일한 기업이 거래의 특성에 따라 기업간 사회적 자본의 수준을 다르게 가질 수 있다는 것을 설명한다. 거래비용 이론으로부터 우리는 거래하는 대상의 자산특정성, 거래빈도가 거래하는 기업간 사회적 자본의 형성에 영향을 미칠 것이라는 가설을 만들 수 있다. 즉 두 기업간에 거래빈도와 지속도가 높고, 거래하는 대상의 자산특정성과 기술적 복잡성이나 질에 대한 측정의 어려움이 높을수록 기업간 사회적 자본이 형성될 가능성이 높다고 할 수 있다.

거래관계의 특성과 관련하여 거래하는 대상의 특성 역시 기업간 사회적 자본에 영향을 준다는 가설을 생각해 볼 수 있다. 한국의 자동차 부품별 하청관계에 대한 연구에 의하면, 자동차 부품에 따라 완성업체와 하청업체간의 관계 유형이 다르게 나타난다(박찬웅 · 한준, 2001). 부품별로 기업간 관계 유형이 다르다는 것은 다른 조건들이 동일한 경우 부품 특성에 따라 거래 기업들간 사회적 자본이 다른 수준으로 형성될 수 있다는 것을 제시한다. 그렇다면 어떤 부품 특성이 기업간 사회적 자본에 영향을 미칠 것인가? 잠정적인 가설을 제시하면, 부품의 표준화 정도가 낮을수록, 기술적 복잡성이나 혁신가능성이 높을수록, 다른 부품들과의 관계에서 모듈화 가능성이 높을수록, 완성업체는 하청업체와 높은 수준의 사회적 자본을 나타내는 형태의 하청관계를 형성하고자 한다는 것이다.

3) 기존의 기업간 관계와 그 연결망적 구조

굴라티와 가기울로(Gulati and Gargiulo, 1999)는 기업간 제휴에 대한 연구에서 제휴의 성과가 아니라 제휴의 유형과 특성을 설명하는 요인을 분석한다. 이 연구에 의하면 기업간 제휴의 형성에 가장 중요한 결정요인은 이전에 두 기업간에 직접적인 제휴가 있는가, 다른 기업들을 통한 간접적인 관계가 형성되어 있는가, 또한 기업들간의 제휴연결망에서 각 기업의 중앙성(centrality)이 얼마나 유사한가라는 것이다. 다시 말해서 한 시점에서의 기업간 관계와 그 관계 내의 위치가 다음 시점에서의 기업간 관계 형성에 영향을 미친다는 것이다. 굴라티와 가기울로의 논의에 따르면, 이전 기업간 관계는 기업에게 잠재적인 제휴 대상에 대한 정보를 제공하기 때문에 새로운 유형이나 더 높은 수준의 관계가 형성될 가능성을 증가시킨다. 또한 이미 존재하는 직 · 간접적인 기업간 관계는 새로운 기업간 관계에 참여할 기업이 배반할 경우 연결망에 의한 제재효과가 있기 때문에 기업들이 배반할 가능성을 줄이고, 따라서 새로운 기업간 관계가 형성될 가능성을 증가시킨다. 끝으로, 제휴 연결망내에서 중심적인 위치에 있는 기업들은 주변적인 위치에 있는 기업들과 제휴할 동기가 전반적으로 낮기 때문에, 두 기업들의 연결망 중앙성이 유사할수록 새 관계가 형성될 가능성이 높다.[3]

4) 기업의 역사적 배경

스틴치콤(Stinchcombe, 1965)은 조직의 특성이 그 조직이 출현한 시기에 따라 다르게 나타난다고 주장하고, 이는 조직을 구성하는 자원들이 시기적으로 다르기 때문이라고 논의한다. 이 논의를 바탕으로 기업간 사회적 자본 역시 시기에 따라 그 정도, 특성 및 유형이 다르다는 가설을 생각해 볼 수 있다. 예를 들어 전략적 제휴에 대한 시계열적 연구들은 특정 시기에 전략적 제휴가 일정 수준을 유지하는 것이 아니라 시기별로 물결처럼 높고 낮음이 다르다는 것을 보여준다.

기업이나 기업간 관계에 대한 정당성에 대한 규범이 시기별로 다를 경우, 기업의 출현시기는 시기별로 나타나는 기업간 사회적 자본의 내용이나 유형에 영향을 줄 수 있다. 제도적 환경에서 존재하는 기업이 생존하기 위해서 환경으로부터의 정당성을 필요로 한다면, 어떤 형태의 기업이나 기업간 관계가 정당한가에 대한 규범은 기업에게 중요한 준거를 제공한다. 정당한 기업 형태나 기업간 관계에 대한 규범이 시기에 따라 변한다면, 어떤 시기에 기업이나

3 | 기업간 관계의 형성 요인으로 이전 기업간 관계가 중요하다는 것은 기업간 사회적 자본의 형성을 설명하는데 있어서 기업간 연결망의 구조에 대한 시계열적 분석의 중요성을 시사한다.

기업간 관계가 형성되었는가는 지배적인 형태의 기업간 관계와 그에 따른 기업간 사회적 자본에 영향을 줄 수 있다. 예를 들어 '공정거래'에 대한 사회적 · 법적 규범은 사회적으로 정당하고, 합법적인 기업간 관계를 규정함으로써 결과적으로 형성되는 기업간 관계의 특징이나 수준에 영향을 미친다.

5) 기업의 사회 · 문화 · 제도적 조건

기업간 사회적 자본은 역사적으로 다르게 나타날 수 있을 뿐 아니라, 거시적 수준에서 사회마다 다르게 나타날 수 있다. 특히 사회 · 문화적 요인들이 사회마다 기업간 사회적 자본이 형성될 가능성과 그 특성에 영향을 줄 수 있다. 영국과 일본의 기업간 관계를 비교한 도어(Dore, 1983)의 고전적인 연구는 일본 문화의 집단주의적 성향이 서구 기업에 비해 일본 기업간에 장기적이고 강한 결속감을 수반한 협동 및 신뢰관계(goodwill capitalism)를 가져온다는 것이다. 이를 연장해서 해석하면, 개인주의적인 문화가 강하거나 시장거래가 경제 행위의 지배적인 관행으로 정착한 사회일수록 기업간 관계에서도 역시 사회적 자본의 형성이 늦게 나타난다고 추론할 수 있다.

이탈리아의 에밀리아형 생산체제나 화교연결망에 대한 연구들은 기업간 사회적 자본의 출현조건이 기업이 존재하는 사회 · 문화적 특성과 관련될 수 있다는 가능성을 제시한다. 퍼트남(Putnam, 1994)의 북부 · 남부 이탈리아의 비교 연구는 북부 이탈리아가 남부 이탈리아에 비해 사회적 자본이 높고 결과적으로 정치적 민주주의와 경제발전을 성취할 수 있었던 원인으로 역사적으로 정치적, 경제적으로 분권화된 탈집중화된 정치체제와 시민사회의 문화를 제시한다. 퍼트남은 북부 이탈리아 지역의 경제가 남부보다 높은 수준으로 발달했으며, 이런 경제 발전의 배경에 일찍부터 상호금융조합(rotating credit association)을 통한 자본의 동원과 배분이 있었다는 것을 제시한다. 이로부터 우리는 시민사회가 일찍 발달할수록, 정치적으로 분권화된 사회일수록, 평등주의적 문화가 일찍 형성한 사회일수록 경제영역에 있어서도 기업간 사회적 자본이 발달할 가능성이 높다는 것을 추론할 수 있다. 기업의 사회적 자본에 대한 사회 · 문화적 조건에 대한 연구들은 기업간 사회적 자본이 그 기업이 존재하는 사회의 거시적 수준의 사회적 자본의 발전 정도와 상호작용한다는 것을 보여준다.

사회 · 문화적 특성 이외에 제도적 발전 정도 역시 기업간 사회적 자본의 형성에 중요하다. 특히 기업간 관계를 규제하는 각종 법제도의 정립과 공정하고 효율적인 운영은 배신의 위험성을 최소화함으로써 적극적으로 사회적 자본의 형성에 참여하게 한다는 면에서 중요하다. 이러한 제도적 뒷받침이 없다면 사회적 수준의 사회적 신뢰가 형성되기 어려운 것처럼, 기업간에도 시장이나 계약이 지배적인 거래 유형으로 남아있게 될 것이다. 아시아의 기업집단, 특히 일본과 한국의 기업집단에 대한 연구들은 기업간 관계가 단지 기업의 특성 이외에 국가-기업-은행 간의 역사적으로 제도화한 사회적 · 정치적 요인들에 의해서 형성된다는 것을 보여준다(Gerlach, 1992).

4. 기업의 사회적 자본의 혜택

샌드퍼와 라우만(Sandefur and Laumann, 1999)은 사회적 자본의 기능 또는 혜택을 크게 정보(information), 통제(control), 결속감(solidarity)의 세 가지로 정리한다. 첫째, 사람들은 사회적 관계를 통해서 자신에게 필요한 정보를 받고, 유리한 사회적 관계 내에 위치할수록 그렇지 않은 사람에 비해서 필요한 정보를 더 빠르게 얻을 수 있다. 둘째, 개인이 배태되어 있는 사회적 연결망의 구조적 특징에 따라서 그 개인은 주위의 사람들을 작은 노력으로 효과적으로 통제할 수 있다. 우리 속담에 나오는 '어부지리(漁父之利)'는 바로 이러한 사회적 관계의 구조적 특징에 따라서 행사할 수 있는 통제력과 그에 따른 혜택을 보여준다. 셋째로, 사회적 자본을 가진 사람간에 가치관, 규범, 목적의 공유를 통해서 결속감을 만들어낼 수 있다. 이러한 사회적 자본의 통합효과는 사회적 자본을 가지고 있는 사람들이 집합행동을 할 수 있게 한다. 최근 사회운동 분야의 많은 연구들이 운동의 조건과 결과를 이해하기 위해서 잠재적인 운동의 성원들이 그들의 기존의 사회적 연결망을 가지고 있을 때 효과적으로 동원되고 성공적인 사회운동을 만들어 내는가에 초점을 맞추고 있다.

이러한 사회적 자본의 세 가지 혜택은 개인뿐 아니라 기업 행위자에게도 그대로 적용될 수 있다. 사회적 자본을 가능하게 하는 기업간 관계 내에 위치한 기업은 그러한 관계를 통해서 보다 적절한 정보를 더 빠르게, 더 적은 비용으로 얻을 수 있다. 또한 다른 기업들을 좀더 효과적으로 통제할 수 있으며, 거래나 제휴관계에 있는 기업들과 공통의 목표와 정체성을 바탕으로 한 효과적인 집합행동을 할 수 있다. 이러한 세 가지 혜택에 더하여 기업간 관계로부터 발생하는 기업의 사회적 자본의 혜택을 다음과 같이 정리할 수 있다(Podolny and Page, 1998; 박찬웅, 2000).

첫째, 기업의 사회적 자본은 참여하는 기업의 학습을 촉진한다. 장기간의 거래관계나 제휴관계는 참여하는 기업으로 하여금 다양한 정보를 빠르게 전파하게 하여 한 기업이 획득한 정보를 다른 기업들이 학습하도록 한다. 이러한 효과는 바이오테크놀로지나 IT 산업과 같이 기술혁신이 급격한 산업에서 주로 나타나고, 이는 이러한 산업들에 나타나는 많은 수의 전략적 제휴가 그 증거를 제시한다. 이러한 전략적 제휴는 협동연구를 통해 새로운 기술 혁신이 발생할 수 있는 가능성을 높일 뿐 아니라, 성공적인 기술혁신을 빠르게 선별하고 이를 연결망내에 전파하게 함으로써 참여 기업들이 첨단 기술을 획득하기 쉽게 만든다. 또한 기업간 관계는 단지 정보를 전파할 뿐 아니라, 기존의 정보를 다양하게 조합함으로써 연결망내에서 새 정보를 만들어 낸다. 즉 기업간 연결망은 단지 기술혁신을 전파할 뿐 아니라, 그 자체가 혁신의 원천이 될 수 있다. 일본 자동차 하청관계에 대한 연구들은 시장거래 방식에 비해서 일본 자동차 산업의 기업간 관계의 가장 큰 장점으로 완성업체와 하청업체가 참여하는 연결망내에서 기술혁신이 집합적으로 만들어지고 전파된다는 점을 들고 있다(Nishiguchi, 1994). 개별 기업별로 기술혁신이 추구되는 미국식 방식에 비해서 이러한 집합적 혁신 시스템을 가능하게 하는 일본의 기업간 연결망이 일본 자동차 산업의 경쟁력을 비약적으로 향상시켰다는 것이다. 다시 말해서 개별 기업이 아니라 기업의 사회적 자본이 학습, 전파, 그리고 혁신을 가능하게 한다.

둘째, 기업의 사회적 자본은 시장에서의 정당성과 지위(status)를 제공하고, 이에 따라 보다 나은 기업 성과를 가능하게 한다. 기업들은 시장에서 확립된 기업들과 전략적 제휴와 같은 기업간 관계를 확립함으로써 기업의 지위를 얻을 수 있고, 결과적으로 주식시장에서의 주가를 향상시킬 수 있다. 신생 벤처기업의 자본 확보를 위한 라운딩의 경우 1차 라운딩에 참여한 벤처 펀드회사, 기업 등의 지위에 따라 그 후 라운딩의 성공 여부가 영향을 받는 것도 기업간 관계가 참여 기업의 시장에서의 지위와 그에 따른 성과에 영향을 주기 때문이다. 스튜어트, 호앙, 히벨스(Stuart, Hoang and Hybels, 1999)는 미국 바이오 산업 분야의 신생 벤처기업들에 대한 연구에서 벤처기업들이 전략적 제휴를 맺거나 투자를 받은 기업의 지위는 벤처기업들의 주식시장에서의 성과에 영향을 미친다는 것을 제시한다. 이는 신생 벤처기업에 대한 정보가 불완전하기 때문에 주식시장에 참여하는 행위자들은 벤처기업의 능력을 그 기업과 관계를 맺은 조직의 지위를 통해 평가를 하기 때문이라는 것이다. 정당성이나 지위를 제공하는 기업간 관계는 단지 기업간의 이자적 관계(dyadic tie)뿐 아니라, 다수의 기업들로 이루어진 연결망 전체도 포함한다. 이러한 연결망들은 중앙에 위치한 기업에 의해 대표되는데, 예를 들어 IT산업에서 마이크로소프트, 시스코, IBM 등은 각각 IT산업 내의 전방과 후방 기업들을 연결하는 연결망 집단을 구성한다. 개별 기업이 이러한 연결망 집단에 참여하고, 특히 연결망 구조 내에서 중앙성이 높을수록, 그 기업의 시장에서의 정당성과 지위는 높을 것이다. 지위가 높은 기업이나 기업 연결망과의 관계뿐 아니라 정부조직, 대학, 시민단체와 형성하는 공식적 관계 역시 기업의 정당성과 지위를 향상시킴으로써 기업 성과를 향상시킬 수 있다.

셋째, 기업의 사회적 자본은 시장과 관련된 중요한 유형의 비용들을 줄인다. 경제행위자가 시장에서 드는 중요한 비용으로는 검색비용(search cost), 집행비용(enforcement cost), 그리고 측정비용(measurement cost)을 들 수 있다(Swedberg, 1994: 264). 검색비용이란 잠재적인 수요자와 공급자를 찾는 데 드는 비용이고, 집행비용이란 시장과 관련된 행위자들간의 규칙을 유지하고 강제하는 데 드는 비용이고, 측정비용이란 수요자가 구매하기를 원하는 특정 상품이 실제로 원하는 것을 충족시켜줄 수 있는가를 측정하기 위한 비용을 말한다(박찬웅, 2000). 이러한 비용들은 기본적으로 시장이 고전경제학에서 상정하는 것과 달리 개인들이 완벽한 정보가 있는 것이 아니라 수요자와 구매자 모두 정보의 비대칭성과 이에 따른 서로의 기회주의적 행동의 위험(risk)에 노출되어 있다는 전제에서 출발한다. 거래비용학파는 이런 상황에서 자산특정성, 거래횟수, 불확실성의 정도에 따라 두 가지 대안이 존재하는데, 하나는 시장이고 다른 하나는 계약(또는 위계나 조직)이다.

기업간 사회적 자본은 기업행위자가 이러한 비용을 줄이기 위한 대안이 될 수 있다. 이는 사회적 자본이 정보, 통제, 결속을 가능하게 하고, 이는 위에서 제시한 시장과 관련된 비용들을 줄이기 때문이다. 먼저 검색비용을 줄이기 위해서 잠재적인 수요자와 공급자들을 파악하기 위해서 기업은 참여하는 기업간 연결망이 제공하는 정보를 활용한다. 둘째로 집행비용을 줄이기 위해서 기업간 연결망내에서 거래를 함으로써 거래 기업이 동의한 대로 이

행할 것에 대한 압력과 통제를 행사하는 것이다. 또한 기업간 사회적 관계는 단순한 통제를 넘어서서 기업들간의 결속을 향상시킴으로써 상대방이 자발적으로 거래를 이행하도록 할 수 있다. 측정비용을 줄이기 위해서 잠재적 구매자인 기업은 기업간 연결망을 통해서 거래 대상 기업에 대한 정보를 구하는 것이다. 우지(Uzzi, 1996)는 중소 규모의 의류회사들에 대한 연구에서 기업의 성과를 기업이 가지고 있는 기업간 관계의 특성으로 설명한다. 이 논의에 의하면, 빠르게 변화하고 불확실한 의류시장에서 보다 나은 가격을 위해서 계속 변화하는 단기적 가격중심의 시장거래형 기업간 관계보다 장기적인 신뢰에 기반한 기업간 거래관계를 발전시킨 회사들은 시장과 거래의 불확실성과 이에 따른 비용을 줄이고 결과적으로 보다 나은 기업 성과를 가지게 된다는 것이다. 김우식(2001)은 미국의 투자은행들이 거래연결망에서 지배적인 위치를 차지함으로써 거래하는 다른 투자은행들의 기회주의적 행동을 통제하고, 결과적으로 비용을 절감함으로써 기업 성과를 향상시킨다고 논의한다.

넷째, 기업의 사회적 자본은 기업의 환경으로부터의 자율성 혹은 권력을 증가시킨다. 거래비용 이론으로부터 기업간 사회적 자본이 거래비용을 줄일 수 있다는 설명을 도출한다면, 자원의존 이론으로부터 기업간 사회적 자본의 혜택이 기업이 가지고 있는 외부에 대한 의존성을 줄일 수 있다는 설명을 제기할 수 있다. 자원의존 이론에 의하면 모든 조직은 자원들을 조직의 외부 환경으로부터 공급받는데, 이는 조직의 의존성을 초래하고, 조직의 의사결정과 핵심활동에 있어서 자율성의 약화를 가져온다(Pfeffer and Salancik, 1978). 이러한 외부 의존성을 줄이기 위해, 기업은 완충(buffering), 포섭(cooptation) 다각화(diversification)와 같은 전략을 시도한다. 이러한 전략들 중에서 포섭이란 중요한 자원을 제공하는 외부 행위자를 조직 내부에 포함함으로써 환경의 불안정성을 줄이고자 하는 것이다. 다각화란 중요한 자원을 제공하는 외부 조직들의 수와 범위를 확대하거나 그 조직들과 관계를 다양화함으로써 외부 기업에 대한 의존성을 줄이고, 결과적으로 환경을 통제할 수 있는 자율성을 증가시키고자 하는 것이다. 기업간 겸직임원제도(interlocking direc-torate), 조인트벤처, 컨소시움, 기업협회에 대한 참여는 기업의 사회적 자본을 통해 외부 의존성을 관리하려는 시도의 예라고 할 수 있다.

5. 기업의 사회적 자본의 유형: 클릭(clique)형 대 구조혈(structural hole)형

사회적 자본은 사회적 관계를 통해 동원할 수 있는 자원이다.이런 정의에 따라 사회적 자본에 대한 연구는 한편으로 동원할 수 있는 자원에 대한 연구와 다른 한편으로 이를 가능하게 하는 사회적 관계의 특성에 대한 것으로 이루어져 왔다. 기업의 사회적 자본의 유형은 동원하는 자원의 유형에 의한 것도 가능하지만, 여기에서는 기업간 관계의 구조적 특성에 주목하기 위하여 사회적 관계의 특성에 따른 유형화 방안을 제시한다. 사회적 관계의 특성을 분석하기 위해서 사회연결망 분석기법(social network analysis)을 바탕으로 한다.

사회적 관계에 대한 분석은 크게 이자적(dyadic) 분석과 구조적 분석으로 나눌 수 있다. 이자적 분석은 관계의 수, 빈도, 지속도, 강도(strength)를 분석하고, 이러한 특성이 어떤 결과를 만들어 내는가도 분석한다. 반대로 구조적 분석은 사회적 관계의 구조적 측면, 특히 노드들간의 연결망의 밀도, 중앙화(centralization), 위계성(hierarchy), 연결의 패턴을 분석한다. 구조적 분석에서 주목하는 것은 노드와 노드 간의 직접적인 연결의 존재뿐 아니라, 노드들간의 연결의 부재(不在)를 통해 나타나는 연결망의 패턴과 구조이다.

사회적 자본에 대한 연결망적 분석 역시 이자적 분석과 구조적 분석으로 나눌 수 있고, 각 분석은 사회적 자본의 다른 측면들을 강조해 왔다. 이자적 분석에서 강조하는 것은 개인 행위자가 가지고 있는 사회적 관계의 수, 빈도, 지속도, 강도가 높을수록 그 행위자는 높은 수준의 사회적 자본을 가지게 된다는 것이다. 구조적 분석에서 강조하는 것은 개인 행위자가 위치한 연결망의 구조를 분석하기 때문에 직접적인 연결의 양적 측면보다는, 어떠한 구조 내에 위치했는가가 중요하다. 사회적 자본에 대한 구조적 분석은 두 가지 유형의 구조를 제시한다. 하나는 클릭(clique)형 구조이고, 다른 하나는 구조혈(構造穴, structural hole) 구조이다. 다음 그림은 두 유형의 기본적 형태를 보여준다.

행위자의 사회적 자본의 구조가 클릭형이라는 것은 분석 대상인 행위자와 연결된 행위자들간에 모두 직접 연결되어 있는 구조이고, 구조혈 구조는 분석 대상인 행위자와 연결된 행위자들이 서로 연결되어 있지 않고 그 행위자의 중개 역할을 통해서 간접적으로 연결된 구조이다. 클릭형 구조는 사회적 연결망의 유형에서 '강한 끈(strong tie)' 이라고 불리기도 하는데, 이러한 유형의 사회적 자본의 혜택은 구성원 간 강한 동질성, 결속감, 정체성, 신뢰와 이를 통한 집합행동이다. 구조혈 구조는 사회적 연결망의 유형에서 '약한 끈 (weak tie)' 이라고 불린다. 이 유형의 사회적 자본의 혜택은 한편으로 이질적인 영역에서 행동하는 행위자들과의 연결을 통한 다양한 정보의 획득과, 다른 한편으

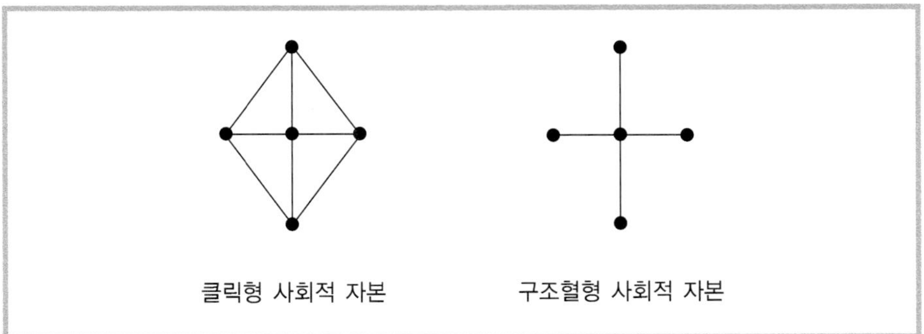

그림 3-2 클릭형과 구조혈형 사회적 자본의 구조

로 다른 행위자들을 서로 견제함으로써 얻는 어부지리(漁父之利, 혹은 tertius gaudens)를 통한 효과적인 통제이다.

클릭형과 구조혈형 사회적 자본의 혜택은 개인 행위자에게뿐 아니라, 위에서 제시한 기업행위자를 위한 사회적 자본의 혜택에 대한 논의에도 적용될 수 있다. 클릭형 사회적 자본은 참여하는 기업에게 학습, 정당성과 지위, 기업간의 결속을 가능하게 한다. 기업간 단순한 정보 교환이 아닌 지속적인 신기술을 학습하기 위해서는 장기적인 협동이나 신뢰관계가 필요하다. 콜만의 논의에서처럼 신뢰는 폐쇄적인 사회적 관계(social closure)를 필요로 하고, 클릭형 사회적 자본이 이에 해당한다. 정당성과 지위를 제공하는 유형의 사회적 관계 역시 클릭형 사회적 자본의 주 혜택이라고 할 수 있다.

버트(Burt, 1998)는 기업내 개인의 사회적 자본에 대한 논의에서 여성이나 소수민족에 속하는 사원들에게는 클릭형 사회적 자본이 유리한 것으로 나타났다고 말한다. 이는 여성이나 소수민족 출신 사원의 경우 기업내에서의 정당성과 지위가 불안정성이 문제가 되는데, 기업내 상층부에 강한 후원자가 있고 이 후원자의 사회적 연결망에 속함으로써 정당성과 지위를 획득할 수 있다는 것이다. 이를 기업간 관계에 적용해 보면, 클릭형 사회적 자본은 시장내에 높은 지위를 가진 기업과 제휴, 투자, 협력 등의 관계를 형성함으로써 정당성과 지위를 얻는 매튜효과(Matthew Effect)가 이에 해당한다(Podolny, 1993).

구조혈형 사회적 자본이 개인에게 주는 혜택이 다양한 정보와 타인에 대한 통제 효과라면, 이는 기업에게도 적용될 수 있다. 위의 논의를 적용하면, 구조혈형 사회적 자본은 참여하는 기업에게 기업간 검색, 집행, 측정 비용을 줄이고, 또한 버퍼링, 다각화를 통한 외부 기업들에 대한 의존성을 줄이는 효과를 제공한다.

각 유형의 사회적 자본은 그에 상응하는 비용을 수반한다. 두 유형의 사회적 자본은 공통으로 기업간 관계를 관리하기 위한 비용과 함께 두 유형 모두 참여

기업을 제약한다. 클릭형 사회적 자본의 비용은 정보의 중복성(redundancy)과 통제력의 약화가 기업 성과에 대한 제약으로 나타난다는 것이다. 또한 기존의 기업간 관계가 새로운 기업간 관계를 형성하는 데 제약을 가할 수 있다. 구조혈형 사회적 자본은 다양한 기업들과 기업간 관계를 형성, 유지하는 데 있어서 많은 비용이 든다. 구조혈형 사회적 자본은 참여 기업간에 장기적인 협동과 신뢰를 형성하기 힘들다. 또한 상대 기업들의 다양성과 잠재적인 이해 갈등이 높아지면서 이러한 갈등이 기업내부의 갈등으로 이전될 수 있다. 거시적 수준에서 구조혈형 사회적 자본을 추구하는 기업들이 많을수록 기업간 사회적 자본이 발생할 가능성은 줄어들고, 결과적으로 기업간 사회적 자본의 부재라는 시장 상황으로 회귀하게 될 가능성이 있다.

6. 기업의 사회적 자본과 부채

사회적 부채(social liability)에 대한 개념이 등장한 것은 사회적 관계 혹은 연결망이 혜택만 있는 것이 아니라, 경우에 따라 행위자에 대한 제약으로 나타나기 때문이다(Leenders and Gabbay, 1999). 그렇다면 사회적 관계가 어떤 조건에서 사회적 자본이 될 수 있고, 어떤 조건에서 사회적 부채가 되는가? 이에 대한 구체적인 답은 추가적인 연구를 필요로 하지만, 이 단계에서 몇 가지 연구 가설을 생각해 볼 수 있다.

첫째, 시간에 따라 사회적 자본을 제공하던 사회적 관계가 사회적 부채로 변할 수 있다. 즉 기업 초기에는 기업간 관계가 형성되고 발전함에 따라 사회적 자본으로 기능하던 사회적 관계가 후에 사회적 부채로 기능할 수 있다는 것이다. 한국 기업집단내의 기업간 관계는 이를 잘 보여준다. 한국의 기업집단내에 존재하는 강한 클릭형의 기업간 사회적 자본은 기업 초기에는 재정,

경영인력과 기술, 그리고 시장을 확보하는 데 있어서는 중요한 역할을 했다. 그러나 경제가 침체함에 따라 같은 기업집단내 기업들의 경영부실에 대한 공동책임은 기업 성과에 사회적 부채로 작용하였다. 이렇게 시간에 따른 사회적 자본의 변화를 고려할 때, 앞으로 기업의 사회적 자본에 대한 연구의 중요한 방향은 기업간 사회적 관계에 대한 시계열적 연구이다.

둘째, 동일한 기업간 관계가 한 가지 목적에서는 사회적 자본으로 작동하지만 다른 목적을 위해서는 사회적 부채로 작동할 수 있다. 예를 들어 기술표준을 둘러싼 경쟁에서 유리한 입장을 차지하기 위해 형성한 기업간 제휴는 경쟁하는 다른 기술을 지지하는 기업들에 대한 집합행동이나 결속을 위해서는 중요하지만, 그 제휴한 기업들은 개별 기업단위의 기술혁신의 방향을 통제할 수 있다. 또한, 사회적 자본의 혜택을 개인 수준과 조직 수준으로 나누어 볼 때, 개인에게는 사회적 자본으로 기능하는 것이 조직 수준에서는 사회적 부채로 기능할 수 있다. 예를 들어 전략적 제휴나 컨소시움같은 기업간 관계를 통해 유능한 개인이 이직하게 되는 경우에 이직한 개인의 입장에서 기업간 관계는 사회적 자본으로 작용했지만, 유능한 개인을 뺏긴 기업 입장에서는 사회적 부채로 작용한 것이다.

끝으로 위에서 제시한 두 가지 유형의 사회적 자본이 수반하는 비용이다. 클릭형 사회적 자본을 발전시켜 온 기업은 학습, 정당성, 협동 등의 면에서는 혜택을 받지만, 정보, 통제, 거래비용 면에서 보면 같은 사회적 관계가 제약으로 작용할 수 있다. 반면에 구조혈형 사회적 자본을 발전시켜 온 기업은 정보, 통제, 거래비용 면에서는 유리한 결과를 얻지만, 반면에 학습, 정당성, 기업간 협동이라는 면에서는 부정적인 결과를 얻을 수 있다. 따라서 각 유형의 사회적 자본을 나타내는 기업간 관계의 비용이 혜택을 초과할 때 사회적 자본이 사회적 부채로 바뀌게 되는 것이다.

앞으로 기업의 사회적 자본에 대한 중요한 연구 방향은 두 가지 유형의 사회적 자본이 서로 어떻게 상호작용하며, 이 경우 기업의 유리한 전략은 무엇인가에 대한 경험적 연구이다.

7. 기업의 사회적 자본에 대한 전략: 결합전략과 분리전략

클릭형 사회적 자본과 구조혈형 사회적 자본은 기업에게 두 가지 연결망 전략을 제시한다. 베이커와 오브스트펠드(Baker and Obstfeld, 1999)는 이를 결합전략(union strategy)과 분리전략(disunion strategy)라고 명하였다. 이들은 두 가지 전략을 기업내 개인의 사회적 자본 전략으로 제시하지만, 이는 기업의 사회적 자본 전략으로도 확대 적용될 수 있다. 결합전략이란 기업이 관계를 형성하고 있는 기업간에 직접적인 관계형성을 촉진하는 것이다. 예를 들어 기업 A가 기업 B와 기업 C와 각각 전략적 제휴를 맺고 있다면, 기업 B, C 역시 서로 전략적 제휴를 맺도록 함으로써 기업 A의 기업 사회적 자본을 클릭형에 접근하도록 하는 것이다. 결합전략을 잘 보여주는 예는 일본의 자동차 산업에서 완성업체가 납품하는 하청업체들이 공통으로 협회를 형성하게 함으로써 직접적인 기술 및 인적 자본의 교류와 사회적 결속을 만들도록 하는 것이다. 일본이나 한국의 기업집단 역시 기업집단내 새롭게 형성되는 기업이 공통의 은행과 거래하고 거래 기업을 공유하도록 하는 것도 결합전략을 보여주는 예이다.

분리전략이란 기업이 관계를 맺고 있는 기업간에 직접 관계를 형성하도록 하는 것이 아니라, 단지 중재만을 함으로써 두 기업들로부터 다양한 정보와 동시에 효과적으로 견제하면서 통제하는 것이다. 또한 정보와 통제 효과를 높이기 위해 새로운 기업간 관계를 형성할 대상을 선택할 때 다른 분야나 다른 핵심역량을 가진 기업을 선택하는 것이다. 기업간 연결망 전략으로서 분리전략은 결합전략보다 흔하게 발견될 수 있다. 분리전략을 잘 보여주는 예는 70년대까지 미국 자동차 완성업체에서 관찰되는 가격 경쟁으로 납품할 하청업체를 정하는 방식이다. 이 방식의 목적은 하청업체끼리 더 낮은 가격을 기준으로 서로 직접적으로 경쟁하게 함으로써 원하는 부품을 가장 싼 가격에 구입할 수 있도록 하는 것이며, 완성업체 입장에서 완성업체와 하청업체간의 장기적인 관계나 하청업체들간의 협동이나 거래는 바람직하지 못한 것으로 여겨진다.

기업은 이러한 두 가지 유형의 전략 중에서 무엇을 선택할 것인가? 위에서 설명한 것처럼 각 유형의 전략은 성공할 경우 서로 다른 혜택과 비용을 수반한다. 어떤 혜택과 비용을 선호할 것인가? 그러나 이 질문은 기업이 어떤 연결망 전략이나 선택하고 실행할 수 있다는 것을 전제하지 않는다. 즉, 많은 경우 위에서 제시한 대로 기업, 거래, 산업, 기업이 위치한 사회적, 문화적 특성은 기업에게 두 가지 유형의 전략들 중 한 가지를 선택하도록 제약할 수 있다. 베이커나 오브스트펠드(Baker and obstfeld, 1999)의 논의를 확장해서 해석하면, 기존의 기업간 연결망의 밀도가 높은 사회에서는 분리전략은 성공하면 효과적인 만큼 실행하기 어려울 것이고, 반대로 기업간 연결망 밀도가 낮은, 즉 고전적인 시장 형태에 가까운 사회에서는 결합전략은 실행하기 어려울 것이다.

이러한 제약에도 불구하고 기업은 어떤 전략을 추구할 수 있는가? 우지(Uzzi, 1996, 1999)는 두 가지 전략들 중 한 가지만을 추구하는 기업은 높은 기업 성과를 기대할 수 없다는 것이다. 즉 몇 기업들과는 장기적인 신뢰관계를 유지하면서, 동시에 다른 기업들과의 시장거래관계를 통해 신뢰관계에 있는 기업들로부터의 혜택을 비교하고, 때에 따라서는 신뢰 대상을 교체할 수 있는 가능성을 준비해야 한다는 것이다. 이를 사회적 자본의 유형으로 설명해 보면, 기업 성과에 핵심적인 자원을 제공하는 기업들과는 다양한 제휴, 출자, 사외이사의 공유를 통해서 클릭형 사회적 자본을 형성하고, 동시에 해당 분야의 신생 기업이나 다른 분야로의 확장시 필요한 다른 기업들과의 구조혈형 사회적 자본을 추구해야 한다는 것이다. 이를 보다 적극적인 연결망 전략 면에서 보면, 가장 이상적인 연결망 전략은 새로운 기업들과의 관계를 형성함으로써 구조혈형 사회적 자본을 만들어가면서, 한편으로 새롭게 관계를 형성한 기업들이 서로 직접적인 관계를 맺도록 중개함으로써 클릭형 사회적 자본을 만들어 내는 것이다.[4] 결과적으로 두 가지 유형의 사회적 자본을 성취할 수 있는 기업은 무어가 말하는 기업생태계 수준에서의 경쟁력을 이루게 되는 것이고, 이는 개별 기업 단위의 경쟁력에 비해 더 높고 더 지속적인 수준의 기업 역량을 의미하게 될 것이다.

8. 앞으로의 연구

기업간 사회적 자본에 대한 논의는 최근의 기업환경 변화와 맞물린다. 전 지구적 경쟁이라고 불리는 경쟁 범위의 확대와 정보기술을 비롯한 기술혁신이 결합하여 기업은 어느 때보다 변화하는 환경에 적응할 필요성이 높아졌다. 이러한 환경변화에 대한 적응방안으로 단일 기업 수준의 전략이 부족함에 따라 기업들과 학자들은 기업간 관계에 주목하게 되었다. 이 글에서는 이러한 관심에서 기업간 관계를 단지 주어진 요인으로 받아들일 것이 아니라, 하나의 사회학적 현상으로 기업간 관계가 어떻게 형성되며, 그 혜택과 비용은 무엇이며, 그것을 형성하기 위한 전략은 무엇인가를 논의하는 것이 필요하다고 보

4 | 이러한 전략의 성공 여부는 사회적 자본의 유형이 가지는 관성(inertia)의 정도에 따라 달려 있다. 즉 한 유형의 사회적 자본을 발전시켜 온 기업은 기존의 연결망의 특성이 다른 유형의 연결망을 형성하는 데 제약으로 작용할 수 있다. 앞으로 기업의 사회적 자본에 대한 연구 방향 중 하나는 기업의 사회적 자본의 유형의 분포와 그에 대한 시계열적 연구이다.

고, 이를 위해 기업간 사회적 자본이라는 개념을 제기하였다.

기업간 사회적 자본은 기존의 사회적 자본이라는 논의를 적용한 것으로, 기업을 하나의 행위자로 전제한다. 이 글에서는 기업의 사회적 자본을 형성하는 요인으로 기업의 속성, 거래의 특성, 기존의 기업간 관계와 그 연결망적 구조, 기업의 역사적 배경과 사회 · 문화 · 제도적 조건을 제시하였다. 다음으로 기업간 관계가 사회적 자본으로서 제공하는 혜택을 설명하고, 반면에 사회적 부채로 작용할 수 있다는 것을 논의하였다. 다음으로 기업의 사회적 자본을 사회적 관계의 연결망적 특징을 바탕으로 두 가지로 유형화하였으며, 유형에 따른 기업의 전략을 제시하였다.

앞으로 기업의 사회적 자본에 대한 연구는 기업의 사회적 자본에 대한 다양한 산업과 사회들 간의 비교연구가 필요하다. 이러한 연구는 사회적 자본이 하나의 '사회학적 사실'로서 어떤 인과적 과정을 거쳐서 형성되고 기업의 성과에 영향을 미치는가에 대한 보다 구체적인 이해를 가능하게 할 것이다.

제 **4** 장

경쟁의 사회적 구조: 기업내 신뢰의 사회적 연결망과 개인의 조직내 성과

1. 사회적 자본, 신뢰, 사회적 연결망

최근 들어 우리 사회의 문제점을 분석하는 논의들은 사회적 자본과 신뢰의 결핍을 그 중요한 원인으로 들고 있다(Fukuyama, 1995; 김용학 · 손재석, 1998; 이재열, 1998). 이 논의들은 경제적 위기뿐 아니라 각종 부정부패, 노사간 갈등, 가족해체 등 많은 영역의 사회 문제들이 발생하는 원인으로 각 영역에 참여하는 사람들간 신뢰의 부족 혹은 사회적 자본의 결핍을 들고 있다. 이러한 한국사회의 신뢰에 관한 논의들은 다른 나라들과의 비교를 통하여 신뢰가 어떻게 사회적으로 형성되고, 그것이 사회 전반에 걸쳐서 어떤 영향을 미치는가를 제시한다는 점에서 중요한 출발점을 제공한다. 그러나 기존의 논의들은 경험적 연구보다는 거시적인 수준의 서술에 그치고 있다. 신뢰에 대해서 주로 인용되고 있는 논의 역시 개념적 분석(Luhmann, 1973; Coleman, 1990)이나 거시적인 역사적 분석에 치우치고 있다(Putnam, 1993; Pagden, 1988). 이런 분석은 모두 신뢰를 연구하기 위해서 중요한 출발점을 제공한다. 그러나 신뢰를 추상적인 개념이 아니라, 사회적 제도, 조직들간의 관계, 조직내 관계, 개인들간의 관계를 규정하는 하나의 실재적 사회적 범주로 인식하기 위해서는 이를 넘어서 경험적인 사회학적 연구가 필요하다(Lewis and Weigert, 1985).

이 글의 목적은 신뢰가 미시적인 영역에서 개인과 조직에게 어떤 영향을 미치는가를 경험적으로 분석하는 것이다. 이를 위하여 한 기업을 선정하여, 이 기업내 인원들간의 신뢰와 각 인원들의 개인적 성과가 어떤 관계를 가지고 있는가를 분석할 것이다.

신뢰에 대한 논의들에 의하면 신뢰는 사회적 자본의 대표적 예라고 할 수 있다. 신뢰가 사회적 자본이라는 것은 그것이 사회적 관계 속에서 존재하기 때문이다. 이 연구는 사회학적 범주이고 사회적 자본으로서 신뢰를 연구하는 방법중의 하나로서, 조직내 신뢰가 나타나는 사회적 관계 혹은 연결망의 특성을 파악한다. 즉 각 개인이 전체 조직의 신뢰연결망에서 나타내는 특성이 개인의 성, 연령, 학력 같은 속성(attribute)들과 어떤 관계가 있는가를 분석한다. 신뢰에 대한 논의들은 신뢰가 개인, 조직, 사회에 미치는 긍정적인 영향에 대해서 지적하였다. 이 연구는 한 조직내 개인들이 참여하고 있는 신뢰연결망의 특성이 개인의 성과, 구체적으로 영업실적에 어떤 영향을 미치는가를 분석한다.

이를 위해 이 연구는 연결망 분석기법(network analysis)을 활용하여 신뢰연결망을 분석하고, 각 개인의 신뢰연결망의 특성을 중앙성(centrality), 연결망밀도(network density), 제약성(constraint) 개념을 통하여 파악하고, 그 영향을 분석한다.

2. 기존의 논의들

1) 사회적 자본으로서의 신뢰

사회적 자본(social capital)이란 무엇인가? 콜만(Coleman)에 의하면 사회적 자본이란 한 개인이 그 안에 참여함으로써 특정한 행동을 하는 것을 가능하게 만들어 주는 사회구조 혹은 사회적 관계의 한 측면이다(1990: 302). 예를 들면, 우리사회에서 학연과 지연은 오랫동안 그런 사회적 관계에 참여하는 사람들간에 경제적, 정치적, 사회적 자원의 동원을 가능하게 해주는 사회적 자본으로 작용해 왔다. 동창이나 같은 고향 출신들간에는 법적인 계약서나 재정적인 보증 없이 돈을 빌려주는 것, 취업난이 극심한 상황에서도 서로에게 일자리를 제공하는 것, 계를 통하여 금리보다 높은 이자수익을 얻는 것, 개인이 실직과 같은 위기를 당했을 때 가족이나 친척이 사회적 안전망의 역할을 해주는 것 등이 모두 우리사회에서 기능하고 있는 사회적 자본의 예이다. 물리적 자본(physical capital)이나 인적 자본(human capital)이 개인에게 속하거나 개인의 속성으로 존재하는 것과는 달리, 사회적 자본은 사회적 관계에만 존재한다. 즉 사회적 자본은 사회구조 혹은 사회적 관계에 항상 배태되어(embedded) 존재한다.

사회적 자본에 대한 두 번째 논의는 사회적 자본이 어떤 기능을 하는가이다. 샌드퍼와 라우만(Sandefur and Laumann, 1999)에 의하면, 사회적 자본의 기능 또는 혜택은 크게 정보(information), 통제(control), 결속감(solidarity)의 세 가지 유형으로 정리될 수 있다. 즉 사회적 자본을 가지고 있는 사람은 가지고 있지 않은 사람들과 비교해서 적절한 정보를 빠르게 받을 수 있고, 다른 사람들을 통제하고 동시에 다른 사람들로부터 통제 받지 않을 수 있으며, 사회적 자본을 가진 사람들간에 가치관, 규범, 목적의 공유를 통해서 결속감을 만들어 낼 수 있다.

신뢰는 사회적 자본의 대표적인 경우이다(이재열, 1998; 박찬웅, 1999). 신뢰에 대한 다양한 정의들을 정리하면, 신뢰란 '한 행위자가 위험에도 불구하고 다른 행위자가 자신의 기대 혹은 이해에 맞도록 행동할 것이라는 주관적 기대' 이다.[1] 이러한 신뢰는 사회적 관계를 전제로 하며, 그 관계 속에서 존재하고, 신뢰가 있음으로 해서 관련 행위자들은 협동을 할 수 있으며, 감시와 통제 비용을 줄일 수 있다는 점에서 사회적 자본의 전형적인 경우이다. 또한 신뢰는 사회적 자본으로서 공공재의 성격을 가지고 있다. 이는 다시 말해 신뢰 또한 공공재로서의 딜레마를 갖고 있다는 것을 의미한다. 즉 사회적 관계 내에서 합리적 개인이라면 자신은 신뢰를 주지 않으면서 타인들은 자신에게 신뢰를 주거나 혹은 자신과 관련된 사람들간에 사회적 신뢰가 형성되기를 바랄 것이다.

그렇다면 사회적 자본으로서 신뢰를 어떻게 분석할 것인가? 기존의 신뢰에 대한 분석이 대부분 추상적인 개념 논의의 수준이었던 반면에, 이 연구에서는 신뢰를 경험적으로 분석하기 위한 방법으로 신뢰의 사회적 구조를 분석할 것을 제안한다.[2] 즉 사회적 자본으로서 신뢰가 사회적 관계속에 존재하므로, 신뢰가 맺어지는 사람들간의 사회적 관계의 구조적 특성을 분석함으로써 신뢰를 개인의 심리학적 속성이나 사회 문화적 현상이 아니라 중범위적 사회현상으로 접근할 수 있다.[3] 이러한 신뢰의 사회적 구조 자체와 그것의 개인에 대한 영향을 이해하는 것은 신뢰를 맺는 사람들의 사회적 연결망(social network)을 분석함으로써 가능하다. 이를 위해 이 글에서는 연결망 분석기법

1 | 신뢰에 대한 다양한 정의에 대한 정리는 갬베타(Gambetta, 1988)와 박찬웅(1999) 참조.

2 | 신뢰를 사회구조의 한 특성으로 파악하는 개념적 시도로는 이재혁(1998)을 참조. 이재혁은 또한 한국사회의 공적 신뢰의 부재를 연줄망사회의 출현과 연결하여 설명하고 있다. 그러나 여기서 신뢰의 사회구조와 연줄망은 개념적으로 사용되고 있다.

3 | 야마기시(Yamagishi and Yamagishi, 1994)는 미국과 일본사회에서의 신뢰의 수준을 비교하고 이를 거시적 수준에서 두 사회의 제도적 차이에 기인하는 것으로 설명하였다.

을 사용한다.[4] 이 글에서는 이 방법을 이용하여 기업조직내 신뢰연결망이 어떤 구조적 특성을 나타내며, 누가 누구를 신뢰하고 있고, 어떤 속성의 사람들끼리 서로 신뢰하거나, 신뢰하지 않으며, 그것이 다시 조직내 개인의 성과에 어떤 영향을 미치는가를 분석할 것이다.[5]

그렇다면 신뢰의 사회적 연결망은 개인의 성과와 어떤 관계를 가지고 있는가? 어떤 연결망적 특성을 가지는 것이 개인에게 유리할 것인가?

2) 신뢰의 사회적 연결망

그라노베터(Granovetter, 1973, 1974)는 강한 끈(strong tie)과 약한 끈(weak tie)의 개념으로 개인이 속한 연결망의 특성과 그 연결망내의 개인의 위치가 개인에게 어떤 영향을 미치는가를 분석하였다. 강한 끈과 약한 끈은 사회적 관계에 참여하고 있는 사람들의 관계의 강도(relational strength)를 기준으로 구분된다. 강한 끈은 한 개인이 참여하고 있는 사회적 관계에 참여하는 행위자들 모두가 그 관계를 중요하게 생각하고 그 관계를 유지하는 것에 시간, 돈 등의 각종 자원들을 투자하는 경우이다. 강한 끈의 예로는 부모와 자식관계 혹은 부부관계를 들 수 있다. 강한 끈은 그것을 유지하는 데 소모되는 비용의 수준이 높으므로 상대적으로 적은 수의 사람들간에 존재할 확률이 높다. 약한 끈은 말 그대로 사회적 관계에 참여하는 사람들에게 그 관계가 일상 생활의

4 | 연결망 분석(network analysis)에 대한 책으로는 버트(1980, 1992, 1998), 와서만과 파우스트(Wasserman and Faust, 1994)를 참조. 이 연구에서는 연결망 분석을 위해서 UCINET. Version 5(Borgatti, 1999) 프로그램을 사용하였다.

5 | 이 연구에서 분석하는 조직내의 신뢰와 신뢰에 대한 정의는 일반적 의미의 신뢰와 구별할 필요가 있다. 퍼트남이나 루만이 사용하는 일반적 의미의 신뢰는 서로 직접 상호작용할 필요가 없는 사회성원들간의 거시적 수준의 신뢰이고, 이 연구의 신뢰는 조직내의 성원들간의 미시적인, 콜만식의 미시적 수준의 '경제학적인' 개념의 신뢰이다. 따라서 이 연구결과의 일반화에 있어서도 이런 점을 유의할 필요가 있다.

작은 부분이거나 제한적이고 관계를 유지하기 위한 헌신도가 낮은 경우이다. 조기축구회의 회원들간의 관계라던가 혹은 친구의 친구 관계와 같이 제3자를 통해서 간접적으로 알게 되는 관계 등을 예로 들 수 있다.[6] 강한 끈과 비교해서 약한 끈은 유지 비용이 저렴하기 때문에 상대적으로 범위가 넓고 다양한 사람들간에 형성될 수 있다.

그라노베터는 직장을 구하는 사람들에 대한 연구를 통해서 약한 끈을 가진 사람이 강한 끈을 가진 사람보다 직장을 잡을 확률이 높다고 주장한다. 그에 의하면, 약한 끈은 관계 자체에 대한 참여 행위자들의 헌신과 관계의 강도는 낮더라도 다양한 사람들과 맺어짐으로써 새로운 정보를 가져올 수 있다. 반대로 강한 끈에 의해서 얻어지는 정보는 그 확실성은 높을지 모르더라도 강한 끈은 주로 유사한 사회적 환경에서 밀접하게 상호작용하는 사람들간에 형성되기 때문에 그 정보가 이미 그 행위자 역시 알고 있는 중복된(redundant) 정보일 확률이 높다. 즉 아버지가 알고 있는 정보는 대개 아들도 이미 알고 있다는 것이고, 오히려 조기축구회에서 얻은 정보가 새로운 정보일 확률이 높기 때문에 약한 끈을 많이 가지고 있는 사람이 유리하다는 것이다.[7]

이를 이어받아 버트(Burt, 1992, 1998)는 개인이 속한 사회적 연결망의 특성과 그 안에서의 개인의 위치가 개인의 실적 및 평가에 직접적인 영향을 끼친다는 논의를 제기하였다. 그의 논의를 요약하면, 한 개인은 다른 사람들과 많이 연결되어 있고, 동시에 그 개인과 연결된 사람들끼리는 연결되어 있지 않을수록, 그 개인은 유리한 연결망적 특성을 가지는 것이며, 이는 그 개인에

6 | 여기서 알 수 있듯이 강한 끈과 약한 끈이 개인에게 미치는 영향에 대한 논의는 사회적 관계 혹은 사회적 자본에 한 개인이 투자할 수 있는 자원(예를 들어 시간, 돈 등)에 한계가 있다는 것을 전제로 한다.

7 | 물론 강한 끈과 약한 끈에 대한 논의에서 제기되는 문제는 구체적으로 어디까지가 강한 끈이고 어디까지가 약한 끈인가라는 점이다. 또한 같은 유형의 관계가 사회나 역사적 시점에 따라 강한 끈로 작용할 수도 있고, 약한 끈로 작용할 수도 있다는 점이다. 예를 들어 지연은 한국의 경우 강한 끈이지만 미국에서는 약한 끈이 될 수 있다.

게 다른 사람들과의 경쟁에서 정보 또는 통제 면에서 중요한 이점 혹은 자원을 제공한다. 즉 그라노베터가 말하는 약한 끈을 많이 가지고 있거나, 버트가 말하는 구조적 혈(穴, structural hole)을 가지거나 제약성이 작은 개인은 그 조직내에서 중요한 정보를 빠르게 수집할 수 있으며 동시에 그 개인은 다른 사람들에게 의존하지 않고, 다른 사람들이 이 개인에게 많이 의존하게 됨으로써 이 사람의 영향력 하에 있게 된다. 버트에 의하면 이런 개인들은 결과적으로 정보와 통제 면에서 이점을 바탕으로 빠른 승진, 임금 인상, 좋은 평판 등의 다양한 형태의 혜택을 가지게 된다는 것이다.

포돌니와 배론(Podolny and Baron, 1997)은 버트의 논의를 확장할 것을 제의한다. 즉 버트가 제안하는 연결망의 구조적 특성도 중요하지만, 연결망적 특성이 개인의 조직내의 성과에 미치는 영향은 그 연결망의 내용이 무엇인가에 따라 다르다는 것이다. 연결망을 통해 전달되는 내용이 업무나 조직내의 전략적 정보와 같은 자원인가, 아니면 사회적 지지나 역할의 학습과 같은 조직적 정체(organizational identity)인가에 따라서 동일한 연결망적 특성이 개인의 성과에 다른 방향으로 영향을 미친다는 것이다.

이러한 연결망의 유형 구분은 신뢰의 근거에 따라 신뢰의 유형을 제재의존적, 지식의존적, 일치감의존적으로 구분한 샤피로, 셰퍼드, 체라스킨(Shapiro, Sheppard and Cheraskin, 1992)의 구분과 유사하다. 자원 관련(resource-based) 연결망에서는 약한 끈이나 구조적 혈을 많이 가진 연결망을 가진 개인이 유리하지만, 정체 관련(identity-based) 연결망에서는 강한 끈, 즉 결속도(cohesion)가 높은 형태의 연결망을 많이 가진 개인들이 유리하다는 것이다.

이러한 연구들을 바탕으로 이 글에서는 기업내 근로자들간의 신뢰연결망의 특성이 어떻게 나타나며, 개인의 연결망적 특성이 기업내의 개인의 성과에 대해서는 어떻게 나타나는가를 이해하고자 한다. 이 글의 가장 핵심적인 질문은 개인의 연결망적 특성이 ① 그라노베터나 버트가 주장하는 것처럼, 개인이 많은 사람들과 신뢰의 관계를 맺고 있고, 동시에 그 사람들끼리는 신뢰의 관계를 맺지 않을수록, 그 개인의 성과가 좋을 것인가, 아니면 ② 포돌니와 배론이 주장하는 것처럼, 개인이 많은 사람들과 신뢰의 관계를 맺고 있고, 동시에 그 사람들끼리도 신뢰의 관계를 맺을수록 그 개인의 성과가 좋을 수 있는가를 분석하는 것이다. 신뢰의 연결망에서는 약한 끈이 유리할 것인가 아니면 강한 끈이 유리할 것인가?

3. 조사대상

이 연구의 조사대상은 일일생활정보지를 발간하고 있는 H기업이다.[8] 다른 생활정보지를 발간하는 기업들처럼 이 기업은 광고주로부터 광고를 실어주고 이에 대한 광고비를 받는 것으로 운영된다. 다른 생활정보지처럼 이 신문은 무료로 각 지역에 배포된다. 다른 생활정보지와 이 신문이 다른 것은 광고뿐 아니라 지역생활지로서 지역과 관련된 기사를 제공한다는 것이다. 그러나 이 기업 역시 가장 중요한 목표는 영업사원들을 동원하여 최대한으로 많은 광고실적을 올리는 것이고, 이를 위하여 이 기업에서는 영업사원들이 최소한의 기본급을 받고, 본인의 영업실적에 의해서 임금을 받는 철저한 성과급제를 실시하고 있다. 이 기업은 1998년 현재 자료에 의하면 총 226명의 직원이 있고, 크

8 | 왜 일일생활정보지를 발간하는 중소기업인가? 이 연구의 주목적은 사회적 연결망이 조직내 개인에게 어떤 영향을 미치는가를 알아보는 것이다. 이를 위해서 중요한 조건은 그 조직내 개인들간의 관계가 경쟁적이고 이 경쟁을 통한 개인의 성과가 뚜렷하게 개인별로 구별되어 나타나는 것이 중요하다. 그러나 우리나라의 대부분 대기업은 아직도 연공서열제를 실시하는 곳이 대부분이고 이에 따라 승진이나 월급 인상을 차별성 있는 개인의 성과로 사용하기 힘들다. 반면에 H기업의 영업사원들은 영업성과에 따라 승진과 임금의 대부분이 정해진다는 점에서 차별성 있는 개인의 성과의 지표를 얻을 수 있고, 영업을 위해서 정보 획득이 중요하다는 점에서 이상적이다.

게 본사와 지역에 따라 중부, 북부, 남부, 서부의 네 개 지점으로 이루어져 있다. 본사는 다시 경영지원실, 편집국, 영업국으로 나눠지고, 각 지점은 업무부, 정보팀, 배포팀, 편집팀, 영업부 및 2개 이상의 영업팀으로 이루어져 있다.

이 연구의 초점은 네 개의 영업지점이다. 각 지점별로 배포팀을 제외한 가능한 모든 사원들에게 일대일 면접을 통하여 신뢰의 연결망을 묻는 질문을 제시하고 이를 분석하였다. 배포팀을 제외한 이유는 이들이 실제로 지점내 다른 사람들과 거의 접촉이 없이 단지 지점에서 신문을 받아서 외부에 배포하는 역할을 하고 있기 때문이다. 또한 물리적으로 지점들과 상당한 거리로 분리되어 있고, 지점의 직원들과 사회적 접촉이 거의 없는 본사의 직원들 역시 분석에서 제외하였다. 결과적으로 총 226명의 직원들 중에서 본사의 직원을 제외하고, 지점내 배포팀을 제외하면 총 139명이 있다. 이 중에서 설문지에 응답한 것은 총 116명으로 응답률은 약 84%이다. 영업사원들은 총 76명이고, 이 중에서 설문지에 응답한 사람은 68명이다.

4. 분석방법, 변수, 가설

1) 신뢰와 연결망의 측정

이 연구에서 신뢰를 묻는 질문은 다음과 같다.

> "귀하가 지금의 직장을 떠나 새로운 직장으로 옮기려고 한다면, 이것에 관해 직장내에서 상의하고 싶은 사람은 누구입니까?"

이 질문은 미국과 프랑스의 기업에서 근로자들간의 신뢰연결망을 분석한 버트(1992)의 연구에서 사용된 것으로 이 질문을 사용할 경우 외국 사례와의 비교가 가능하다는 이점이 있다. 또한 이 질문은 어느 조직에서나 이직문제가 알려질 경우 이직을 고려하는 당사자에게 심각한 불이익을 초래할 수 있는 위험(risk)를 수반하고 있다는 점에서 신뢰의 개념을 잘 표현해준다. 이 질문을 신뢰 측정을 위해 사용하는 전제는 각 개인들이 이직문제를 상의할 때는 그 위험성 때문에 아무하고나 상의하지 않으며, 이직의사를 알더라도 그 개인이 불이익을 당하도록 그 사실을 이용하지 않을 것이라고 믿을 수 있는, 즉 신뢰하는 대상하고만 상의할 것이라는 것이다. 물론 응답자들에게 누구를 신뢰하는가를 직접 물어볼 수 있으나, 이는 사람마다 신뢰를 다르게 이해할 수 있다는 문제점이 있다.

다음으로 이와 관련하여 각 지명한 사람들과의 관계, 즉 얼마나 알았는가, 얼마나 자주 만나는가, 직장 이외에 어떤 관계로 알고 있는가, 그 사람들끼리는 얼마나 가까운가를 질문하였다. 이러한 이름만들기 질문(name generator)에 대해서 최대 5명까지 대답할 수 있도록 하였으며, 대답은 실명(實名)을 요구하였다. 실명을 요구한 이유는 익명으로 할 경우 그 사람들끼리의 관계를 객관적으로 파악할 수 없기 때문이다. 즉 김철수라는 사람이 자신이 신뢰하는 사람을 지명하는 질문에 '김A,' '김B,' '이A' 라는 세 사람을 지명할 경우, 분석자는 김철수와 이 세 사람 간의 관계는 파악할 수 있으나, 김철수의 연결망에 포함되는 세 사람들 간의 관계는 김철수가 주관적으로 평가하는 것 이외에는 확인할 방법이 없는 것이다. 문제는 김철수가 주관적으로 파악하는 세 사람들간의 관계가 세사람들이 직접 대답하는 자신들과의 관계와 차이가 날 수 있다는 것이다. 기존의 연결망에 대한 분석들(Burt, 1992; Podolny and Baron, 1997)은 대부분 설문의 응답률이 50% 정도에 그치는 대기업을 대상으로 하고, 이 경우 실명 질문에 대해서는 응답자들이 대답을 꺼리기 때문에 모두 익명으로 조사하여, 결과적으로 응답자들의 연결망에 속하는 사람들간의 관계를 응답자의 주관적 평가에 의존할 수밖에 없었다. 주관적 연결망과 객관적 연결망의 가능한 차이를 고려할 때 이상적인 것은 실명으로 대답을 듣고 이를 통해 객관적 연결망을 파악하는 것이다.[9] 따라서 본 연구에서는 응답자가 본인과 본인의 연결망에 속하는 사람들을 실명으로 대답하도록 하였다.

2) 연결망의 범위

연결망의 분석에 있어서 연결망의 범위는 지점으로 제한하였다.[10] 각 응답자들은 최대한 5명까지 지명할 수 있다. 또한 총 139명의 응답대상 중에서 실제로 총 116명이 응답하였는데, 완결된 연결망(complete network)의 분석을 위해서 지점별로 연결망을 분석할 때 실제로 응답한 사람들만의 수를 n이라

9 | 크랙하트(Krackhardt, 1992)는 중소기업내 친구연결망에 대한 연구에서 사람들에게 자신들이 친구라고 생각하는 사람들을 적고, 또한 기업내 다른 모든 사람들간에 친구관계에 대해 적도록 하였다. 결과적으로 그는 객관적 연결망(실제로 본인이 대답한 친구관계)과 주관적 연결망(다른 사람들이 생각한 그 사람의 친구관계) 간에 상당한 차이가 있다는 것을 발견했다. 이는 주관적 연결망과 객관적 연결망 사이에 무시할 수 없는 간격이 존재한다는 것을 경험적으로 보여준다. 따라서 2자관계를 넘어서 3자관계 이상의 연결망에 관심을 가지고 있는 연구에서는 실명으로 신뢰연결망을 조사하는 것을 고집하였다.

10 | 만일 영업실적이 고객, 즉 기업의 외부 사람들과의 관계에서 이루어지는 것이라면 기업내의 사회적 연결망에 대한 결과로서 개인의 영업실적을 분석하는 것은 적절한가? 본 연구자는 적절하다고 주장한다. 기업내 사람들과의 면접에 따르면 영업 자체는 물론 기업 외부의 고객들과 이루어지지만 해당 구역내의 잠재적 고객에 대한 정보는 같은 지점 안에서 획득될 수 있다는 것이다. 특히 신참자들에게 기업으로부터 나오는 이런 정보는 중요한 영업실적의 출처라는 것이다. 만일 영업사원들 중에서 회사를 그만두는 경우대개 그들이 가지고 있던 거래 고객들은 남아 있는 동료사원들 중에서 가깝게 지내던 사원들에게 '상속' 된다. 그런 점에서 기업내 연결망은 개인의 영업실적에 중요한 영향을 미칠 것이라는 것이 이 연구의 가설이다. 그러나 이러한 연결망의 범위의 제한은 이 연구의 중요한 한계이다. 영업사원들의 영업실적에 영향을 미치는 연결망은 이 연구에서 조사한 기업내 연결망 이외에 기업 외부의 사람들, 특히 잠재적 고객들과의 연결망이라고 할 수 있다. 이 연구에서 조사하지 않은 이유 중의 하나는 기업 외부의 연결망을 포함할 경우 실명으로 완결연결망을 분석하기 어렵다는 점이다. 그러나 개인의 영업실적에 관한 연결망을 포괄적으로 이해하기 위해서는 기업 외부와 내부의 연결망을 함께 조사하고 두 유형의 연결망간의 상호작용을 분석하는 것이 중요하다. 이는 다음 연구의 과제가 될 것이다.

고 할 때 이들간의 N×N 연결망을 구성하였다. 버트나 포돌니 등의 연구에서는 개인의 연결망적 특성을 조사할 때 응답률이 약 50% 정도였으므로 완결연결망 분석을 포기하고 대신 개인들이 익명으로 지명한 사람들의 수와 그 사람들간의 관계에 대한 응답자의 평가를 사용하여 분석했다. 그러나 이 연구에서는 응답률이 상대적으로 높으므로, 응답한 사람들간의 정방형 행렬로 나타나는 연결망을 응답에서 직접 나타난 이름으로 구성하였다. 물론 이렇게 완결연결망을 구성했을 때 응답에서 빠진 사람들이 연결망에서 제외되는 정도의 왜곡이 있는 반면, 기존의 연구들은 응답자들이 지명한 사람들간의 관계에 대한 분석을 위해서 당사자들로부터 직접 대답을 받는 대신에, 응답자가 주관적으로 평가한 사람들간의 관계에 의존한다는 점에서 왜곡이 존재할 수 있다. 결과적으로 본 연구에서 채택한 연결망 자료는 응답자와 관계된 사람들간의 연결망을 객관적으로 파악할 수 있다는 점에서 기존의 연구들과 구별되는 장점이 있으나, 응답하지 않은 사람들과의 관계가 낮은 수준으로 측정된다는 제한이 있다.

다음으로 설문에 응답한 총 68명의 영업사원들의 연결망적 특성과 개인의 두 달간 영업실적을 각각 독립변수와 종속변수로 측정하고 이들간의 관계를 분석하였다.

3) 종속변수 : 영업실적

이 연구에서 종속변수는 영업사원들의 조직내에서의 성과이다. 성과를 측정하는 방법으로 버트와 포돌니의 연구에서는 승진속도, 월급의 인상속도를 조사했으나, 이 연구에서는 적절하지 않은 것으로 판단되었다. 이는 대상기업이 조사시 창업후 약 1년이 경과했으므로, 영업사원들의 승진이 미처 발생하기 힘들었다는 점 때문이다. 실제로 조사대상 116명 중에서 승진한 사원은 19명, 즉

16%에 불과하다. 특히 영업사원의 경우 영업팀의 팀장이 되는 것 자체가 영업사원의 실적에 따라 매달 변할 수 있으므로, 승진속도를 측정하기 힘들다. 월급의 경우 이 기업에서는 영업사원들의 월급을 엄격히 실적에 비례하는 성과급제를 실시하기 때문에 승진의 지표로서 월급의 인상속도가 의미가 없다.[11] 따라서 이 기업에서 영업사원 개인의 업무성과를 보여주는 가장 이상적인 자료는 매월말 집계되는 영업실적이다. 본 연구에서는 종속변수로서 개인별 두 달간의 영업실적(1999년 1월과 2월)을 사용했다. 조사가 1999년 1월초에 이루어졌으므로 1월과 2월의 영업실적 합을 연결망적 특성과 다른 변수들에 대한 종속변수로 사용하였다. 영업실적 자료는 설문조사에서 수집된 것이 아니라, 조사 후에 따로 이 기업의 영업자료를 입수하여 수집되었다. 본 연구에서는 영업실적과 영업실적을 Z score로 표준화한 두 가지 변수를 사용하였다. 최종분석에서는 이 중에서 표준화한 영업실적을 사용했다.

4) 독립변수 : 개인의 연결망적 특성들

이 연구에서는 영업사원들의 신뢰 연결망내에서의 연결망적 특성을 몇 가지로 구분하고 이들을 독립변수로 사용했다.

(1) 연결망크기(direct ties)

이는 해당 개인이 직접 신뢰하는 사람이거나 그 사람을 직접 신뢰하는 사람의 수의 합이다. 예를 들어 개인이 신뢰하는 사람 수가 4명이라면, 이 경우 연결망크기는 4이다.

11 ▮ 영업사원들이 받고 있는 기본급은 월 35만 원 선이다.

(2) 연결망밀도(density)

개인별 연결망밀도는 개인 A와 연결되어 있는 사람들간의 실제연결수를 가능한 최대연결수로 나누고 이를 100으로 곱한 것이다.

(3) 제약성(constraint)[12]

구조적 혈을 측정하는 지표인 제약성을 설명하면, A라는 개인의 제약성은 B라는 사람이 A라는 사람의 연결망에 포함되어 있으면서, B가 A의 연결망에 있는 다른 사람들과 직접적으로 연결되어 있고, A가 B를 다른 사람으로 대체할 수 없는 정도를 나타낸다. 다른 말로 표현하면, 개인의 연결망적 제약성은 A와 연결된 B가 A와 연결된 다른 사람들과 배타적으로(exclusively) 연결되어 있어서 A가 B를 거치지 않고는 다른 사람들과 연결을 유지하지 못하는 정도를 나타낸다. 가장 극단적으로 제약성이 높은 경우, A는 B를 통하지 않고는 다른 누구와도 연결되지 못하는 경우이다.

제약성은 한 개인이 속한 연결망에서 그 개인이 다른 사람들로부터 받게 되는 두 가지 유형의 제한의 정도를 나타낸다. 첫째, 정보의 중복성(redundant)이다. 제약성이 높은 연결망을 가진 개인은 연결망의 대상들이 서로 정보를 교환하고 있으므로 이들로부터 새롭고 다양한 정보를 가질 확률이 낮다

12 | 버트는 이를 다음과 같이 정의한다(1992:55):

$$(p_{ij}+\sum_{q}p_{iq}\,p_{qj}),\quad q\neq i\,j$$

p_{ij}는 i가 j에 대해서 가지는 관계의 강도 혹은 j와의 관계를 위해 투자하는 양을 말한다. 따라서 위의 식은 다른 말로 표현하면, i가 자신의 연결망내에서 j와의 관계를 위해 투자하는 상대적인 정도와 i가 q와의 관계를 위해 투자하는 것이 q가 다시 j에게 투자하는 관계를 통하여 j에게 도달하는 정도를 나타낸다. 따라서 이를 i와 j와 연결되는 모든 q에 대해서 합산하면, i의 연결망내에서 i가 각 사람에 대해서 갖는 관계가 이들과 연결되는 제3자와의 관계를 통해서 얼마나 중복되고 동시에 이들의 연결을 통해 i의 행동이 규제받는가를 표시한다.

는 것이다. 둘째, 자율성 혹은 조정성(maneuverability)의 제한이다. 한 개인이 연결되어 있는 사람들끼리 서로 연결되어 있다면 그 개인은 다른 사람들과 서로 경쟁시키거나 분리하여 통제하는 전략을 구사하기 힘들다는 것이다.

(4) 연결망지속성(duration)

이 연구에서는 응답자의 연결망의 특성을 묻는 변수의 하나로 연결망의 지속성을 질문하였다. 위의 이름만들기 질문(name generator)에서 지명한 사람들 각각에 대해 응답자가 안 지가 얼마나 되었는가를 질문하고 이에 대한 대답을 개월 수로 환산하여 지명한 사람들의 평균을 구하였다.

(5) 내향중앙성(indegree centrality)과 외향중앙성(outdegree centrality)

중앙성은 전체 연결망내에서 한 개인이 얼마나 중심적인가를 보여주는 개념으로서, 이 연구에서는 어떤 사람들이 가장 많이 신뢰를 주거나, 혹은 받는가를 보여준다. 중앙성을 측정하는 방법은 다시 신뢰의 방향에 따라 누가 가장 많은 사람들을 신뢰하는가를 보여주는 외향(外向)중앙성(outdegree centrality)과, 누가 가장 많은 사람들로부터 신뢰를 받는가를 보여주는 내향(內向)중앙성(indegree centrality)으로 나누어진다. 이 연구에서 분석에 사용되는 중앙성은 개인들간의 비교를 위해서 가능한 최대연결망 크기로 나누어 표준화(normalize)하였다.

5) 통제변수들

버트는 연결망적 특성과 개인의 성과 간의 관계가 성(性)과 입사기한에 따라 다르게 나타난다고 주장한다. 남성 근로자의 경우 연결망적 특성에서 제약성이 낮을수록 개인의 성취가 높지만, 반대로 여성 혹은 신입 남성사원의 경우 오히려 제약성이 높을수록, 즉 구조적 혈이 적을수록 개인의 성취가 높았다는 것이다. 이에 대해 버트는 포돌니와 비슷한 주장을 한다. 본 연구에서는 이를 확인하기 위해서 연결망 이외의 통제변수들로 성, 학력, 연령을 조사하고 이들이 개인의 영업실적에 미치는 영향을 조사했다. 또한 이 변수들과 연결망적 특성과의 상관관계를 조사했다.

6) 연구질문

본 연구에서는 이렇게 측정한 개인의 신뢰연결망의 특성이 그 개인의 기업내의 성과, 영업실적과 어떤 상관관계를 가지는가를 보고자 한다. 기존 연구로부터 다음과 같이 연결망의 특성과 개인의 성과 간의 관계에 대한 질문이 도출된다.

첫째, 신뢰연결망에서 개인의 중앙성이 높을수록 개인의 성과, 즉 영업실적은 높을 것인가, 아니면 낮을 것인가? 중앙성의 유형(내향중앙성과 외향중앙성)에 따라 중앙성과 개인의 성과는 어떤 관계를 보일 것인가?

둘째, 신뢰연결망에서 개인의 제약성이 높을수록 개인의 영업실적은 높을 것인가, 아니면 낮을 것인가?

셋째, 그 이외의 연결망적 특성, 즉 연결망크기, 연결망의 지속기간, 연결망밀도는 각각 개인의 영업실적과 어떤 관계를 보일 것인가?

넷째, 개인의 속성을 나타내는 요인들, 즉 개인의 연령, 학력, 성, 재직기간은 각각 영업실적과 어떤 관계를 보일 것인가? 또한 이 변수들은 연결망적 특성과 어떤 관계를 보일 것인가?

다음에서는 각 변수들에 대한 지점별 특성, 변수들간의 상관관계 및 개인의 영업실적에 대한 분석 결과를 제시한다.

5. 분석결과

1) 지점별 특성

각 지점별로 조사된 업무분야별 사원들의 수는 다음과 같다.[13] 조사된 사원들의 수는 서부가 34명으로 가장 많고, 다음으로 북부와 남부가 모두 29명이

표 4-1 지점/업무분야별 사원수(괄호 안은 지점내 구성비%)

업무분야	지점				전체
	중부	북부	남부	서부	
영업관리	2 (8.7%)	4 (13.8%)	2 (6.9%)	1 (2.9%)	9 (7.8%)
정보팀	4 (17.4%)	4 (13.8%)	4 (13.8%)	3 (8.8%)	15 (13.0%)
텔레마케터(TM)	0 (0%)	0 (0%)	0 (0%)	5 (14.7%)	5 (4.3%)
서무	0 (0%)	0 (0%)	1 (3.4%)	1 (2.9%)	2 (1.7%)
편집	2 (8.7%)	4 (13.8%)	4 (11.8%)	4 (11.8%)	14 (12.2%)
영업	15 (65.2%)	16 (55.2%)	18 (62.1%)	19 (55.9%)	68 (59.1%)
무응답	0 (0%)	1 (3.4%)	0 (0%)	1 (2.9%)	2 (1.7%)
총합	23 (100%)	29 (100%)	29 (100%)	34 (100%)	115 (100%)

13 | 각 업무분야들 중에서 직접적으로 광고를 얻는 것과 관련된 것은 영업과 텔레마케터이다. 영업사원은 잠재적 광고주들로부터 광고 주문을 받거나 직접 만들어 오는 사람들이고, 텔레마케터는 이 기업으로 전화를 걸어 직접 광고 신청을 해온 사람들로부터 광고 주문을 받는 사람들이다. 정보팀은 영업이나 생활정보 기사 등과 관련된 정보를 수집하는 사람들이고 편집은 신문발행과 관련된 편집업무를 맡고, 영업관리는 영업사원들과 영업활동을 관리하는 사람들이다. 숫자상으로나 이 기업의 목적 면에서 핵심적인 사람들은 영업사원들이고 이 연구에서도 이들에 초점을 맞추고 있다.

고, 중부가 23명이다. 이중에서 영업사원은 서부가 19명으로 가장 많고, 남부가 18명이고, 북부는 16명, 중부가 15명이다.

(1) 인구학적 특성

지점별 영업사원들의 연령은 다음과 같다.

다른 생활정보지업체처럼 이 기업도 절대 다수가 20대 중반에서 30대 초반의 직원들로 구성되어 있다는 것을 알 수 있다. 전체 기업에서 26세에서 35세까지가 90% 이상을 차지하고, 또한 모든 지점에서 26세에서 30세까지의 연령집단이 대다수를 차지한다는 것을 보여준다. 지점별 성별분포는 다음과 같다.

다음 표에서 보여주는 것처럼, 이 연구에서 조사된 영업사원 총 68명 중에서 8명만이 여성이다. 반면에 전화로 광고주문을 접수하는 텔레마케터는 모두 여성이고, 기사 관련 정보를 수집하는 정보팀이나 신문 편집을 맡는 편집팀은 여성사원이 대다수이다. 이 기업에서는 업무별 성적 분업이 뚜렷하다고 할 수 있다.

표 4-2 지점별 영업사원들의 연령분포(괄호 안은 지점내 구성비%)

연령집단	지점				전체
	중부	북부	남부	서부	
21~25세	2 (13.3%)	2 (12.5%)	2 (11.1%)	0 (0%)	6 (8.8%)
26~30세	9 (60.0%)	12 (75.0%)	13 (72.2%)	13 (68.4%)	47 (69.1%)
31~35세	4 (26.7%)	2 (12.5%)	3 (16.7%)	5 (26.3%)	14 (20.6%)
36세 이상	0 (0%)	0 (0%)	0 (0%)	1 (5.3%)	1 (1.5%)
총합	15 (100.0%)	16 (100.0%)	18 (100.0%)	19 (100.0%)	68 (100.0%)

표 4-3 지점별 영업사원들의 성별분포(괄호 안은 지점내 구성비%)

성별	지점				전체
	중부	북부	남부	서부	
남성	14 (93.3%)	15 (93.8%)	15 (83.3%)	16 (84.2%)	60 (88.2%)
여성	1 (6.7%)	1 (6.3%)	3 (16.7%)	3 (15.8%)	8 (11.8%)
총합	15 (100.0%)	16 (100.0%)	18 (100.0%)	19 (100.0%)	68 (100.0%)

(2) 학력, 이직횟수, 영업실적, 연결망 크기, 연결망 지속성

다음에서는 영업사원들의 학력, 이직경험, 실적, 그리고 연결망적 특성들을 정리하였다. 먼저 학력분포는 다음과 같다.

H기업 직원들과의 면접조사에 따르면, 다른 생활정보지업체의 영업사원들은 주로 고졸 이하의 학력이 대다수이다. 그러나 이 기업의 특징은 영업사원들의 대다수가 아래의 표에서 나타나는 것처럼 대졸 이상의 학력자가 많다는 것이다. 동시에 학력은 지점별로 가장 차이가 많이 나는 요인이다. 중부지점의 경우 영업사원의 80%가 대졸인 반면에, 북부지점의 경우는 약 40%만이

표 4-4 지점별 영업사원들의 학력분포(괄호 안은 지점내 구성비%)

학력	지점				전체
	중부	북부	남부	서부	
고졸 이하	3 (20.0%)	10 (62.5%)	4 (22.2%)	6 (31.6%)	23 (33.8%)
대졸 이하	12 (80.0%)	6 (37.5%)	14 (77.8%)	11 (57.9%)	43 (63.2%)
대학원졸 이상	0 (0%)	0 (0%)	0 (0%)	1 (5.3%)	1 (1.5%)
무응답	0 (0%)	0 (0%)	0 (0%)	1 (5.3%)	1 (1.5%)
총합	15 (100.0%)	16 (100.0%)	18 (100.0%)	19 (100.0%)	68 (100.0%)

대학졸업자이다. 남부지점과 서부지점은 각각 약 80%와 60%이다.

다음 표는 이 연구에서 다루게 될 지점별 영업사원들과 관련된 중요 요인들의 평균과 표준편차이다.

먼저 평균이직횟수를 보면 지점별로 약간의 차이는 있으나 평균적으로 약 3번의 이직경험이 있다. 직원들에 의하면 생활정보지업체의 영업사원들은 이직률이 매우 높은 편이다. 이 기업도 직원들의 연령이 평균 20대 후반인 것을 고려하면 상대적으로 이직경험이 많다고 할 수 있다.

회사의 재직기간은 기업 전체로 볼 때 평균 7.8개월이고, 지점별로 보면 남부지점이 평균 9.78개월로 가장 길고, 중부지점이 평균 6.2개월로 가장 짧다. 회사의 창업기간이 조사당시 1년이 채 못되었다는 것을 고려할 때 대부분의 영업사원들이 창립초기부터 있었던 사람들이라고 추정된다.

연결망크기를 볼 때 상대적으로 높은 이직횟수에도 불구하고 기업의 평균 연결망크기, 즉 영업사원들이 신뢰하거나 신뢰받는 사람들의 수는 평균 3명으로 나타났다. 연결망크기는 지점별로 약간의 차이가 나타나는데, 특히 북부지점은 연결망크기가 평균 4.06으로 가장 높게 나타났고, 반면에 중부지점은 2.93으로 가장 낮았다.

평균연결망지속성은 신뢰 연결망내에 포함되는 사람들을 안 지가 평균적으로 몇 개월인가를 나타낸다. 기업 전체 평균은 약 20개월이고, 연결망크기가 가

표 4-5 지점별 영업사원별 평균 이직횟수, 연결망크기, 연결망지속성, 영업실적(N=68)

	지점				
	중부	북부	남부	서부	전체
이직횟수	2.53	3.06	3.11	2.95	2.93
재직기간(個月)	6.20	7.50	9.78	7.53	7.82
연결망크기(名)	2.93	4.06	3.28	3.63	3.49
연결망지속성(個月)	14.28	28.68	10.74	25.58	19.89
영업사원별 두 달간 영업실적(원)	16,247,587	11,116,684	10,657,667	10,237,790	11,881,423

장 큰 북부지점이 약 29개월로 가장 길다. 가장 짧은 곳은 남부지점으로 약 11개월이다. 그러나 조사 당시 이 기업이 생긴 지 약 1년 정도 되었다면 이것이 어떻게 가능한가? 답은 면접조사에서 나타났다. 많은 경우 이 회사에 취직한 영업사원들은 이전에 같은 기업에서 함께 일하던 동료들이었거나 다른 경로로 알던 사람들에 의한 소개로 이 회사에 들어왔다는 것이다. 북부지점의 경우는 사원의 거의 전부가 다른 회사의 한 지점에서 통째로 옮겨왔다는 것이다. 따라서 회사가 생긴 지는 1년이나 직원들끼리 안 지는 1년을 넘는 경우가 가능하다. 또한 그 결과 연결망 크기가 북부지점의 경우처럼 상대적으로 클 수 있다고 판단된다.

두 달간 영업실적의 합계를 나타내는 평균영업실적은 기업 전체의 경우 약 1천1백90만 원, 즉 한 달 평균 약 590만 원이다. 지점별로 보면 중부지점이 약 1천6백만 원으로 가장 높고, 서부지점이 약 1천23만 원으로 가장 낮다. 그러나 지점별 영업실적을 비교한 ANOVA 분석의 결과는 통계적으로 의미 있는 차이를 보이지 않았다. ANOVA 분석 결과 지점간 평균비교에 대한 유의확률은 .200이었다.

요약하면 전형적인 이 기업의 영업사원은 20대 후반의 남자이고, 대학 학력을 가지고 있고, 이 회사가 3번째 직장이고, 약 3명의 사람들과 신뢰관계를 맺고 있으며, 그 사람들을 안 지가 약 1년에서 2년 정도 되었고 한달 평균 약 600만 원의 영업실적을 올리고 있다.

2) 상관관계 및 회귀분석

다음은 위에서 말한 연결망적 특성을 나타내는 변수들, 통제변수들, 종속변수인 영업사원들의 영업실적들 간의 상관관계이다.

성별에 대한 해석은 전체 영업사원 68명 중에서 여성 영업사원이 8명이라는 점에서 결과를 일반화하는 데 매우 조심할 필요가 있다. 다만 이러한 제한을 염두에 두고 다른 변수들과의 관계를 탐색적인 목적에서 살펴보면, 성별은 재직기간, 연결망크기, 연결망밀도, 제약성, 내향중앙성과 다음과 같은 관계를 나타낸다. 여성들은 남성들에 비해 재직기간이 길고, 남성들보다 적은 수의 사람들과 신뢰관계를 형성하고, 다른 사람들로부터 신뢰받을 확률이 낮다. 그러나 여성들과 신뢰를 형성하는 사람들은 남성들과 신뢰를 형성하는 사람들에 비해 서로를 신뢰하는 경향이 있다.

연결망크기는 위에서 말한 성별 이외에 내향중앙성, 외향중앙성과 정(正)의 상관관계가 있고, 연결망밀도와 제약성과 부(否)의 상관관계를 나타낸다. 즉 신뢰관계를 맺고 있는 사람들이 많을수록 그 영업사원이 신뢰하거나 그(녀)를 신뢰하는 사람들이 많고, 동시에 그런 신뢰관계를 맺고 있는 사람들간에는 서로 신뢰관계를 맺고 있지 않을 가능성이 높다는 것이다. 이는 연결되어 있는 사람들의 수가 늘어날수록 그 수의 증가 자체로 인하여 그 사람들끼리 모두 서로 신뢰하기는 힘들다는 것에서 기인할 수 있다.

표 4-6 변수들간의 상관계수

변수	1	2	3	4	5	6	7	8	9	10	11
1. 연령		.234	.033	−.191	.023	−.021	−.235	.126	.114	−.263*	−.068
2. 학력			.215	.028	−.143	.395**	.188	.001	.041	−.335**	.007
3. 성별				.399**	−.270*	.247*	.283*	−.099	−.297*	−.166	.154
4. 재직기간					−.002	−.071	−.100	.035	.066	−.156	.192
5. 연결망크기						−.467**	−.723**	−.079	.772**	.509**	.033
6. 연결망밀도							.602*	.059	−.333**	−.348**	−.044
7. 제약성								.054	−.508**	−.293*	.008
8. 연결망지속성									.061	−.146	.042
9. 내향중앙성										.156	.292*
10. 외향중앙성											−.268*
11. 영업실적 (Zscore)											

***: p<.001, **: p<.01, *: p<.05

연결망밀도는 학력, 성별, 연결망크기 이외에 제약성과 정(正)의 상관관계를, 내향중앙성, 외향중앙성과 부(否)의 상관관계를 나타낸다. 이는 한 영업사원이 신뢰관계를 맺고 있는 사람들끼리 서로 신뢰관계를 형성할수록, 그 사람이 신뢰하거나 신뢰받는 사람들끼리 서로 신뢰하거나 신뢰받을 확률이 높다는 것이다. 또한 그 사람을 신뢰하거나 그 사람으로부터 신뢰받는 사람들의 수가 적을 가능성이 높다는 것이다. 이러한 밀도와 중앙성간의 관계는 이 기업의 영업사원들간의 신뢰관계가 배타적인 파벌(clique)을 형성하고 있다는 것을 제시한다.

제약성은 성별, 연결망밀도와 유의미한 정(正)의 상관관계를 나타내고, 연결망크기, 내향중앙성, 외향중앙성과 모두 유의미한 부(否)의 상관관계를 나타낸다. 이는 한 개인이 신뢰하거나 그 개인을 신뢰하는 사람들끼리 서로 신뢰관계를 형성할수록, 그 개인과 신뢰관계를 형성하는 사람들의 수가 적다는 것이다. 이것 역시 이 기업의 신뢰연결망의 배타적인 성격을 보여주는 것이라고 할 수 있다. 제약성은 또한 영업실적과 .008의 상관관계를 나타낸다. 이는 제약성과 영업실적 간의 유의미한 관계가 없다는 것으로 해석할 수 있다. 이에 대해서는 뒤에서 다시 논의하기로 한다.

내향중앙성과 외향중앙성은 연결망변수들 중에서 유일하게 영업실적과 유의미한 관계를 보여주는 변수이다. 왜 다른 연결망변수들이 아니라 내향, 외향 중앙성만이 영업실적과 유의미한 관계를 나타낼까? 이에 대해 한 가지 가설을 제시하기 위해서는 두 유형의 중앙성 지표들이 모두 일대일의 '직접적인' 신뢰관계를 측정한다는 점을 인식해야 한다. 즉 이 조직의 역사가 상대적으로 짧기 때문에 일대일의 직접적인 사회적 관계에서 나타나는 사회적 자본이 개인에게 미치는 영향이 가장 두드러질 것이라는 가설이다. 다시 말해서 이 조직의 역사가 길어지고 사람들간의 사회적 관계가 오래 지속된다면, 연결망밀도와 제약성처럼 '간접적인' 형태의 사회적 자본과 그것을 나타내는 연결망변수들도 개인의 영업실적에 유의미한 관계를 나타낼 수 있다는 가설을 제시할 수 있다.

내향중앙성은 성별, 연결망크기, 연결망밀도, 제약성 이외에 영업실적과 정(正)의 상관관계를 나타낸다. 내향중앙성은 외향중앙성과도 정(正)의 상관관계를 보이지만 이것은 통계적으로 유의미한 결과를 보이지 못한다. 내향중앙성과 외향중앙성이 서로 유의미한 관계를 보이지 않는 것은 많은 사람들을 신뢰하는 것과 동시에 많은 사람들로부터 신뢰받는 것과 관계가 적다는 것을 제시한다.[14] 내향중앙성과 영업실적은 정(正)의 상관관계를 보이는데, 이는 영업실적과 상관관계를 보이는 다른 모든 변수들과 비교해서도 가장 높은 수준이다. 이는 많은 사람들로부터 직접 신뢰를 받을수록 영업사원의 실적이 높을 가능성이 있다는 것이고, 더 나아가서 영업실적을 올리기 위해서는 지점내의 많은 사람들로부터 신뢰받는 것이 중요하다는 것이다.

내향중앙성이 제공하는 혜택은 콜만, 버트, 포돌니와 배론, 샌드퍼와 라우만이 제시하는 것처럼 신뢰를 받는 사람들은 신뢰를 주는 사람들로부터 단지 정보를 받는 것이 아니라, 빠르고 정확한 정보를 받고, 그 사람들로부터 통제를 위임받으며, 그 사람들과 사회적으로 결속됨으로써 신뢰받지 못하는 사람들에 비해 유리한 개인적 결과를 이룰 수 있다는 것을 보여준다. 사원들과의 면접에 따르면, 영업사원 개개인들의 가장 중요한 경쟁 상대는 바로 지점내의 다른 영업사원들이며, 동시에 좋은 영업실적을 위해서 담당 구역내 잠재적인 광고주들에 대한 신속하고 정확한 정보가 중요하다. 따라서 영업사원들이 다른 사람들로부터 받는 신뢰와 그에 따라오는 정보는 개인들에게 중요한 경쟁우위를 제공한다고 할 수 있다.

14 | 신뢰의 내향중앙성과 외향중앙성 간 통계적으로 유의미한 정(正)의 상관관계가 발견되더라도, 그것이 한 개인이 신뢰하는 사람들이 곧 그 사람을 신뢰한다는 신뢰의 직접적인 교환관계를 제시하는 것은 아니다. 이를 보여주기 위해서는 신뢰하는 사람들과 신뢰받는 사람들이 누구인가에 대한 실명적 자료를 바탕으로 이들이 겹치는 정도에 대한 추가적인 분석을 필요로 한다.

끝으로 외향중앙성은 연령, 학력, 연결망크기, 연결망밀도, 제약성과 유의미한 상관관계를 나타내는 것 이외에 영업실적과 유의미한 부(否)의 관계를 나타낸다. 영업실적 간의 관계의 방향이 부(否)라는 것은 많은 수의 다른 사람들을 신뢰할수록 영업실적이 낮을 가능성이 있다는 것이다. 내향중앙성이 영업실적과 정(正)의 상관관계를 나타냈다는 것을 함께 고려할 때, 내향중앙성 – 영업실적 간의 관계와 외향중앙성 – 영업실적 간의 관계의 방향이 서로 반대라는 것은 무엇을 의미하는가? 먼저 이 조직내의 영업사원들간의 신뢰관계는 상호호환적이 아니라 일방향적인 관계가 많다는 것을 보여준다. 만일 상호호환적인 관계라면 많은 사람들을 신뢰하는 사람들은 동시에 많은 사람들로부터 신뢰받는다는 것이고, 따라서 내향, 외향중앙성이 모두 영업실적과 정(正)적인 관계를 나타날 수 있었을 것이다. 신뢰 관계의 방향에 따라 영업실적 간의 관계가 반대로 나타나는 것은 사회적 자본으로서의 신뢰가 갖는 딜레마이며 특징을 보여주는 것이라고 할 수 있다. 즉 신뢰라는 사회적 관계는 방향성이 있으며 사회적 자본으로서의 신뢰의 효과 역시 그에 따라서 방향성이 있다는 것이다. 신뢰를 받는 것은 개인에게 유리하나, 신뢰를 하는 것은 위험(risk)을 수반하는 것이다. 누구나 신뢰받기를 원하고 그것과 함께 따라오는 신뢰자로부터의 정보, 신뢰자가 위임하는 통제력 등을 원하지만, 신뢰하는 것은 그것에 항상 수반되는 배반의 위험과 통제력의 상실이라는 점에서 꺼려한다는 것이다. 이는 일단 신뢰가 형성되면 조직내, 사회내의 거래비용을 낮추고 정보의 소통을 원활하게 하고 결속감을 강화시키며 사용하면 할수록 증가한다는 긍정적인 특징에도 불구하고 실제로는 쉽게 신뢰가 형성되지 못하는 원인이라고 할 수 있다.

다음의 표는 변수들이 영업실적에 미치는 영향을 다중회귀분석한 결과이다.

다른 변수들을 통제했을 때 최종모델에서 통계적으로 유의미한 관계를 보인 연결망변수들은 성과 내향, 외향중앙성이다. 성은 표준화된 회귀계수가 .321이다. 위에서 말한대로 여성 사원의 수가 8명이라는 점을 유의해야 하지

표 4-7 단계별 다중회귀계수(표준화회귀계수 Beta, N=68)

변수	모델1	모델2	모델3	모델4	모델5	모델6	모델7	모델8
연령	−.042	−.047	−.053	−.049	−.050	−.101	−.111	−.230
학력	−.008	−.002	.020	−.004	−.008	−.042	−.088	−.143
성	.099	.120	.118	.107	.108	.261	.091	.321*
재직기간	.145	.135	.129	.138	.138	.044	.091	−.083
연결망크기	–	.066	–	–	–	–	–	−.350
연결망밀도	–	–	−.073	–	–	–	–	−.082
제약성	–	–	–	−.019	–	–	–	−.068
연결망지속성	–	–	–	–	.054	–	–	.000
내향중앙성	–	–	–	–	–	.380**	–	.682**
외향중앙성	–	–	–	–	–	–	−.298*	−.313*
R^2	.046	.050	.050	.046	.049	.166	.118	.322

만, 결과는 여성 영업사원이 남성 영업사원보다 영업실적이 높다는 것을 보여준다. 여성사원들의 평균 두 달간 영업실적은 15,633,077원으로 남성사원들의 11,381,102원에 비해 높다.

내향중앙성은 표준화된 회귀계수가 .682이고, 외향중앙성은 −.313이다. 이를 그대로 해석하면 신뢰를 받을수록 개인의 영업실적이 높아지고, 신뢰를 줄수록 개인의 영업실적은 낮아진다는 것이다. 그러나 반대 방향으로도 인과관계가 성립하지 않을까? 이는 버트(1992)의 연구에 대해서도 지적되는 사회적 자본의 인과적 영향력의 문제이다(Podolny and Baron, 1997). 즉 사회적 자본이 많은 사람이 조직내 성과가 좋은 것이 아니라 조직내에서 성공하기 때문에 사회적 자본이 많게 되는 것이 아닌가? 이런 인과성의 문제를 해결하기 위해서 포돌니와 배론(1997)은 개인의 조직내 성과를 조사 시점 1년 이내의 승진여부로 측정하고, 개인의 연결망적 특성은 조사한 승진기간 이전에 형성된 것만을 조사했다. 본 연구에서도 개인의 영업실적은 1월말과 2월말에 집계된 것을 사용했고 연결망에 대한 조사는 1월초에 이루어졌으므로, 연결망적 특성은 영업실적에 시간적으로 선행한다고 할 수 있다.

또한 본 연구에서 신뢰를 묻는 질문은 버트가 사용한 것처럼, '이직을 고려한다면 직장내에서 누구와 상의하겠는가' 이다. 분석이 대상이 되는 연결망의 범위를 지점으로 한정시켰으므로 응답자는 지점내의 사람들을 지적한 것이다. 위에서 말한 것처럼 이 조직에서는 경쟁의 정도가 상당히 높고, 경쟁의 결과가 팀장이 되는 것이나 임금 수준과 뚜렷하게 연결되어 있다. 본 연구자는 이런 조직적 환경에서 개인의 실적이 좋다는 것이 반드시 그 개인을 남으로부터 신뢰를 받도록 만드는 것은 아니라고 주장한다. 오히려 실적이 좋은 사람은 직접적인 경쟁 상대자로서 신뢰받기 힘들 가능성이 높다고 주장한다. 반대로 신뢰받기 때문에 그로 인하여 경쟁 상황에서 양질의 신속한 정보를 받고, 통제를 위임받으며, 조직내에서 다른 사람들과 통합될 가능성이 높아지고 이에 따라 좋은 실적을 받을 가능성이 높다고 분석하는 것이 타당하다고 주장한다.[15] 그러나 인과성의 방향을 확인하기 위해서는 조직 자체가 상당기간 더 존재하여 사회적 자본의 형성과 개인의 실적이 시간적으로 더 분

15 | 이런 해석에 대해서 다음과 같은 대안적 가설을 제시할 수 있다. 즉 영업사원의 영업실적에 영향을 미치는 것은 일차적으로 그들이 가지고 있는 조직외의 사람들과의 사회적 자본이고 조직내 영업사원들간의 사회적 자본은 이차적이라는 것이다. 따라서 조직외 사회적 자본이 높을수록 영업사원의 실적이 올라가고, 실적이 높은 영업사원들은 도움을 받으려는 다른 영업사원들로부터 신뢰를 받게 된다는 것이다. 이는 전적으로 가능한 설명이지만, 여전히 논리적으로는 두 가지 방향의 설명이 모두 가능하다. 먼저, 영업실적이 높은 사원과 좋은 관계를 유지하기 위해서 다른 사람들이 그 사원을 신뢰하게 되는 것이다. 여기서 다른 사원들은 능력있는 영업사원으로부터 신뢰받기 위해서 우선 그 사원을 신뢰하는 전략을 택한다고 할 수 있다. 다른 한편으로 이 글에서 주장하는 것처럼 경쟁이 심한 조직내 환경에서 '이직' 에 관한 상의를 하는 것은 상당한 위험을 내포하는 것이기 때문에 영업실적이 높은 사람들이 자동적으로 이런 신뢰의 대상이 되지는 않을 것이라는 것이다. 예를 들어 경쟁이 심한 조직내에서 나의 경쟁자가 영업실적이 우수하다고 해서 그 사람에게 나의 이직을 상의한다는 것이 일반적인 현상인가? 그러나 이 연구에서는 조직외 사회적 자본을 측정하지 않았기 때문에 이 두 가지 가능성을 경험적으로 비교 · 분석하는 것이 불가능하다. 다음의 연구에서는 이를 위해서 조직내 · 외 사회적 자본을 동시에 조사하는 것과 왜, 어떤 사람을 신뢰를 하는가에 대한 조직성원들의 설명을 분석하는 민속학적 조사를 행하는 것이 중요할 것이다.

리될 필요가 있다.[16]

끝으로 제약성과 개인의 영업실적과의 관계이다. 상관관계의 분석에서처럼 다른 변수들을 통제했을 때 제약성은 역시 통계적으로 유의미한 관계를 보이지 않았다. 이것은 무엇을 의미하는가? 이 기업에서는 신뢰연결망의 약한 끈이 제공하는 정보와 통제효과는 개인의 성과에 아무런 영향을 미치지 않는다는 것을 의미하는가? 이에 대한 대답은 두 가지로 나누어진다. 첫째, 신뢰연결망에서는 강한 끈이 약한 끈보다 개인에게 유리하다는 것이다. 둘째, 신뢰연결망에서 연결망적 특성은 다른 사회적 관계 혹은 변수(예를 들어 성별)에 의해서 매개되어 개인에게 영향을 미친다는 것이다. 두 논의는 서로 모순된다기보다는 사회적 자본으로서의 신뢰가 개인에게 영향을 미치는 다양한 방식을 제시한다. 다음에서 각각의 논의를 살펴보기로 하자.

(1) 강한 끈의 혜택

연결망의 구조적 특성에 대한 초기의 논의는 강한 끈이나 파벌(clique)과 같은 형태보다는 약한 끈이나 구조적 혈이 유리하다는 것이 지배적이었다. 버트(1992)는 미국의 산업들 중에서 약한 끈을 가진 산업들이 다른 산업들에 비해 높은 수익률을 올렸으며, 조직 수준에서는 기업내에서 약한 끈을 많이 가진 사람들이 승진이나 임금 인상 면에서 더 유리했다는 것을 제시하였다. 따라서 정보와 통제 면에서 유리한 연결망적 특성이 중요한 사회적 자본으로

16 ▮ 인과성의 문제는 기존의 연결망 분석을 하는 연구들의 공통점인 문제, 즉 연결망이 갖는 효과가 어떤 인과적 기제를 통해서 나타나는가를 밝히는 것과 관련되어 있다. 다시 말해서 대부분의 기존의 연결망 연구들에서 개인의 연결망의 특성이 어떻게 특정적인 방향으로 특정 측면에 대해서 개인에게 영향을 미치는가를 보여주는 것은 아직도 핵심적인 숙제로 남아있다. 필자가 다음의 연구에서 시도하고자 하는 방향은 우지(Uzzi, 1996)가 의류회사들의 연구에서 행한 것처럼 연결망의 구조를 파악하는 동시에 참여한 사람들로부터 민속학적 방법을 통해서 연결망의 인과적 기제를 파악하는 방법이다. 즉 연결망 분석의 다음 단계는 연결망의 구조와 내용을 함께 분석함으로써 연결망이 왜 형성되고, 변하고, 어떻게 개인에게 영향을 미치는가를 밝히는 것이다.

강조되었다.

이에 대한 반론으로 최근의 연결망에 대한 논의는 강한 끈의 장점에 대해서 강조한다. 그라노베터(1982)도 약한 끈이 개인의 협소한 사회적 유대를 벗어나서 정보와 자원을 제공하지만, 강한 끈은 개인에게 보다 쉽게 도움을 제공할 준비가 되어 있고 사용이 가능하다고 논의한다. 또한 안정된 위치에 있지 못한 개인일수록 강한 끈이 보다 효과적이라고 논의한다. 크랙하트(1992)는 개인이 속한 사회적 환경이 위기에 있거나 빠른 변화를 경험하고 불확실성에 직면하는 경우 강한 끈은 사람들간에 신뢰를 가능하게 하고 이는 강한 끈에 포함된 개인들이 위기에 적절히 대응할 수 있도록 한다고 주장한다.[17]

그렇다면 이 글에서 분석되는 신뢰연결망에서 개인들이 갖는 제약성과 개인의 실적 간에 통계적으로 유의미한 결과가 나타나지 않았다는 것은 무엇을 의미하는가? 이를 위에서 제시한 대로 신뢰 연결망내에서 내향중앙성이 높을수록 개인의 영업실적이 높았다는 결과와 함께 해석한다면, 이 조직에서는 신뢰 연결망내에서 강한 끈이 많을수록 개인에게 유리하다는 것이다. 이런 해석과 관련하여 이 조직의 수명에 주목할 필요가 있다. 약 1년 정도밖에 되지 않았다는 것을 고려하면 이 조직내에는 절대적인 시간의 부족으로 아직까지 다양한 사회적 연결망의 형성이 어렵다는 것이다. 또한 경쟁이 극심한 생활정보지 시장에서 새 조직으로서 조직 전체와 각 개인들은 상당한 정도의 불확실성(uncertainty)을 경험할 가능성이 높고, 이런 조직적 환경에서는 크랙하트의 주장대로 일관된 가치관, 사회적 지지, 정보를 제공하는 강한 끈이 유리할 수 있다.

17 | 앞으로의 논의의 방향은 약한 끈과 강한 끈 중에서 어느 것이 개인에게 더 유리한가라는 단순화한 질문보다는 두 가지 유형의 연결망적 특성의 장 · 단점을 각각 비교하는 쪽으로 진행되어야 한다. 즉 어떤 조건에서, 어떤 내용의 연결망에서 약한 끈이 제공하는 정보와 통제의 혜택이 강한 끈이 제공하는 결속, 정체감, 안정성의 혜택보다 더 중요하게 나타나며, 반대로 강한 끈이 제공하는 결속, 정체감 등이 약한 끈이 제공하는 정보와 통제 효과보다 더 중요하게 나타나는가를 분석하는 것이다.

(2) 사회적 자본의 사회적 배태성(embeddedness): 신뢰연결망과 성

미국 기업에 대한 버트(1992, 1998)의 연구에서는 사회적 자본의 영향이 남성과 여성 사이에 서로 반대로 나타났다. 즉 남성은 제약성이 낮을수록, 구조적 혈이 많을수록 좋은 성과를 이루지만, 여성은 반대라는 것이다. 버트에 의하면 그 이유는 여성의 경우 조직의 국외자(outsider)로서 사회적 자본을 직접 만들기보다는 빌려야 한다. 사회적 자본을 빌려야 하는 사람들에게는 다양한 정보를 얻고 다른 사람들에 대한 통제력을 얻는 것보다 오히려 동질성이 강한 집단 속에 소속되어 일관된 조직적 규범, 가치, 목표를 사회화하고 이를 조직내에서의 발판으로 삼는 것이 유리하다는 것이다. 특히 국외자로서 조직내 연결망에 중심적인 위치를 차지할 경우 조직내 여러 가지 장애가 존재할 가능성이 높으므로 자신의 직접적인 사회적 자본보다는 조직 연결망의 중심적인 위치에 있는 사람들로부터 '빌리는' 것이 더 나은 전략이라는 것이다. 그렇다면 본 연구의 대상인 기업에서는 성별을 구분했을 때 사회적 자본과 개인의 성과는 어떤 관계를 보일 것인가?

다음은 남성과 여성을 구분하여 제약성과 표준화한 영업실적의 관계를 산점도(scatterplot)로 표시한 것이다.

다음 두 그림에서 각선은 남성과 여성을 구분했을 때 변수들간의 상관관계를 보여준다. 먼저 왼쪽에서 오른쪽으로 가면서 아래로 기울어지는 부(否)의 관계는 남성들만을 포함했을 때이고, 반대로 왼쪽에서 오른쪽으로 가면서 위로 올라가는 정(正)의 상관관계는 여성들만을 포함했을 때의 관계를 나타낸다. 다음의 두 그림에서는 각각 남성과 여성을 분리하여 상관관계를 살펴본다.

다음 〈그림 4-1〉의 경우 남성 사원들은 버트가 말하는 것처럼 제약성이 낮을수록 개인의 성과가 높다는 것을 보여준다. 〈그림 4-2〉의 경우 설정된 직선의 방향만을 보면 버트가 말하는 것처럼 여성 사원들의 경우에는 제약성이 높을수록 개인의 성과가 높다는 것을 보여준다. 그러나 문제는 여성 사원

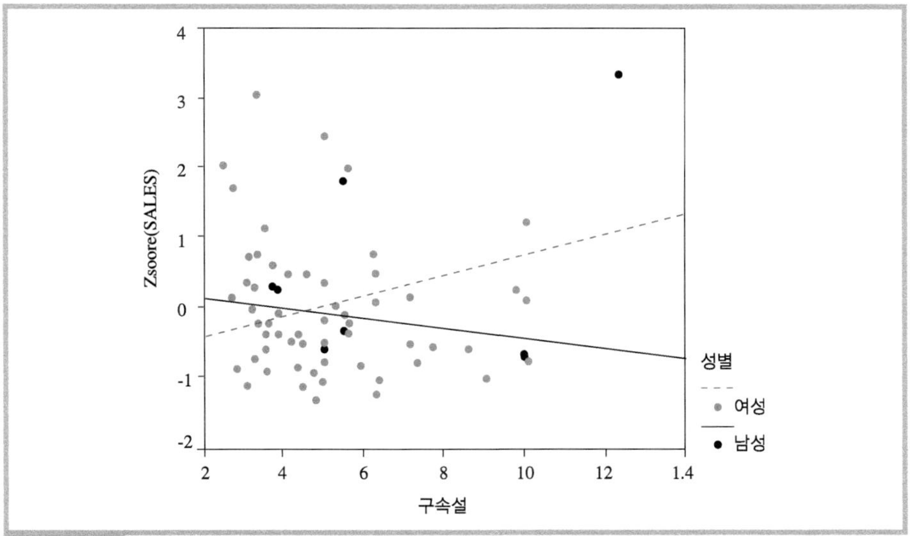

그림 4-1 남성 영업사원들의 연결망 제약성과 영업실적(Zscore)

의 수가 8명으로 매우 작고, 이런 해석이 산점도의 오른쪽 상단에 있는 하나의 극단치(outlier)에 지나치게 많은 영향을 받고 있다는 것이다. 만일 이 경우를 제외한다면 상관관계의 방향은 남자 사원의 경우보다 더 강한 부(否)의 관계를 보인다. 이 사람이 과연 극단치로서 제외되어야 할 예외적인 존재인가 아니면 포함되어야 할 것인가는 표본수의 부족에 의해서 이 분석만으로는 해결할 수 없다. 이를 위해서는 보다 더 큰 규모의 조직을 조사하거나 이 조직에 관련된 사람들에 대한 보다 심층적인 면접조사를 통해서 결정해야 한다. 따라서 성과 신뢰연결망의 관계에 대한 해석은 유보될 수밖에 없다. 다만 매우 제한적 의미에서 〈그림 4-2〉가 보여주는 선의 방향을 받아들인다면, 신뢰라는 사회적 자본이 개인에 영향을 미치는 것은 성이라는 변수에 의해서 매개된다고 할 수 있다. 그렇다면 사회적 자본에 대해서 인식해야 할 것은 물리적 자본이나 인적 자본처럼 그것이 있는 사람들에게 새로운 능력을 제공하지만, 동시에 그것은 '사회적' 자본으로서 개인이 아니라 '사회적 관계' 내에 존재하고, 또한 거기에 같이 존재하는 '사회적' 관계의 특징들은 특정한 유형의 사회적

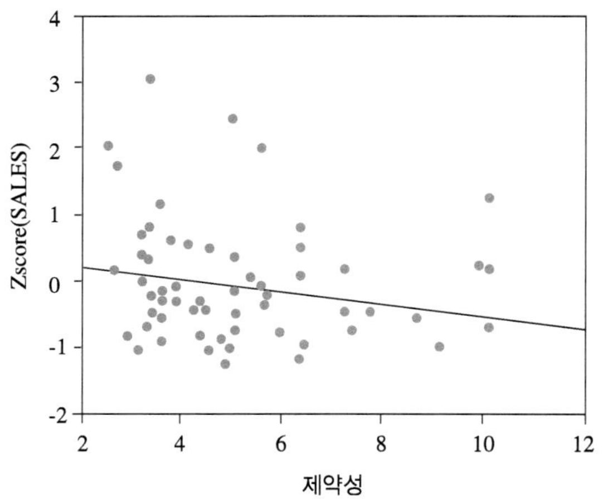

그림 4-2 여성 영업사원들의 연결망 제약성과 영업실적(Zscore)

자본이 개인에게 작용하는 '방식'을 마치 프리즘처럼 다르게 투사시킬 수 있다는 것이다. 즉 성이라는 사회적 변수는 신뢰라는 사회적 자본과 개인의 실적 사이에서 그 관계를 매개하며 그 관계 자체의 방향이 성에 따라 각기 다르게 개인에게 영향을 미치게 할 수 있다. 또한 우리는 동일한 유형의 사회적 자본이 개인의 속성이나 개인이 속한 사회적 맥락에 따라 그 개인에게 사회적 자본이 될 수도 있고, 사회적 부채가 될 수 있다는 것을 상정할 수 있다.[18] 앞으로의 사회적 자본에 대한 연구의 방향들 중의 하나는 사회적 자본은 무조건 좋으니까 최대한으로 많이 만들어야 한다는 식의 단순한 논리가 아니라 그 자체를 사회학적으로 연구하는 것이 필요하다. 개인의 속성, 사회적 환경, 다양한 유형의 사회적 자본들이 서로 어떨 때 유리하게 또는 불리한 결과를 초래하는가를 조사하는 것은 그런 방향의 한 예라고 할 수 있다.

18 | 이미 우리는 이런 사회적 관계의 양면성에 경험적으로 익숙하다. 동일한 사람과의 학연 혹은 지연은 어떤 상황에서는 우리에게 절대적으로 도움이 되지만, 다른 상황에서는 우리에게 더 할 수 없는 장애로 기능한다. 앞으로의 연구는 이들을 각각 분류하고 설명하는 것이 중요할 것이다.

6. 결론 및 앞으로의 연구방향

이 연구에서는 개인의 실적에 따라 개인의 승진과 임금이 결정되는 기업에서 개인의 연결망적 특성이 개인들간의 경쟁과 그 결과에 어떤 영향을 미치는가를 분석하였다. 개인의 연결망으로는 신뢰관계를 나타내는 신뢰연결망을 분석하였고, 이를 위해서 응답자들에게 신뢰의 대상을 실명으로 지명하도록 하였고, 각 사람들과의 관계의 특징을 제시하도록 하였다.

연결망적 특성을 나타내는 여러 개념들 중에서 본 연구는 연결망크기, 연결망밀도, 연결망지속성, 제약성, 내향중앙성과 외향중앙성을 측정하여 이들과 개인의 영업실적과의 관계를 파악하였다. 결과적으로 상관관계와 다중회귀분석에서 유의미한 관계를 보여준 것은 내향, 외향중앙성이었다. 그 관계의 방향은 내향중앙성이 높을수록, 외향중앙성이 낮을수록, 다시 말해서 많은 사람들로부터 신뢰받을수록 영업실적이 높았고 많은 사람들을 신뢰할수록 영업실적은 낮은 것으로 나타났다. 이는 사회적 자본으로서의 신뢰가 사회적 관계의 방향에 따라 다르게 나타난다는 것을 제시한다. 즉 정보, 통제, 사회적 결속을 제공하는 사회적 자본으로서의 신뢰의 효과는 신뢰를 받을 때 발생하고, 신뢰를 제공할 때는 오히려 통제의 위임, 배신의 가능성으로 인하여 사회적 부채로서 작용할 수 있다는 것이다.

제약성과 영업실적은 통계적으로 유의미한 관계를 보이지 않았으나, 남성과 여성을 구분했을 때 남성사원들은 제약성이 낮을수록 영업실적이 높았고 여성사원들은 구속성이 높을수록 영업실적이 높다는 반대방향의 결과를 제시하였다. 이는 사회적 자본으로서의 신뢰는 그 자체가 거기에 관련된 다른 종류의 사회적 변수 및 관계(예를 들어 성별)의 영향을 받는다는 것을 보여준다.

결론적으로 이 글에서는 앞으로의 연구는 두 가지 방향에서 진행되는 것이 필요하다고 제안한다. 첫째, 사회적 자본과 그 결과를 매개하는 사회학적 변수들은 어떤 것이 있으며, 이들은 각각 사회적 자본에 어떤 영향을 미치는가이다. 예를 들어 출신지역은 사회적 자본이 작용하는 방식에 어떤 영향을 미칠 것인가? 사회적 자본과 개인에 대한 영향에 있어서 사회적으로, 혹은 기존의 조직내에서 소수이거나 국외자로 인식되는 지역 출신들은 그렇지 않은 지역 출신들과 다른 결과를 보일 것인가?

둘째, 연결망의 내용에 따라 다양한 유형의 연결망에서는 개인의 연결망적 특성과 조직내 성과가 어떤 관계를 보이고, 연결망별로 어떻게 다르거나 유사하게 나타나는가를 조사하고, 그것을 통해 사회적 자본의 개념과 그 영향을 유형화하고 정교화하는 것이 필요하다고 생각한다.[19] 예를 들어 업무와 관련된 정보나 조직의 전략적 정보를 교환하는 유형의 연결망에서는 신뢰연결망에서 나타나는 연결망 특성과 개인의 관계가 어떻게 나타날 것인가? 또한 친구관계나 사적인 교제를 하는 사람들간의 연결망은 어떨 것인가? 만일 이들 연결망들의 동일한 연결망적 특성이 개인에게 서로 다른 결과를 보인다면 이는 무엇을 의미할 것인가? 이런 질문들은 사회적 자본을 좀 더 정교하게 개념화하고 그 결과를 사회학적으로 이해하는 데 기여할 것이다.

끝으로 이 연구는 사회적 자본에 대한 연구에서 주의할 점은 사회적 관계 혹은 사회적 연결망을 사회적 자본과 동일시하는 것이 오류라는 것을 제시한다. 동일한 사회적 관계가 개인, 목적, 조직이나 사회에 따라서 혜택을 주는 경우도 있으나, 반대로 제약이나 장애물로 작용할 수 있다는 것을 인식하는 것이 중요하다. 예를 들어 기업내에서 학연과 같은 사회적 관계는 개인의 경력

19 | 예를 들어 크랙하트(1992)는 중소기업내 사람들간의 사회적 연결망에 대한 조사에서 충고를 주고받는 연결망과 친구연결망은 그 구조적 특성과 개인의 연결망적 특성에서 뚜렷한 차이를 나타낸다는 것을 보여주었다. 포돌니와 배론(1997) 역시 내용에 따라 네 가지 유형의 연결망을 조사하고 각 유형의 연결망이 개인에게 서로 다른 방향으로 영향을 미친다는 것을 보여주었다.

초기에는 정보, 사회적 지지 등의 혜택을 제공할 수 있으나, 상층부로 승진한 후에는 오히려 인사관리 관련 결정에서 제약으로 작용할 수 있다. 따라서 앞으로 사회적 연결망에 대한 연구는 어떤 조건에서 사회적 연결망이 사회적 자본이나 사회적 부채로 작용하는가에 대한 분석으로 이어져야 할 것이다.

제 5 장

기업간 관계와 기업 성과: 한국 자동차산업 하청연결망*

1. 문제제기

한국의 자동차산업은 짧은 역사에도 불구하고 지속적인 성장을 거듭하여 세계 5대 자동차생산국이 되었다. 이러한 비약적인 성장은 한국의 다른 산업에서처럼 현대, 대우, 기아, 쌍용 등의 몇 개 대기업을 중심으로 국내 시장의 절대적인 보호를 바탕으로 과점시장을 형성하면서 이루어졌다. 그러나 최근 들어 기아자동차, 쌍용자동차, 삼성자동차의 잇달은 실패에서 나타나는 것처럼 한국 자동차산업은 총체적인 위기를 경험하고 있다. 이러한 위기는 그 동안 중요한 성장기반이었던 국내시장의 포화상태에 따른 성장 지체와 기술보다는 여전히 저가형 모델을 위주로 한 수출이 다른 경쟁국에 비해서 경쟁력

* ❙ 이 글은 한준교수와의 공동저술을 통해 작성되었다.

이 떨어지고 있기 때문이다. 저가형 모델 위주의 가격경쟁 전략은 최근 세계 시장에서 갈수록 빨라지는 상품생산주기와 새 모델의 등장으로 인하여 해외 경쟁력의 침체를 더욱 가속화하고 있다. 주요 자동차 생산국들의 전지구적 생산방식과 전략적 제휴의 도입은 한국 자동차산업을 급속하게 고립시킬 전망이다.

한국 자동차 기업들은 어떻게 전지구적 경쟁에서 생존할 수 있는 생산성과 기술능력을 갖출 것인가? 자동차산업에 대한 최근의 논의들은 공통적으로 자동차산업의 경쟁력이 더 이상 고립된 기업의 개별적 능력만으로는 유지될 수 없고, 완성업체와 부품하청업체들 간의 시너지 효과를 극대화하는 기업 연결망에서 가능하다고 주장한다(오규창, 1995; 조철, 1998; 복득규, 1996). 효과적인 기업 연결망의 모델로는 일본 자동차산업을 벤치마킹하는 시도가 이루어져 왔다. 그렇다면 일본 자동차산업의 기업 연결망 전략은 우리 자동차산업에 해답이 될 것인가? 이 연구에서는 한국 자동차 부품산업의 기업 연결망의 특성과 성과에 대한 연구를 통하여 시론적인 답을 모색하고자 한다. 기아, 쌍용, 대우 자동차의 위기에서 나타난 것은 자동차 부품업체의 도산 위기가 기업 자체의 개별적 특성에 따라 나타난다기보다는 거래업체들과의 하청연결망의 특성의 영향을 받는다는 것을 보여준다. 이를 보다 구체적으로 이해하고 이에 대한 대책을 제시하기 위해서는 자동차 부품산업에 존재하는 하청연결망의 특성을 분석하는 것이 중요하다.

이 연구의 이론적 문제의식은 최근 조직연구와 경제사회학 분야에서 주목하고 있는 기업간 관계 혹은 연결망에 대한 연구에서 출발한다. 기업 연결망은 최근 경제사회학에서 나오는 질문을 통해서 주목받고 있으나, 조직연구에서는 이전부터 중요한 연구 영역이다. 특히 거래비용이론이나 자원의존이론은 초기에 기업, 위계, 혹은 조직이 왜 존재하는가에 대한 질문에서 시작하여, 기업간 관계에 대해서 관심으로 연구를 확장하였다. 이 연구에서는 기업간 관계 혹은 연결망에 대한 사례로서 한국의 자동차 부품산업의 하청연결망의 특성을 파악하는 것을 주목적으로 한다. 기존 연구와의 차이점은 기존 연구가 산업 전체의 거시적 수준에서 접근하였다면, 이 연구에서는 이를 크게 두 개의 차원, 즉 부품 수준과 하청업체 수준에서 하청연결망의 특성을 분석하고 이를 설명하고자 한다. 먼저 자동차 부품 수준에서 하청연결망의 특성은 어떻게 나타나는가? 이를 위해 다음과 같은 질문을 제기한다. 부품별로 완성업체와 하청업체 간의 거래관계는 어떤 특성을 나타내는가? 이러한 거래 관계의 특성을 어떻게 유형화할 수 있는가? 이러한 거래관계 유형을 어떻게 설명할 수 있을 것인가? 이는 부품 수준에서 나타나는 시장에서의 경쟁의 정도와 어떤 관계가 있는가? 이러한 관계를 어떻게 설명할 것인가?

다음으로 부품업체 수준에서 하청연결망의 특성을 파악하기 위해 다음과 같은 질문을 제기한다. 업체들은 얼마나 다양한 부품들을 생산하고, 얼마나 다양한 업체들과 거래하는가? 또한 각 업체들은 거래하는 기업들 중에서 얼마나 특정 업체에 거래를 집중하는가? 각 업체들은 어떤 형태의 거래관계를 형성하고 있는가? 이러한 업체별 하청연결망의 특성들은 조직 변수들과 어떤 관계를 나타내는가? 끝으로, 부품업체들의 하청연결망 특성들은 기업 성과와 어떤 관계를 나타내는가?

2. 기업간 연결망에 대한 이론적 접근

최근 경제사회학의 가장 중요한 공헌은 경제적 행위와 경제 행위자들이 사회적 과정과 맥락에서 형성된다는 사회적 배태성(social embeddedness)을 개념적으로 제시하고, 그 사회적 과정을 경험적으로 제시하는 것이다(Granovetter, 1985). 이러한 사회적 배태성에 대한 관심은 고립된 경제 행위자라는 전제를 거부하고 경제 행위자간의 사회적 관계와 그 특성에 대한 연구로 이어졌다. 이 입장에 따르면 개별 경제 행위자가 다른 행위자들과 어떤 사회적 관계 내에서 경쟁하고 있는가, 즉 사회적 관계의 특성을 떠나서는 그 행위자의 경제적 성과를 설명할 수 없다는 것이다.

이러한 경향은 최근 들어 경제 행위자로서의 기업의 성과 역시 개별적인 기업의 속성 이외에 기업이 형성하는 기업간 사회적 연결망(corporate social network)의 특성에 달려 있다는 연구로 전개되었다. 이 입장에 따르면 경제학에서 주장하는 것과는 달리 시장에서 기업들은 시장과 다른 기업들에 대해서 불완전하고 부족한 정보와 통제력을 행사하고, 이러한 상황에서 개별 기업의 성과는 그 기업이 어떠한 기업간 사회적 연결망을 형성하고 이를 통해서 상대적으로 더 빠르고, 더 적절하고, 더 효과적인 정보와 이에 따른 전략을 실행하는가에 달려 있다는 것이다(Burt, 1992; Uzzi, 1996).

자동차산업 부품 하청연결망은 기업간 연결망의 특성과 성과에 대한 연구의 중요한 영역이다. 자동차산업 부품 하청연결망에 대한 높은 관심은 70년대 이후 일본 자동차산업의 급성장과 부품 하청연결망에 대한 주목에서 시작되었다. 특히 1980년대에 들어서면서 부품 하청연결망의 특징을 일본 자동차산업의 경쟁력의 원인이라는 논의가 본격적으로 진행되었다(Nishiguchi, 1994; Smitka, 1991; Cusumano, 1985; Cusumano and Takeishi, 1991; Asanuma, 1989).[1] 일본의 자동차 부품산업 하청연결망은 초기에는 미국식과

1 아사누마(Asanuma, 1989)는 자동차 조립업체와 부품공급업체 간의 계약내용을 분석함으로써 가격설정 기제와 계약에서 쌍방간에 위험이 어떻게 공유되는가를 정보경제학의 입장에서 설명하고 있다. 아사누마의 연구는 이후 하청관계의 제도적 연구에 대한 중요한 출발점을 제공한다. 스밋카(Smitka, 1991)는 자동차 부품산업에 대하여 정부 및 중소기업협회의 통계자료와 자신의 사례연구에 의존해 하청관계의 제도적 성격을 밝히고자 하였다. 연구의 결과, 스밋카는 일본의 하청관계가 순수하게 계약적인 관계도 아니고 대기업이 중소기업을 착취하는 단순한 위계의 연장도 아니라는 결론에 도달하였다. 대안으로서 그는 하청관계의 형성과 유지에서 신뢰의 역할을 강조한다.

유사했으나 1970년대를 거치면서 그 형태 면에서 '상호중첩된 알프스형'이라고 불린다(복득규, 1996). 이는 완성업체에서 1차, 2차, 3차 하청업체들이 하청 단계별로 다수간에 거래하는 방식을 말한다. 예를 들어 도요타에 납품하는 1차 하청업체는 동시에 닛산, 마즈다와 같은 다른 완성업체에 납품을 하고, 다음 단계에서 이 1차 하청업체에 납품하는 2차 하청업체는 동시에 다른 1차 하청업체에 납품을 하는 방식을 말한다. 기존 논의들에 의하면, 이러한 하청 연결망이 일본의 완성업체와 하청업체들에게 산업 전체에 걸친 경쟁력을 제공하고 있다는 것이다(Smitka, 1991; Nishiguchi, 1994; Fujimoto, 1999; Ahmadjian, 1995).[2]

이러한 다수 완성업체와 다수 하청업체의 연결망은 1970년대 미국 자동차 부품산업에서 발견되는 '시장 거래형' 방식과는 다르다는 점이다. 시장 거래형 방식이나 일본형 방식이나 다수의 기업 거래라는 점에서는 공통점이지만, 시장 거래형 방식에서 완성업체와 하청업체의 거래관계는 매 부품마다 누가 더 나은 가격을 제공하는가에 따라 새로 형성되는 가격을 기반으로 한 단기적 관계라면, 일본형 방식은 한 번 거래관계가 이루어지면 신뢰 및 협동을 기반으로 한 장기적 관계이다.

한국의 자동차 부품산업의 하청연결망은 어떤 특성을 나타낼 것인가? 복득규(1996)는 일본의 하청연결망과 구별하여 한국의 자동차산업 연결망이 '분리된 피라미드형'을 나타낸다고 주장한다. 이는 완성업체별로 각각 다른 1차, 2차, 3차 하청업체들과 거래하고 있다는 것이다. 최근 들어 자동차 하청 산업에 대한 연구보고서들에 의하면, 한국 자동차산업의 이러한 특징이 완성업체

2 | 완성업체는 다수의 하청업체로부터 부품을 조달함으로써 경쟁을 통한 가격 인하 효과와 함께 다양한 완성업체에 부품을 조달하는 하청업체들이 가진 우수한 기술력을 활용할 수 있다. 하청업체의 입장에서는 다수의 완성업체와 거래함으로써 한 기업에 대한 의존성을 줄이고, 이와 함께 더 나은 조건으로 거래할 수 있고, 무엇보다 다양한 자동차 모델에 필요한 부품을 제조함으로써 나타나는 학습효과와 이에 따라 기술력 상승이 가능하다.

와 하청업체 모두에게 부정적인 결과를 가져오고 있다(조철, 1998). 하청업체의 경우 조직 자원의 불균형 하에서 한정된 완성업체에 전속됨으로써 완성업체에 의한 불공정한 통제를 경험하고 있다는 것이다. 이 연구들은 대안으로 일본의 거래유형을 따르는 것을 제안하고 있다.

이러한 기존의 논의들은 주로 나라별 하청연결망의 구조적 특성을 분석하는데 초점을 맞추었고, 이에 따라 산업 전체 수준에서 하청연결망의 특성을 연구하였다. 이러한 분석은 거시적 구조를 보여주는 것에는 효과적이지만, 산업 내에서 발견되는 부품별, 기업별 연결망의 다양성을 이해하기 위해서는 한계가 있다. 따라서 이 연구에서는 자동차 부품산업 내에서 부품별, 기업별 하청연결망의 특성과 관련 요인을 분석하고자 한다. 구체적인 연구 질문으로는 자료에서 나타나는 한국 자동차 부품산업 하청연결망의 특성은 무엇인가? 기존의 논의처럼 '분리된 피라미드형' 을 나타낼 것인가? 또한 지배적으로 나타나는 거래유형은 무엇인가?

다음으로, 부품별로 완성업체와 하청업체 간의 거래관계는 어떤 특성을 나타내는가? 이를 위해 부품별로 얼마나 많은 수의 업체가 참여하고 있는가? 이를 통해 부품별 존재하는 시장의 경쟁 정도를 측정한다. 또한, 부품별로 나타나는 거래관계의 유형을 파악하기 위해서 부품별 시장분산도라는 개념을 측정하고, 부품별로 시장분산도를 비교한다. 부품별로 나타나는 거래관계의 다양성을 어떻게 설명한 것인가? 이는 부품 수준에서 나타나는 시장에서의 경쟁의 정도와 어떤 관계가 있는가? 이러한 관계를 어떻게 설명할 것인가?

하청업체 수준에서 하청연결망은 어떤 특성을 보이는가? 이 연구에서는 업체별 특성을 측정하기 위한 개념으로 첫째, 업체별 부품의 범위(scope of product), 고객의 범위(scope of customers), 업체별 시장분산도, 업체별 거래전속도를 제시할 것이다. 업체별 부품의 범위란 얼마나 다양한 부품을 생산하는가이다. 부품의 범위라는 변수가 해당 업체가 얼마나 다양한 시장을 공략하는가를 보여준다는 면에서 종합주의(generalist) 전략과 전문주의(specialist) 전략을 보여준다면, 고객의 범위는 얼마나 다양한 업체와 거래하는가를 보여준다는 점에서 업체가 실행하고 있는 종합주의와 전문주의 전략의 정도를 보여준다. 고객의 범위와 부품의 범위는 어떤 관계를 나타내는가? 예를 들어, 고객의 범위에서 종합주의를 나타내는 업체는 부품의 범위 면에서도 종합주의를 나타내는가, 아니면 전문주의를 나타내는가? 둘째, 업체별 시장분산도는 업체가 참여하고 있는 거래관계의 유형을 파악하기 위해 위에서 제시한 부품별 시장분산도를 업체 수준에 적용한 것이다. 끝으로 한 업체가 거래하는 업체들 중에서 특정 업체에 얼마나 거래를 집중하는가를 파악하기 위해 업체별 거래전속도라는 개념을 제시하고 업체별 값을 측정한다. 어떤 연결망에 기업이 배태되어 있는 것이 효과적인가에 대한 이해는 단일 기업별 연결망에 대한 분석과 함께 기업이 참여하고 있는 시장의 지배적인 연결망 유형을 같이 고려할 때 가능할 것이다. 이 연구에서 사용하는 업체별 거래전속도는 기업의 연결망 특성을 알아보기 위한 것이고, 업체별 시장분산도는 그 업체가 참여하는 시장의 지배적인 연결망 유형을 파악하기 위한 것이다.

끝으로 업체별 연결망 특성을 나타내는 변수들과 업체별 조직변수들과의 상관관계를 조사함으로써 연결망과 다른 변수들 간의 관계를 분석한다.

3. 하청연결망의 유형과 관련 변수들

1) 부품별 하청연결망의 특성

이 연구에서 부품별 하청연결망의 특성을 크게 세 가지로 구분하여 분석한다. 첫째, 부품별로 참여하는 생산업체의 수를 파악한다. 이는 하청관계의

한 측면으로서 부품별로 존재하는 시장에서의 경쟁을 나타내는 지표로 사용할 수 있다. 둘째, 부품별로 존재하는 하청관계의 수이다. 부품별로 나타나는 완성업체와 조립업체 간에 실제로 존재하는 하청관계의 수는 하청연결망의 밀도(density)를 보여준다. 끝으로 부품별로 존재하는 거래유형을 측정하기 위해서 이 연구에서는 시장분산도라는 개념을 제안한다. 다음에서는 먼저 거래유형을 개념화하고, 이를 측정하기 위한 방안으로 부품별 시장분산도를 설명한다.

(1) 거래유형: 시장 거래형, 위계적 거래형, 네트워크 거래형

경제행위자들간의 거래유형을 구분한 기존의 논의에 따르면, 거래유형은 거래의 조건, 거래의 지속기간, 거래의 반복 여부에 따라 크게 세 가지로 구분할 수 있다. 첫째는 시장 거래형이고, 이와 반대되는 거래유형으로 위계적 거래형이 있고, 끝으로 그 중간형이 있다(Ouchi, 1980; Powell, 1990). 시장 거래형은 다수의 거래 당사자가 거래에 참여하고, 거래의 지속기간이 비교적 짧으면서, 거래 형성 여부가 가격에 따라 정해지고, 중요한 것은 거래 대상자를 자유롭게 변경하는 형태의 거래를 말한다. 위계적 거래형에서는 흔히 소수의 완성업체와 다수의 하청업체가 거래하며, 하청업체들은 주로 정해진 완성업체와 집중적으로 거래한다. 특히 시장 거래형과의 가장 큰 차이는 하청업체 입장에서 자유롭게 완성업체와의 거래 조건을 변경하나, 혹은 거래하는 완성업체를 바꾸기 어렵다는 것이다. 학자마다 중간형을 클랜(clan), 네트워크, 신뢰형으로 부르기도 하지만, 그 특징은 거래 당사자들이 한 번 거래하면 지속적으로 반복 거래하면서, 거래의 조건으로 가격보다는 장기적인 협동과 그 결과를 목적으로 하며, 결과적으로 거래 당사자간에 지속적인 네트워크가 형성된다는 것이다. 이 연구에서는 1990년대 말 한국 자동차 부품산업에서 지배적인 거래유형이 무엇인가를 알아보고, 동시에 이러한 거래에 참여하는 부품업체들의 하청연결망 특성이 무엇인가를 분석하고자 한다. 다음에서는 이를 위한 분석개념으로서, 부품의 범위, 고객의 범위, 시장분산도와 거래전속도라는 개념을 설명한다.

(2) 거래유형과 시장분산도

이 연구에서는 해당 부품이나 해당 기업이 참여하고 있는 지배적인 거래유형을 파악하기 위한 방법으로 부품별 시장분산도와 업체별 시장분산도라는 개념을 제안한다. 먼저 부품 수준에서 시장분산도는 해당 부품의 거래에 참여하는 완성업체와 하청업체 간의 하청관계의 거래 연결망 밀도(network density)이다. 이를 계산하기 위해서 부품별로 존재하는 하청관계수를 가능한 최대 하청관계수로 나눈다. 최대 하청관계수는 해당 부품을 생산하는 하청업체수를 완성업체수로 곱한 것이다. 예를 들어 에어탱크를 만드는 하청업체가 10개이고, 완성업체가 8개라면, 에어탱크의 가능한 최대 하청관계수는 80이고, 이 경우 실제로 발견되는 하청관계수가 12이라면, 에어탱크의 시장분산도는 12 ÷ 80 = 0.15이다.

부품별 시장분산도 값은 0에서 1사이에 존재하는데, 1에 가까울수록 하청업체와 완성업체 간에 다양한 하청관계가 폭넓게 형성되어 있다는 것을 나타낸다는 것을 보여준다. 즉 시장분산도가 1에 가까울수록, 거래 행위자간에 뚜렷한 장벽없이 거래가 이루어지고 있다는 의미에서 '시장 거래형' 에 가깝다고 할 수 있다. 반대로 시장분산도가 0에 가까울수록, 그 부품을 생산하는 하청업체들이 특정 완성업체에 거래를 집중하고 있고, 완성업체별로 하청업체들이 전속되어 있는 하청연결망을 보여주기 때문에, '위계적 거래형' 에 해당한다고 할 수 있다. 0과 1사이에 중간 정도의 시장분산도를 나타내는 부품들은 모든 완성업체와 하청업체들 간에 하청관계를 형성하는 것은 아니지만, 브로커 역할을 하는 하청업체들에 의해서 전체적으로 완성업체와 하청업체가 연결되어 있는 하청연결망을 보여준다는 의미에서 '네트워크 거래형'이라고 할 수 있다.

2) 하청업체별 하청연결망 특성

부품별 특성 이외에 부품 하청연결망에 영향을 미칠 수 있는 요인으로 여기에서는 하청업체별 하청전략과 그 결과로서 나타나는 하청연결망의 특성을 분석하고자 한다. 업체별 하청연결망 특성을 분석하기 위해서 다음에서는 업체별 생산부품수를 통해서 업체별 부품의 범위를, 거래하는 완성업체수를 통해서 업체별 고객의 범위를, 업체별 시장분산도를 통해서 참여하는 거래의 유형을, 업체별 거래전속도를 통해서 거래하는 업체들간에 얼마나 집중하는가를 분석하고, 이러한 업체별 특성에 영향을 미칠 수 있는 요인들에 대해 논의할 것이다.

(1) 부품의 범위와 고객의 범위: 종합주의 대 전문주의

조직생태학 이론에서는 조직의 생존 및 성장 전략을 그 조직이 추구하는 자원의 다양성 혹은 범위에 따라 종합주의(generalist) 전략과 전문주의(specialist) 전략을 구분한다. 이 연구에서는 자동차 부품업체의 경우 종합주의나 전문주의 전략을 크게 부품의 범위(scope of products)와 고객의 범위(scope of customers)로 구분하여 조사한다.[3] 즉 부품의 범위 면에서 볼 때 생산하는 부품의 종류에 따라 종합주의와 전문주의에 가까운 정도를 분석할 수 있다. 고객의 범위 면에서 볼 때 얼마나 많은 수의 완성업체와 거래하는가에 따라 종합주의와 전문주의에 가까운 정도를 분석할 수 있다. 논리적으로 부품

3 부품별로 고객의 범위가 어떻게 나타나고, 이것이 하청업체의 성과에 어떤 영향을 미치는가에 대한 대표적 연구로는 Fujimoto(1999)와 Nobeoka(1995)를 참조.

표 5-1 부품의 범위와 고객의 범위 면에서의 종합주의와 전문주의

		부품의 범위	
		종합주의	전문주의
고객의 범위	종합주의	1	2
	전문주의	3	4

의 범위와 고객의 범위 면에서 종합주의와 전문주의는 독립적인 측면이기 때문에, 하청업체의 연결망을 다음의 네 가지 경우로 구분할 수 있다.

위의 표에서 1번 셀은 다양한 부품을 생산하면서 다수의 업체에 부품을 납품하는 업체이다. 2번 셀은 소수의 부품을 전문적으로 생산하면서, 이를 다수의 업체에 납품하는 업체이다. 3번 셀은 다양한 부품을 생산하지만, 이를 소수의 업체에만 납품하는 업체이다. 끝으로 4번 셀은 소수의 부품을 전문적으로 생산하고, 이를 소수의 업체에 납품하는 업체이다. 4가지 유형 중에서 어떤 결합이 나타나는가는 생산하는 부품의 특성과 관련 업체의 전략간의 상호작용의 결과라고 할 수 있다. 부품의 특성 면에서 볼 때, 부품 중에서 제품의 기술적 수준이 비교적 낮고 표준화되어 있는 부품들을 생산하는 업체의 경우 1번 셀에 해당할 가능성이 높고, 반대로 연료탱크처럼 제품의 특성이 표준화하기 어렵고 기술수준이 높은 경우는 4번 셀에 해당할 가능성이 높다. 다음으로 부품의 특성과 별도로 하청업체의 발달 단계에 따라 업체 설립 초기에는 4번 셀, 즉 소수의 기업에게 한두 가지 부품을 생산하는 것으로 시작할 가능성이 높다. 다음으로 생산하는 부품에 따라 고객의 범위를 늘리면서 2번 셀 유형으로 변화하던가, 아니면 관련 부품으로 생산품의 범위를 확대하면서 3번 셀 유형으로 변화할 수 있다. 후지모토(Fujimoto, 1999)는 일본의 자동차산업에서 네 가지 유형이 모두 나타난다고 논의한다. 한국의 자동차산업의 경우 부품 수준에서 각 유형의 분포가 어떻게 나타날 것인가를 분석하고, 그 분포에 영향을 미칠 요인들에 대해 논의할 것이다.

(2) 업체별 시장분산도

업체별 시장분산도는 부품별로 지배적인 거래유형을 알아보기 위해서 계산했던 부품별 시장분산도를 업체 수준으로 환산한 것이다. 이를 위해서 업체별로 생산하는 부품의 부품별 시장분산도 값의 평균을 구한 것이다.

부품별로 계산된 시장분산도를 업체 수준으로 바꾸기 위한 방법으로는 여러 가지 있을 수 있다. 여기에서는 가장 간단한 방법으로 업체가 생산하는 부품들의 각 시장분산도 값의 평균을 사용하였다. 이는 부품별 특성이 업체의 거래유형에 영향을 줄 수 있다는 것을 고려하지 못한다는 점에서 중요한 한계가 있다. 부품별 특성을 측정할 수 있는 자료와 방법이 없다는 문제로 인해서 가장 단순한 방법을 사용한 것이다. 앞으로 중요한 연구 과제는 부품별 특성을 측정하고, 이를 사용하여 단순 평균이 아닌 생산하는 부품별로 가중치를 주어 업체별 시장분산도를 계산하는 것이다.

업체별 시장분산도의 의미는 업체가 어떤 하청연결망 전략을 사용하는가, 즉 업체가 선택한 지배적인 거래유형이 무엇인가를 알아보기 위한 것이다.

(3) 거래전속도와 기업 간 사회적 자본

시장분산도가 부품별, 업체별 지배적 거래유형을 측정하는 개념이라면, 거래전속도는 업체 수준에서 연결망 특성을 보여준다. 업체별 거래전속도는 원래 우지(Uzzi, 1996)가 기업의 사회적 자본(corporate social capital)을 측정하는 개념으로 제시한 것이다.[4] 이는 하청업체가 거래하는 완성업체들간에 거

4 | 우지는 이를 'first-order network coupling' 이라고 부르고, 이 수치가 높을수록 해당 기업의 기업간 사회적 자본(corporate social capital)이 높은 것을 나타낸다고 주장한다. 즉 기업들이 오랜 기간 동안에, 집중적으로, 반복하여 같은 대상과 거래할수록, 거래 기업들간에 신뢰를 기반으로 한 장기적 협동관계가 가능하기 때문에, 한 기업의 거래전속도가 높다는 것은 그만큼 그 기업이 거래하는 대상 기업들로부터 높은 신뢰 혹은 사회적 자본을 형성하고 있다는 것이다.

래량을 얼마나 집중하는가를 나타낸다. 예를 들어 한 업체가 세 개의 완성업체와 거래하는데, 그 비율이 각각 50%, 30%, 20%라면 이 업체의 거래전속도를 계산하면, $(0.5)^2 + (0.3)^2 + (0.2)^2 = 0.38$이다. 거래전속도는 0에서 1사이에 존재하는데, 1에 가까울수록 거래업체들 중 특정 업체와 집중적으로 거래하는 것을 나타내고, 반대로 0에 가까울수록 거래업체들과 고르게 거래하고 있다는 것을 나타낸다.

위에서 제시한 시장분산도와 거래전속도에 대한 관계는 어떻게 나타날 것인가는 본문에서 제시될 분석의 중요한 내용을 이룬다. 시장분산도와 거래전속도의 관계는 동어반복적이라고 할 수 없다. 즉 다수의 기업들과 거래한다고 해도, 그 중 어떤 기업과 집중적으로 거래하는 정도는 경험적 문제이기 때문이다. 반대로 소수의 기업들과 거래한다고 해도, 만일 그 기업들간에 거래량을 상대적으로 고르게 분산하고 있다면 거래전속도는 낮게 측정될 것이기 때문이다. 따라서 시장분산도와 거래전속도의 관계를 경험적으로 측정하고, 이 경우 시장분산도가 높고, 낮음과 거래전속도가 높고, 낮은 유형에서 어떤 결합이 나타나고, 그 경우 그 기업의 특성과 생산하는 부품의 특성이 이러한 유형의 결합과 어떤 관계가 있는가를 이해하는 것은 부품 하청연결망의 특성과 관련된 기업의 전략을 이해하는 데 중요하다.

4. 연구자료 및 방법

이 연구에서는 한국자동차공업협회가 1997년 발간한 '자동차공업편람' 에 나타난 자료를 사용한다. 이 편람은 한국자동차공업협회가 매년 발간하는 것으로, 1차 하청업체들로 구성된 협회의 340여 개의 회원사들에 대한 창립연도, 매출액, 순이익, 자본금, 종업원 수와 같은 기본적 자료, 생산 부품 목록, 거래하는 업체 목록과 거래비율 등에 대한 자세한 정보들이 기록되어 있다. 또한 이 자료집은 회원사를 포함한 1,400여 개의 1차 하청업체 부품업체들이 어떤 부품을 어떤 업체에 납품하고 있는가를 기록하고 있기 때문에, 한국 자동차산업의 부품 하청연결망의 특성과 구조를 부품별, 업체별 수준에서 파악하는데 있어서 직접 설문조사를 통해 얻을 수 있는 자료보다 포괄적인 자료를 포함하고 있다.

5. 하청연결망의 특성과 성과

기존의 기업간 연결망에 대한 논의들은 연결망의 구조와 여기에 속한 기업들의 위치에 주목하였고, 기업이 생산하는 상품이나 기업이 속한 환경적, 제도적 변수에는 관심을 두지 않았다. 기업간 연결망은 기업이 다양한 전략을 만들고 실행하는데 중요한 환경적 요인으로 작용하지만, 동시에 기업간 연결망은 기업이 속한 시장, 상품, 제도적, 환경적 특성에 영향을 받을 것이다. 다시 말해서 기업이 경험하는 시장의 특성(대표적으로는 경쟁의 정도), 상품의 특성, 기업과 관련된 국가 정책이나 법적 제도 등은 각 기업이 연결망 전략을 형성하는데 중요한 기회나 제약으로 작용하고, 이는 결과적으로 기업간 연결망의 구조와 이에 위치하는 기업의 특성에 영향을 줄 것이라는 점이다. 또한 효과적인 기업간 연결망이나 기업의 연결망적 특성 역시 환경적, 제도적 특성에 따라 다양하게 나타날 것이다.

이 연구에서는 이러한 논의의 시론적 시도로서, 첫째, 한국 자동차 부품산업의 하청연결망의 특성을 먼저 부품별로 분석한다. 이를 통해서 부품별로 나타나는 하청연결망의 거시적 특성을 살펴본다. 다음으로, 이러한 부품들을 생산하는 하청업체별로 하청연결망의 특성을 분석한다. 이를 통해서 부품 특성

이외에 업체의 전략이나 특성의 결과로 나타나는 하청연결망의 특성을 조사한다. 끝으로 업체별 연결망 특성과 성과에 대해 논의할 것이다.

1) 부품별 하청연결망의 특성

1997년 발행된 '한국자동차공업편람' 에는 부품별로 생산하는 업체와 이들이 납품하는 완성업체가 나와 있다. 여기에 나타난 총 부품수는 310개이다.[5] 부품별 특성에 대한 기본 통계치는 다음과 같다.

(1) 부품별 생산업체수: 부품별 잠정적인 경쟁 정도

부품별 생산업체수는 같은 부품을 생산하는 업체들의 수를 나타낸 것으로서, 위의 표에서 나타난 것처럼 평균 6개의 기업들이 같은 부품을 생산한다. 같은 부품을 생산하는 업체들은 서로 경쟁관계에 있으므로, 부품별 생산업체수는 각 부품을 하나의 시장으로 볼 때 부품시장별 경쟁 정도를 나타낸다고 할 수 있다. 다음의 그림은 생산업체수의 분포를 나타낸다.

표 5-2 부품별 기본 통계치(총 부품수 = 310개)

	평균	표준편차	최소값	최대값	percentiles(%)		
					25	50	75
생산업체수	6.04	4.30	1.00	29	3.00	5.00	8.00
하청관계수	.25	7.06	1.00	68	6.00	9.00	14.00
시장분산도	10.63	.13	.08	1	.17	.21	.29

5 | 자동차에 들어간 부품수는 대략 20,000개 가량이라고 추정된다. 여기에서 분석된 310개의 부품들은 한국자동차공업협회에서 설문조사에 의해서 가장 핵심적인 부품이라고 인정되는 부품들만 뽑은 것이다. 이는 전체 자동차 부품들 중 일부분만을 연구하게 되는 문제점이 있으나, 최근 자동차 부품의 다양화를 고려할 때 자동차산업의 핵심 부품들을 연구함으로써 자동차산업의 특성에 더 뚜렷한 초점을 가진다는 장점을 가진다.

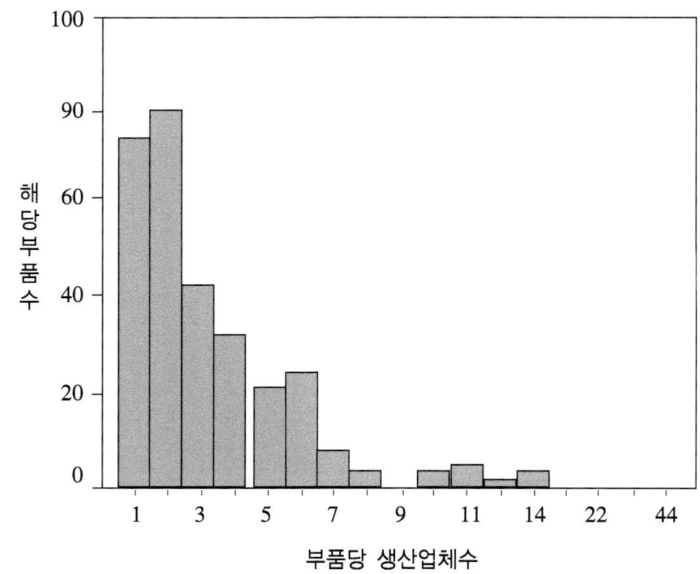

그림 5-1 부품당 생산업체수

이 그림에서 X축은 부품별로 같은 부품을 생산하는 업체수를 나타내고, Y축은 이에 해당하는 부품의 수를 나타낸다. 즉 X축 값이 9이고, Y축 값이 10이라는 것은 부품을 생산하는 데 참여하는 업체의 수가 9이고, 그런 부품들이 10개가 있다라는 것이다. 따라서 X축의 값이 커질수록 같은 부품을 생산하는데 참여하는 업체들이 많다는 것이고, Y축 값은 그런 부품들이 몇 개나 있는가를 나타낸다. 이 그림에서 보면, 1개에서 3개의 업체가 하나의 부품을 생산하는 경우가 가장 많다는 것을 알 수 있다. 총 310개 부품들 중에서 10개 이상의 업체가 참여하는 부품들은 모두 10개 이하이고, 특히 17개 이상의 업체가 참여하는 부품들은 극히 적다는 것을 알 수 있다. 물론 여기에 나타난 업체수는 자료가 전국 모든 업체를 포함하는 정도에 의해 영향을 받지만, 분석 자료에 포함된 하청업체들이 1차 하청업체들이라는 것을 고려할 때, 부품 시장의 경쟁이 아주 높지 않다는 것을 알 수 있고, 부품별로 업체들이 상대적으로 전문화되어있다는 것을 간접적으로 보여 준다. 이는 업체별 자료에서 더 명확하게 나타날 것이다.

(2) 부품별 시장분산도: 부품별 거래관계의 유형화

시장분산도는 0에서 1까지 가능한데, 시장분산도의 분포에 두드러진 것은 0.08에서 1까지 높은 수준의 변이를 보여주며, 전체적으로 0에 가까운, 즉 위계적 거래형에 해당하는 부품들이 많다는 것이다. 위계적 거래형이 많다는 것은 많은 수의 부품들이 거래되는데 있어서 하청업체들이 특정 완성업체에만 납품을 한다는 것을 보여준다. 따라서 위의 시장분산도의 분포는 기존의 논의들이 지적하는대로 한국 자동차 부품산업이 '분리된 피라미드형'을 보여주는 증거라고 할 수 있다.

시장분산도에 의해 부품에 해당하는 거래유형을 위계적 거래형, 네트워크 거래형, 시장 거래형으로 구분할 경우, 각 유형을 구분하는 시장분산도의 범위는 무엇인가? 한 가지 방법은 시장분산도의 분포에서 하위 25%까지를 위계적 거래형, 25%에서 75%까지를 네트워크 거래형, 나머지 75%에서 100%까지를 시장 거래형으로 구분할 수 있다. 이 경우 시장분산도가 0에서 .17까지의 부품을 위계적 거래형으로, .18에서 .28까지를 네트워크 거래형, 그리고 .29에서 1까지를 시장 거래형으로 볼 수 있다.[6]

시장 거래형 하청연결망의 특징을 보여주는 부품의 예로 '패스너(fastener)'라는 부품의 하청연결망은 완성업체별로 하청업체가 전속되어 있지 않고, 동시에 완성업체와 하청업체 간에 폭넓은 직접적인 거래관계가 이루어진다. 이

6 물론 이 구분 기준은 절대적인 것이 아니고, 전체적으로 거래유형의 분포를 이해하기 위해 여기에서 정한 분류 기준일 뿐이다. 시장분산도의 통계적 분포 이외에 다른 방법도 가능할 것이다. 뒤에 업체별 거래유형을 변수로 계산할 때는 여기에서 사용하는 분류 기준을 사용하지 않고, 시장분산도 수치 자체를 사용한다.

형태에서는 전체 연결망 형태에서 중심적인 역할을 하는 특정업체가 존재하지 않는다.

위계적 거래형 예를 보여주는 '크로스 멤버(cross member)' 라는 부품의 하청연결망의 가장 큰 특징은 완성업체별로 거래하는 하청업체들이 분리되어 있다는 것이다. 즉, 현대자동차, 현대정공, 기아자동차, 대우자동차, 대우중공업, 쌍용자동차, 아시아자동차가 각각의 하청업체를 가지고 있고, 이들 하청업체는 현대자동차와 현대정공에 동시에 납품하는 한 업체를 제외하고 한 개의 완성업체에만 납품하고 있다는 것이다. 이러한 하청연결망 형태는 한국의 자동차 부품 하청연결망을 '분리된 피라미드형' 이라고 한 기존의 논의에 가장 잘 부합된다. 이러한 분리된 피라미드형 하청연결망에서 완성업체들을 매개하는 하청업체가 없기 때문에 서로 분리된 형태를 보여준다.

다음으로 네트워크 거래형을 보여주는 '연료게이지(fuel level gauge)' 라는 부품의 하청연결망이 보여주는 것은 시장 거래형과는 달리 완성업체와 하청업체가 서로 직접적으로 연결되어 있지는 않지만, 서로 다른 완성업체와 거래하는 하청업체에 의해서 완성업체들도 간접적으로 연결되어 있다. 연료게이지 부품을 공급하는 업체들 중 '풍성정밀' 은 현대자동차, 대우자동차, 대우중공업, 쌍용자동차에 납품하고 있고, '항진산업' 은 아시아자동차, 쌍용자동차, 대우자동차에 납품하고 있다. 이들 업체는 연결망 구조에서 '브로커' 역할을 하고 있다.[7] 일본의 자동차산업의 경쟁력에 대한 연구들은 이러한 브로커 역할을 하는 하청업체들이 해당 하청업체들뿐 아니라, 이들이 납품하는 완성업체들에게 다

7 여기에서 브로커의 의미는 잠재적인 의미에서 사용된다. 여기에서 브로커 기업들이 실제로 이들 기업들을 통해 연결된 업체들간에 적극적으로 거래 관계를 형성하고자 한다는 의미보다는, 이 브로커 기업들이 다른 업체들에 대한 납품 경험을 통해서 얻는 기술력을 통해 다른 완성업체들에게 서로의 기술력을 학습할 수 있는 통로를 제공한다는 점에서 잠재적 의미의 브로커 역할을 말하고 있다.

양한 기술 학습 경험과 이로 인해서 높은 기술적 수준의 부품을 지속적으로 공급함으로써 산업 전체의 경쟁력을 향상시킨다고 논의한다(Nishiguchi, 1994; Fujimoto, 1999). 기업간 연결망에 대한 경험적 연구들 역시 이러한 업체들이 연결망 구조면에서 '구조적 자율성(structural autonomy)' 이 높고 '연결망 제약성(network constraint)' 이 높다고 논의한다(Burt, 1992). 이 연구들은 이러한 연결망적 특성으로 인하여 이들 업체들은 다른 업체들에 비해서 다양한 자원을 동원하기 쉽고, 동시에 다른 업체들을 통제 및 견제하기 쉬운 위치에 있고, 결과적으로 상대적으로 더 나은 성과를 달성할 수 있다는 것이다.

(3) 부품별 시장분산도와 부품별 시장 경쟁간의 관계

부품의 하청연결망 형태를 부품의 시장분산도를 바탕으로 분류했을 때, 부품들간 시장분산도의 차이 혹은 거래관계의 다양성을 어떻게 설명할 수 있을까? 이 연구에서는 부품의 시장분산도와 하청연결망에 영향을 주는 요인으로서 부품별로 존재하는 시장의 경쟁 정도를 제시한다.[8] 이렇게 부품의 거래유형과 부품별 경쟁 정도 사이의 상관관계를 알아보기 위해서 부품별 시장분산도와 부품별 생산업체수를 비교해본다. 한 부품을 생산하는 업체수는 그 부품 시장에 존재하는 경쟁의 정도를 나타내는 지표로 해석할 수 있다.

8 | 부품별 시장에서의 경쟁 정도 이외에 부품의 하청연결망 형태 혹은 거래관계의 유형에 영향을 주는 요인으로 부품의 특성을 들 수 있다. 거래비용이론을 바탕으로 자동차 부품의 거래관계의 유형을 설명하는 가설을 만들어보면, 해당 부품이 표준화될수록, 거래횟수 혹은 양이 적을수록 그 부품의 거래유형은 시장 거래형에 가까울 것이고, 반대로 해당 부품이 자동차 모델에 따라 다양하게 나타날수록, 거래횟수나 양이 많을수록 위계적 거래형에 가까울 것이라는 가설을 세울 수 있다. 그러나 이 연구에서는 자료상의 한계로 인하여 부품 자체의 기술적 특성이나 거래횟수를 파악할 수 없었고, 따라서 이를 분석에서 활용하지 못하였다. 한편, 한국과 일본 자동차산업에서 동일한 부품의 하청연결망이 어떻게 형성되었는가를 비교하는 비교사회적 기업 연결망 연구는 부품의 특성과 기업의 전략 이외에 기업의 행위에 영향을 미치는 사회적, 역사적, 문화적 요인이 어떻게 하청연결망 형태에 영향을 미치는가를 이해하기 위한 중요한 연구방향이라고 할 수 있다.

〈그림 5-2〉는 두 변수간의 관계를 나타낸다.

부품의 거래유형을 시장분산도에 따라 위계적 거래형에서 시장 거래형으로 파악할 경우, 부품을 생산하는 업체가 많을수록, 즉 그 부품에 대한 경쟁이 치열할수록 거래유형은 어떻게 나타날 것인가? 위의 그림에 의하면, 경쟁이 치열할수록 거래유형은 위계적 거래형에 가깝게 나타난다. 다시 말해서 같은 부품 시장에서 경쟁하는 하청업체들의 수가 많은 부품일수록, 그 부품을 생산하는 하청업체들은 특정 완성업체에 전속되어 납품할 가능성이 높은 것으로 나타난다는 것이다. 고전경제학에 따르면 경쟁이 치열할수록 거래유형은 위계적 거래형이 아니라 시장 거래형에 접근할 것이라는 가설과 반대로 나타나는 이 현상을 어떻게 해석할 수 있는가?

그렇다면 부품의 경쟁이 치열할수록 왜 시장 거래형보다 위계적 거래형이 더 많이 관찰되는가? 이는 두 가지로 해석할 수 있다. 한 가지 해석은 자원의

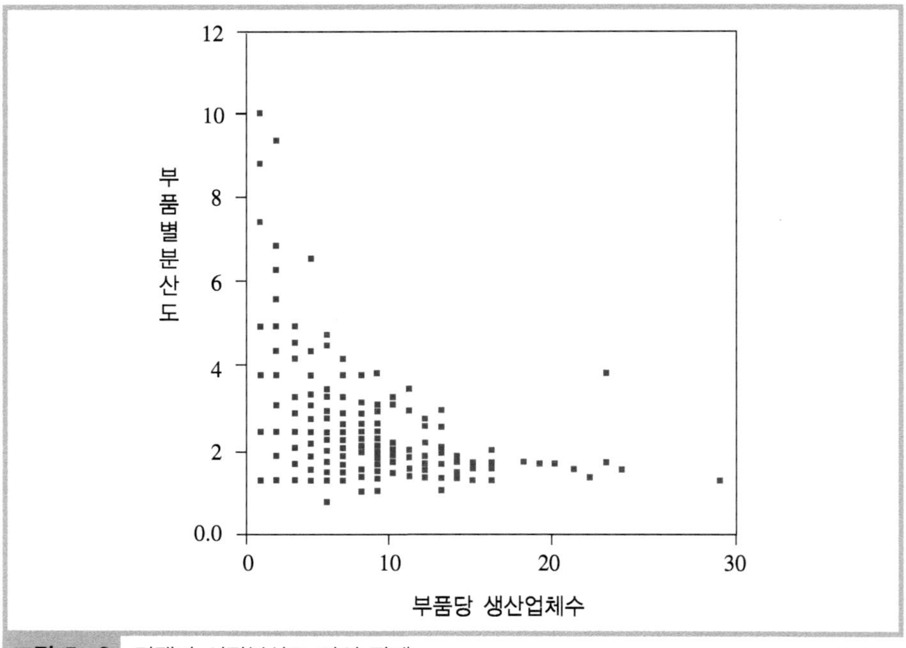

그림 5-2 경쟁과 시장분산도 간의 관계

존이론 시각에서 보면, 하청업체들이 경쟁이 치열한 상황에서 더 많은 완성업체와 거래함으로써 특정 업체에 대한 의존도를 줄이려고 하지만, 동시에 완성업체 입장에서는 상대적으로 선택 가능한 하청업체가 많기 때문에, 즉 자원의존이론에서 말하는 권력(power)이 큰 상황이기 때문에, 하청업체들로 하여금 위계적으로 거래할 것을 강제할 수 있기 때문이라는 것이다.

다른 해석은 연결망 이론의 시각(Uzzi, 1996, 1999)에서 볼 때, 부품을 생산하는 하청업체들간의 경쟁이 치열할수록, 하청업체들은 거래의 안정화를 위해서 특정 완성업체와 집중적으로 거래하면서 그 업체와의 기업간 사회적 자본을 형성하고자 시도한다는 것이다. 이 두 해석은 반드시 모순되는 것은 아니다. 이를 종합하면, 경쟁이 치열할수록 완성업체들은 이를 바탕으로 특정 업체들을 경쟁 완성업체가 아닌 자신의 업체와 전속적으로 계약하기를 원하고, 하청업체 입장에서는, 특히 그 하청업체의 기술력이나 조직력이 상대적으로 약할수록 특정 완성업체와의 관계를 적극적으로 강화함으로써 거래의 안정화 및 이에 따른 자원을 지원받을 가능성을 높이고자 한다는 것이다.

지금까지 부품별 하청연결망의 특성을 알아보았다. 다음에서는 하청업체별로 나타나는 하청연결망의 특성을 알아보고자 한다.

2) 하청업체별 하청연결망의 특성

자동차 부품 하청연결망의 특징을 형성하는 요인으로는 위에서 살펴 본 부품 수준에서의 시장의 특성들과 부품별로 나타나는 기술적 특성이 있다. 그러나 같은 부품을 생산하는 업체들간에 하청연결망의 특성이 다르다는 것은 거시적 요인들 이외에 업체별 전략과 특성이 하청연결망 형성에 영향을 미친다는 것이다. 따라서 여기에서는 업체별 하청연결망 특성을 분석하기 위해서 업체별로 부품이나 거래하는 고객면에서 종합주의와 전문주의 전략을 어떻게 활용하고 있고, 어떤 거래유형에 참여하고 있고, 또한 거래하는 업체들간에 얼마나 거래를 집중하고 혹은 분산하는가를 분석하고자 한다.

(1) 부품의 범위(scope of products): 종합주의 대 전문주의

조직생태학 이론에서는 조직의 생태전략을 크게 종합주의(generalist)와 전문주의(specialist)로 나눈다. 종합주의와 전문주의는 그 조직이 얼마나 다양한 자원을 추구하는가에 따라 구분된다. 업체별 생산부품의 범위는 부품업체의 전략이 종합주의와 전문주의 중에서 어디에 가까운가를 구분하는 기준이 될 수 있다. 업체별 생산부품수의 분포는 다음 〈그림 5-3〉과 같고, 업체별 생산 평균 부품수는 3.62로 나타났다. 이 연구의 자료에서 종합주의와 전문주의를 정확하게 구분하는 기준을 제시할 수는 없으나, 다음 그림의 분포에서 나타나는 것은 극소수의 기업들만이 7개 이상의 부품들을 생산하고 있고, 대부분은 2~3개의 부품을 생산하는 것을 알 수 있다.

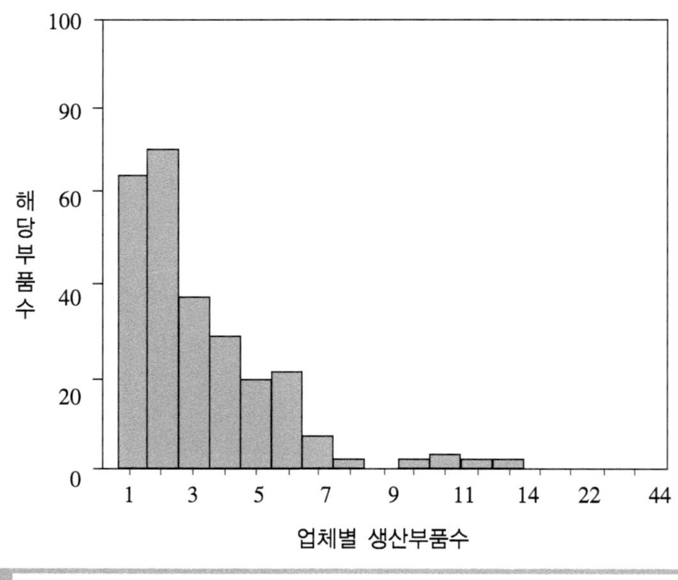

그림 5-3 업체별 생산부품수

(2) 고객의 범위(scope of customers): 종합주의 대 전문주의

업체별 생산부품수가 업체가 참여하는 시장의 다양성을 보여준다면, 〈그림 5-4〉가 보여주는 업체별 거래 완성업체 또는 조립업체수는 직접적으로 고객의 범위를 보여준다.

기존의 논의에서 제기하였던 한국 자동차 부품산업의 중요한 특징은 '분리된 피라미드형' 구조라는 것을 위에서 언급하였다. 업체별로 거래하는 조립업체수의 분포는 이를 확인해준다. 즉, 대부분의 하청업체들이 1~2개의 완성업체들에게 납품하고 있다. 일본의 경우 대조적으로 많은 수의 1차 하청업체들이 다양한 완성업체들에게 납품하고 있고, 이에 따라 '중첩된 알프스형' 구조를 보인다. 만일 1997년 현재 우리가 일본식과 유사하다면 거래 완성업체수가 위의 그림에서 나타난 것보다 많았을 것이다.

고객의 범위와 부품의 범위간의 관계는 어떻게 나타날 것인가? 위에서 제시한 용어에 따르면, 고객의 범위에서의 종합주의와 전문주의, 부품의 범위에

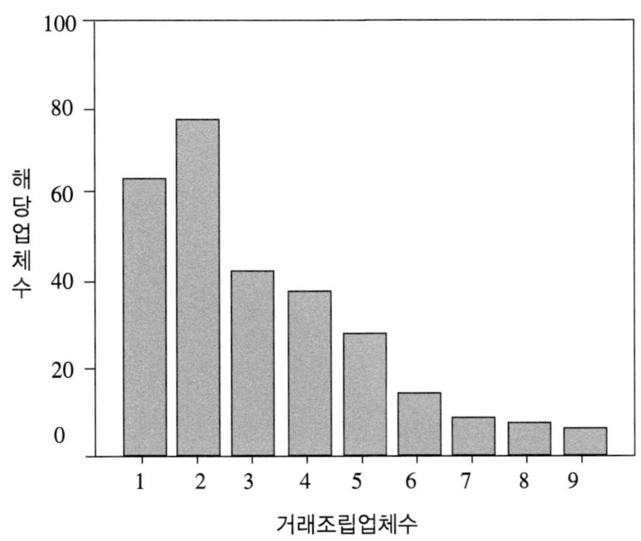

그림 5-4 업체별 거래조립업체수

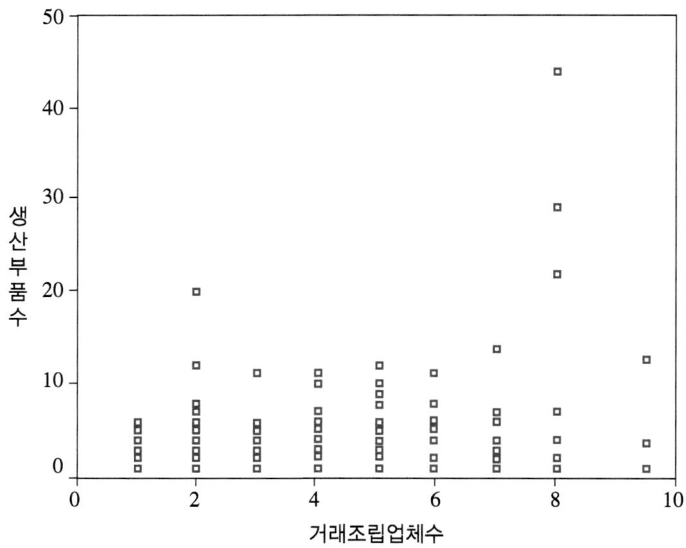

그림 5-5 고객의 범위(거래조립업체수)와 부품의 범위(생산부품수)의 관계

서의 종합주의와 전문주의의 관계는 어떻게 나타날 것인가? 〈그림 5-5〉는 이를 나타낸 것이다.

여기에서 고객의 범위와 부품의 범위는 뚜렷한 관계를 보여주지 못하고 있다. 즉 한 측면에서의 종합주의나 전문주의가 다른 측면에서의 종합주의나 전문주의와 뚜렷한 상관관계를 보여주지 않는다. 그러나 거래 조립업체수가 최대값에 가까울 경우 생산부품수가 가장 많다는 것을 통해서 부품의 범위 면에서 종합주의를 실행하는 업체들이 거래하는 고객의 범위 면에서도 종합주의를 실행할 가능성이 있는 것으로 생각할 수 있다. 이들 기업들은 조직 연령이 높고, 기술 수준과 다른 조직적 자원이 높은 기업으로 나타났다. 이는 후반부 분석에서 다시 논의될 것이다.

(3) 업체별 시장분산도와 거래유형

부품별 시장분산도에서 제시한 것처럼, 업체별 시장분산도 역시 시장분산도

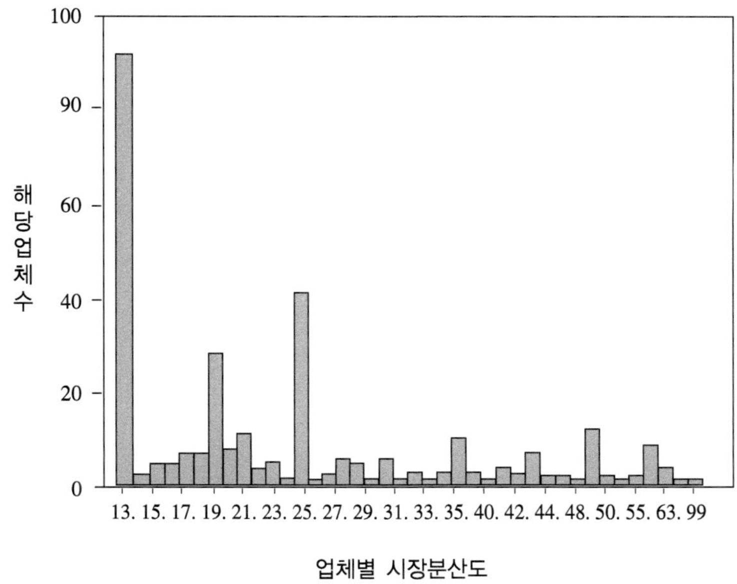

그림 5-6 업체별 시장분산도

가 0에 가까울수록 위계적 거래형에 가깝고, 1에 가까울수록 시장 거래형에 가깝다고 할 수 있다. 〈그림 5-6〉이 보여주는 것은 우리나라 자동차 부품산업에 속하는 많은 하청업체들이 위계적 거래형에 가까운 거래유형을 가진다는 것이다.

이는 우리나라 자동차 부품산업이 '분리된 피라미드형' 구조를 가지며, 하청업체들이 한두 개의 완성업체에 배타적으로 납품하고 있다는 논의와 일치한다. 동시에 이 그림에서 시장분산도가 .25에서 .27에 해당하는 하청업체들이 나타내는 것은 일부 소수 하청업체들은 중간적인 거래유형, 즉 네트워크 거래형을 보여준다는 것이다.

그렇다면, 업체별 시장분산도에 영향을 미치는 것은 무엇일까? 〈그림 5-7〉은 조직생태이론에서 말하는 종합주의와 전문주의 전략 중에서 어떤 전략을 선택하는가와 지배적인 거래유형의 상관관계를 보여준다.

여기에서 업체가 생산하는 부품수는 종합주의와 전문주의 전략의 채택 여

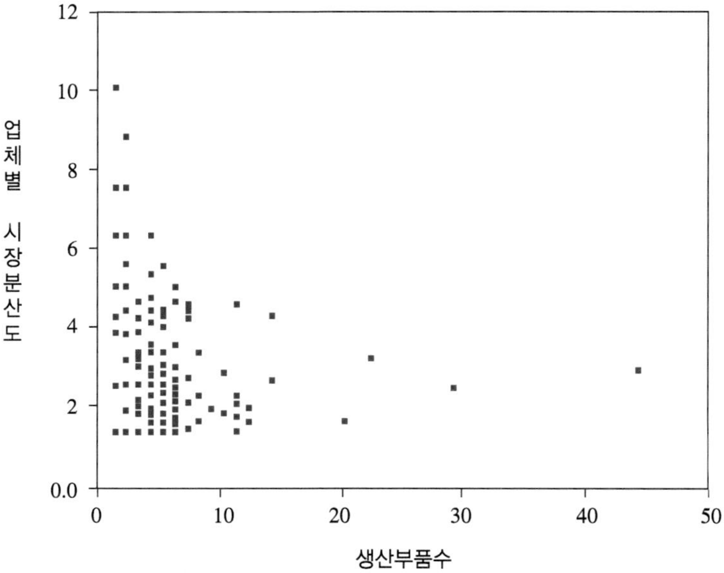

그림 5-7 업체별 생산부품수와 시장분산도

부를 보여주는 간단한 방법으로 제시된다. 즉, 생산하는 부품수가 많을수록, 그 업체는 다양한 시장 영역을 공략한다는 점에서 종합주의 전략에 가깝다고 할 수 있고, 반대로 부품수가 적을수록, 그 업체는 특정 시장 영역에 집중한다는 점에서 전문주의 전략에 가깝다고 할 수 있다. 이 그림이 보여주는 것은 종합주의에 가까운 전략을 실행하는 하청업체들은 지배적인 거래유형이 위계적 거래형에 가깝게 나타난다는 것이다. 다시 말해서, 다양한 부품을 납품하는 하청업체들일수록 소수의 완성업체들과 집중적으로 거래한다는 것이다. 반대로 특정 분야에 전문화된 업체들은 다수의 완성업체들과 상대적으로 시장 거래형에 가까운 거래유형을 보인다는 것이다.

종합주의-위계적 거래형, 전문주의-시장 거래형을 어떻게 설명할 것인가? 종합주의 전략을 보이는 기업이 위계적 거래유형을 보인다는 것은 우리나라 부품업체들 중에서 다양한 부품을 생산하는 업체들은 소수의 부품을 특정 업체에 납품하는 것에서 시작하여 이들 업체들과의 관계가 확대되면서, 그 관계 내에서 다른 부품들로 생산의 범위를 늘렸기 때문인 것이라는 가설을 제시할 수 있다. 이론적으로 이러한 업체들이 장기적으로 거래하는 완성업체를 다변화함으로써 종합주의-시장 거래형으로 진화할 것으로 생각해 볼 수 있지만, 한국의 자동차 하청산업구조가 분리된 피라미드형 구조라면 시장 거래형, 즉 거래하는 업체의 다변화는 처음에 거래관계를 형성한 완성업체에 의해 억제될 수 있고, 그 결과로 종합주의-시장 거래형이 발견되지 않는다는 가설을 제시해 볼 수 있다. 전문주의-시장 거래형의 경우는 한두 개의 부품을 생산하는 업체들은 매출의 안정화를 위해 가능한 다양한 업체에 납품을 시도한 결과라고 해석할 수 있다.

(4) 업체별 거래전속도

〈그림 5-8〉은 업체별 거래전속도의 분포를 보여준다. 전체적으로 대부분의 기업들이 소수의 기업에 집중하는 것보다는 상대적으로 거래하는 업체들

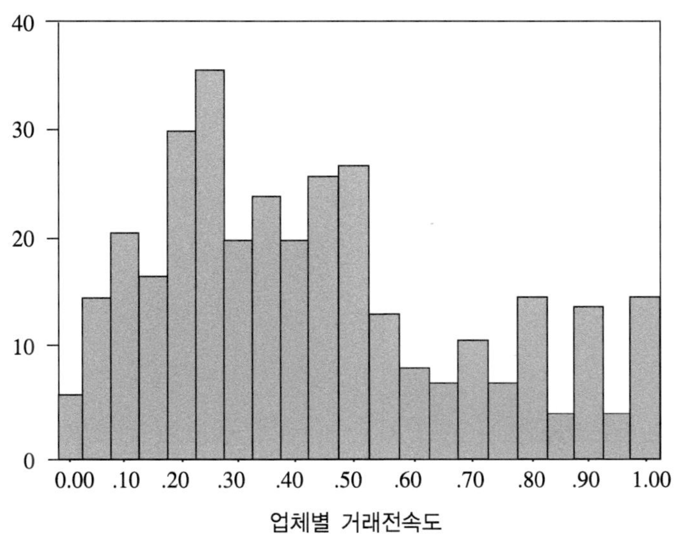

그림 5-8 업체별 거래전속도

사이에 거래를 분산시키고 있는 것을 보여준다.

업체별 시장분산도가 업체의 지배적인 거래유형을 보여준다면, 업체별 거래전속도는 거래유형 내에서 특정 업체와 얼마나 집중적으로 거래하는가를 보여준다. 거래유형이 시장 거래형보다는 위계적 거래형에 가까울수록 거래전속도가 높을 것으로 예상할 수 있으나, 같은 수준의 업체별 시장분산도를 보이는 업체들간에도 업체별 거래전속도는 다양하게 나타날 수 있다. 이는 소수의 업체와 거래하면서 거래를 분산시키는 기업 전략도 있고, 반대로 다수의 업체와 거래하면서 특정 업체에 거래를 집중시키는 기업 전략도 있기 때문이다.

지금까지 업체별 하청연결망의 특성에 대해 분석하였다. 이러한 하청업체의 하청연결망 특성을 어떻게 설명할 수 있을까? 이에 대한 시론적 설명을 위해서 하청업체들이 가지는 중요한 조직 특성들이 이들 업체의 하청관계 면에서의 특성과 어떻게 관련되는가를 살펴보고자 한다.

6. 조직 특성과 업체별 하청연결망 특성: 기업 환경과 연결망 전략

하청업체의 조직 특성으로 기업 설립연도로부터 계산한 조직 연령, 기업 규모를 측정하기 위한 변수로 종업원수, 그리고 업체의 성과를 측정하기 위한 변수로 조사 대상 업체의 1998년도 총매출액의 대수값을 측정하였다. 하청연결망 특성에 해당하는 변수로는 위에서 설명한 업체별 생산부품수, 거래하는 조립업체(혹은 완성업체)수, 거래전속도, 시장분산도를 포함하였다. 추가로 하청관계수 총합은 한 업체가 거래하는 하청관계수의 총합이다. 따라서 그 업체가 3개의 부품을 생산하고 부품별로 각각 2개의 완성업체에 납품하고 있다면, 하청관계수는 6이 된다. 이는 생산부품수나 거래조립업체수 이외에 업체가 참여하는 하청연결망의 폭을 나타내는 변수이다. 〈표 5-3〉는 조직특성과 하청연결망에 관한 변수들 간의 상관관계를 보여준다.

하청업체의 하청관계의 특성을 보여주는 변수들은 생산부품수, 거래조립업체수, 하청관계수, 업체별 거래전속도, 업체별 시장분산도이다. 생산부품수와 거래조립업체수는 각각 부품의 범위와 고객의 범위를 나타낸다. 하청업체의 입장에서 부품의 범위와 고객의 범위라는 측면에서 각각 두 가지 전략이 가능하다고 할 수 있다. 두 가지 모두 종합주의를 선택할 경우, 다양한 부품을 생산하면서 동시에 많은 수의 고객과 거래하는 경우이고, 반대로 두 가지 모두 전문주의를 선택할 경우, 특정 부품을 전문적으로 생산하고, 이를 특정업체에만 납품하는 경우이다. 두 변수간의 상관관계가 제시하는 것은 특정 부품을 전문적으로 생산하는 업체들은 소수의 업체와 거래할 가능성이 높다는 것이고, 반대로 다양한 부품을 생산하는 업체들은 다수의 업체와 거래할 가능성

표 5-3 조직특성, 연결망특성, 조직성과간 상관관계

변수명	조직 연령	종업원수	생산 부품수	거래조립 업체수	하청관계 수총합	업체별거래 전속도	업체별시장 분산도	98총매출 (대수값)
조직 연령	1.000							
종업원수	.168**	1.000						
생산 부품수	.298**	.455**	1.000					
거래조립 업체수	.312**	.448**	.346**	1.000				
하청관계 수총합	.219**	.228**	.182**	.467**	1.000			
업체별거래 전속도	−.216**	.010	−.020	−.432**	−.562**	1.000		
업체별시장 분산도	.115*	.222**	.011	.603**	.392**	−.339**	1.000	
98총매출 (대수값)	.196**	.813**	.462**	.408**	.167**	.043	.190**	1.000

주: * $p < 0.05$, ** $p < 0.01$

이 높다는 것이다.[9]

다른 변수들과의 관계를 보면, 조직이 오래 되고, 조직규모가 크고, 많은 수의 완성업체와 거래하고, 많은 하청관계를 가질수록, 많은 수의 부품을 생산하는, 즉 부품의 범위 면에서 종합주의를 실행하는 업체일 가능성이 높은 것으로 나타났다. 또한 조직이 오래 되고, 조직규모가 크고, 다양한 부품을 생산하고, 많은 수의 하청관계를 가질수록, 고객의 범위 면에서 종합주의를 실행하는 업체일 가능성이 높은 것으로 나타났다. 이외에 고객의 범위 면에서 종합주의를 실행하는 업체는 업체별 거래전속도가 낮은 것으로, 즉 거래하는 업체들간에 거래를 분산하는 것으로 나타났고, 동시에 시장분산도는 높은 것으로, 즉 시장 거래형을 지배적인 거래유형으로 택하는 것으로 나타났다.

다음으로 업체별 거래전속도와 업체별 시장분산도 역시 하청업체가 형성하는 하청연결망에 관한 전략과 그 특성을 보여준다. 먼저 업체별 거래전속도를 살펴보면, 특정 업체에 거래를 집중하는 업체들은 기업이 설립된 지 상대적으로 얼마 되지 않았고, 적은 수의 조립업체에 납품하고, 하청관계수도 적고, 위계적 거래유형에 가까운 것으로 나타났다. 하청관계에서 원청업체에 대한 하청업체의 의존관계는 하청업체에게 일방적으로 불리한 것으로 인식되어 왔고, 이러한 의존관계를 줄이는 것이 하청업체에게 최선의 전략인 것으로 제시되었다. 그러나 거래전속도를 단지 영세 기업이 처한 제약의 결과로 해석하지 않고, 기업의 적극적 전략의 결과로 해석할 수 있는 가능성을 조직이론들은 제시하고 있다. 특히 거래전속도를 기업간 사회적 자본의 정도라고 해석

9 부품의 범위와 고객의 범위에서 종합주의-종합주의, 전문주의-전문주의 유형 이외에, 부품은 다양하게 생산하면서 소수의 업체와 거래하는 종합주의-전문주의 유형의 업체들이 있고, 반대로 특정 부품을 전문적으로 생산하면서 다수의 업체와 거래하는 전문주의-종합주의 유형의 업체들이 있다. 앞으로 연구는 이러한 업체들이 종합주의-종합주의, 전문주의-전문주의 유형 업체들과 비교해서 어떤 경로를 거쳐서 이러한 유형을 나타내게 되었고, 이것이 그 업체들의 성과에 미치는 유형이 무엇인가, 그리고 이러한 세 가지 유형간에 진화적 발전 단계가 존재하는가를 분석하는 것이다.

할 경우, 이러한 해석이 가능하다. 최근 연결망 이론에 의하면, 기술적 · 재정적 · 조직적 자원이 풍부하지 않은, 창업한 지 얼마 되지 않은 신규 하청업체들은 이러한 제약을 보완하기 위해 기업간 사회적 자본을 극대화할 목적으로 특정 업체와의 관계에 기업 거래를 집중적으로 배태시키는 것으로 해석할 수 있다(Uzzi, 1996; 김우식, 2000). 즉 기업의 자원이 열등하고, 시장에서의 지위가 불안정한 기업에게 유리한 전략은 무조건 하청관계를 다변화하는 것이 아니라, 오히려 특정 업체에 거래를 집중함으로써 그 기업에게 신뢰, 협조의 의도를 보여주고, 이를 통해 기업간 사회적 자본을 형성함으로써 시장 거래가 가져오는 불안정성을 통제하는 것이다. 위의 결과를 자원의존이론 입장에서 해석하면, 창업 초기의 신생 업체들이 거래 완성업체에 대한 의존성의 부정적 영향을 최소화하기 위해 역설적으로 특정 기업과 하청관계를 집중적으로 개발하는 것이라고 해석할 수 있다.

업체별 시장분산도를 보면, 조직 연령이 높을수록, 조직규모가 클수록, 많은 수의 조립업체와 거래하며 다양한 하청관계를 가질수록, 거래하는 기업들간에 거래를 분산할수록, 위계적 거래형보다는 시장 거래형의 거래 관계를 가지는 것으로 나타났다. 이는 추가적인 사례 및 양적 연구로부터의 증거를 필요로 하지만, 기업 초기에 영세한 기술력과 조직 자원을 가진 단계에서는 기업 환경의 제약과 이에 대한 적응의 결과로서 특정 완성업체에 전속되어 납품하다가 기업이 성장하면서 네트워크 거래형이나 시장 거래형으로 거래 전략을 변화한 결과라고 해석할 수 있다.

끝으로 업체의 성과를 나타내는 1998년도 업체매출액의 대수값과 다른 변수들과의 상관관계를 살펴보면, 창업한 지 오래 되고, 다양한 부품을 생산하고, 다양한 완성업체에 납품하고, 시장 거래형에 가까운 거래관계에 참여할수록 매출액이 높은 것으로 나타났다. 이는 잠정적으로 하청업체들의 조직역량이 높아질수록 이를 바탕으로 특정업체에 집중적으로 거래하기보다는 다양한 완성업체에 납품하는 것으로 해석할 수 있다. 앞으로 정부와 자동차 업체들이 추진하고 있는 모듈화 전략이 성공한다면, 한국 자동차 부품산업에도 위계적 거래형보다는 네트워크 거래형이나 시장 거래형의 상대적 비중이 높아질 것으로 예상할 수 있다.

7. 결론

이 연구의 목적은 한국 자동차산업 하청연결망의 특성을 파악하고자 하는 것이다. 기존 연구들은 한국과 일본 자동차 하청연결망 구조를 각각 '분리된 피라미드형 구조'와 '중첩된 알프스형 구조'라고 묘사하였다. 이러한 연구는 거시적 관점에서 두 나라 자동차 하청산업의 구조를 파악하는 출발점을 제공하지만, 각 나라 하청산업 내에 존재하는 하청연결망의 다양성을 간과한다는 점에서 부족하다. 따라서 이 연구에서는 부품산업 전체의 거시적 구조를 이해하는 것을 넘어서서 부품별로 · 하청업체별로 연결망의 특성과 관련 요인들을 파악하고자 시도하였다.

부품 수준에서 하청연결망의 특성을 보기 위해 이 연구에서는 시장분산도에 따라 시장 거래형, 네트워크 거래형, 위계적 거래형으로 구분하였고, 각 유형의 특징과 이를 보여주는 부품의 거래연결망을 제시하였다. 전반적으로는 세 유형 중에 위계적 거래형에 가까운 부품들이 많은 것으로 나타났다. 이는 기존의 한국 자동차 부품산업의 '분리된 피라미드형 구조'에 대한 논의를 지지하는 것으로 볼 수 있다. 전체적으로 위계적 거래형에 해당하는 부품이 다수이지만, 부품별로 거래관계의 유형은 다양하게 나타난다. 부품 수준에서 나타나는 거래관계 유형의 차이를 설명하기 위해 부품별로 존재하는 부품시장의 경쟁 정도와 시장분산도의 상호관계를 분석한 결과, 부품에 대한 시장 경쟁이 치열할수록 거래관계의 유형은 위계적 거래형에 가까운 것으로 나타났다. 이에 대한 설명으로 자원의존이론적 시각과 연결망 이론의 시각에서 설명이 가능한데, 두 시각을 종합하면 하청업체들간에 경쟁이 치열할수록 완성업체는 하청업체들이 경쟁 완성업체가 아닌 자신들과 거래하도록 압력을 행사할 것이고, 동시에 하청업체들 역시 치열한 경쟁에 대응하는 전략으로 거래 안정화와 완성업체로부터의 지원을 위해 완성업체와의 기업 수준의 사회적 자본을 형성하고자 시도하고, 이 결과 특정 완성업체와의 위계적 거래관계가 형성되는 것으로 해석할 수 있다.

하청업체 수준에서 하청연결망의 특성은 다음과 같다. 첫째, 부품의 범위와 고객의 범위라는 측면에서 하청업체간 다양한 차이가 나타났으나, 전반적으로 종합주의보다는 전문주의에 가까운 것으로 나타났다. 즉 다수의 기업들이 소수의 부품만을 생산하고, 또한 소수의 완성업체와 거래하는 것으로 나타났고, 이는 다시 분리된 피라미드형 구조를 지지하는 것을 볼 수 있다. 둘째, 업체별 거래관계의 유형을 나타내는 업체별 시장분산도 역시 폭넓은 분포를 보이지만, 전반적으로는 위계적 거래형을 가진 업체들이 많은 것으로 나타났다. 이는 부품업체들이 다양한 완성업체들과 거래하기보다는 소수의 완성업체들과 거래한다는 것을 제시한다. 생산하는 부품수와 거래관계의 유형을 비교한 결과, 부품수가 많을수록 위계적 거래형에 가까운 것으로 나타난다. 이는 업체들이 소수의 부품을 특정 업체에 납품하는 것으로 시작하여 이를 바탕으로 부품의 유형을 확대하지만, 대부분 이런 업체들이 여전히 특정 완성업체와 거래하기 때문인 것이라는 잠정적인 해석을 할 수 있다.

끝으로 업체별 하청연결망 변수들과 다른 조직 관련 변수간 상관관계 분석 결과를 요약하면, 특정 부품을 전문적으로 생산하는 업체들은 소수의 완성업체와 거래할 가능성이 높고, 다양한 부품을 생산하는 업체들은 다수의 업체들과 거래할 가능성이 높다는 것이다. 업체별 거래전속도의 경우에는 창업한 지

얼마 되지 않고, 거래유형으로는 위계적 거래형에 가까울수록 특정 기업에 집중적으로 거래하는 것으로 나타났다. 이를 신생업체의 기업역량의 부족의 결과라고 해석할 수 있으나, 다른 가능성은 연결망 이론에서 제시하는 것처럼 열악한 기업 자원과 시장에서의 위치를 보완하기 위해서 기업간 사회적 자본을 향상시키려는 전략의 결과로 특정 업체와 집중 거래를 시도한다는 것이다. 업체별 시장분산도의 경우에는 조직 연령이 높고, 조직규모가 크고, 다양한 완성업체와 거래할수록 시장 거래형에 가까운 거래관계에 참여하는 것으로 나타났다.

이 연구를 바탕으로 앞으로 자동차 부품산업에 대한 중요한 연구 방향을 제시해 보면 다음과 같다. 첫째, 하청연결망의 특징을 보다 잘 이해하기 위해서는 표준화 가능성, 기술적 복잡성, 시장 규모와 같은 부품에 대한 분류가 이루어지고, 이러한 분류별로 하청연결망이 어떻게 다양하게 나타나는가를 분석하는 것이 중요하다. 둘째, 하청연결망의 특성을 설명하기 위해서 여기에서 제시한 설명들은 잠정적인 가설로서 이해되어야 하고, 이러한 가설을 검증을 하기 위해서는 완성업체와 하청업체 수준에서의 사례 분석을 통하여 구체적인 기업전략에 대한 분석을 하는 것이 중요하다. 셋째, 하청연결망의 특성과 기업 성과 간의 인과관계를 이해하기 위해서는 다양한 기업 성과 변수들을 측정하는 것이 필요하다. 끝으로, 연결망에 영향을 미치는 요인들과 그 결과를 만들어내는 인과적 동학을 보다 잘 이해하기 위해서는 일본이나 미국 같은 나라들에 대한 비교연구가 이루어져야 한다.

제 3 부
온라인 시장과 사회적 자본

3 온라인 시장과 사회적 자본

제 6 장

온라인 시장의 사회구조와 통제

1. 인터넷과 시장

이 연구는 시장에 대한 경제사회학적 접근을 사용하여 중고 오디오와 하이파이 상품을 거래하는 개인간 온라인 중고시장을 분석한다.[1] 여기에서는 개인간 온라인 중고시장을 온라인상에서 조직이나 기업의 중재 없이 개인간 직접 거래를 통해 중고상품을 판매 또는 구입하는 시장으로 한정한다. 다시 말해서 이 연구는 기업이 개인에게 상품을 판매하는 B2C 온라인 시장이나, 제3자 조직에 의해 거래가 중재되는 'eBay' 나 '옥션' 과 같은 시장은 분석에서 제외한다.

1 | 시장에 대한 경제사회학적 접근을 보여주는 연구들로는 한국사회학회(2000) 참조.

시장에 대한 기존의 경제사회학적 연구는 주식시장, 노동시장, 자동차 부품 시장과 같이 전통적인 시장들을 다루었다. 이 연구는 새로운 유형의 시장으로서 개인간 온라인 시장을 연구하고자 한다.

그렇다면 왜 개인간 온라인 시장이 중요한가? 첫째, 온라인 상거래에 대한 기존 연구들은 대부분 기업이나 조직을 중심으로 이루어져왔고, 개인간 상거래에 대한 연구는 상대적으로 부재하다. 또한 기존 연구들은 온라인 시장의 거래를 직접 분석하기보다는 온라인 시장의 기술적 특성이나 사회적 영향에 대한 논의를 전개하였다. 이 연구는 거래 행위자간의 실제 거래를 바탕으로 온라인 시장에 대한 구체적이고 경험적인 분석을 제공할 것이다.

둘째, 개인간 온라인 상거래는 꾸준하게 증가하고 있다. 그 중에서도 최근 우리 사회에서 급증하고 있는 유형은 개인간 경매와 개인간 중고물품 판매이다. 거래되는 물품도 오디오 등과 같은 전자제품, 책, 자동차, 의료기기 등 급속하게 그 범위와 수가 확대되고 있고, 거래되는 가격도 몇 천 원에서 수억 원에 이르고 있다. 이에 따라 중고물품 거래 사이트를 설립, 운영하는 대기업들도 늘고 있다("e세상에도 중고장터." 문화일보. 2002년 2월 16일자). 셋째, 시장의 형성과 발전을 이해하는 것은 경제사회학의 중요한 주제이지만, 실제 거래 자료를 가지고 시장의 전개 과정을 분석하는 것은 자료 면에서 매우 어려운 일이었다. 그러나 온라인 시장은 상대적으로 그 역사가 짧고, 거래 내역이 모두 기록되어 있기 때문에, 사회구조로서 시장이 어떻게 발전해 왔는가를 경험적으로 연구할 수 있는 귀중한 기회를 제공한다.

끝으로, 최근 시장에 대한 경제사회학적 연구에서 중요한 주제는 경제적 교환의 사회적 배태성(social embeddedness)이다. 여기서 사회적 배태성이란 거래 참여자들이 사회적 진공상태, 즉 전혀 모르는 타인들이 매번 새롭게 만나서 가격에 의해서 거래를 결정하는 것이 아니라, 이미 사회적 관계를 맺고 있는 사람들과 거래하거나, 반복적으로 같은 행위자들과 거래함으로써 거래

관계를 단순한 교환 관계 이상의 사회적 관계로 전환시킨다는 것이다. 참여자들은 사회적 관계로부터 발생하는 지위, 평판, 명예, 책임, 결속을 통해 거래에 관해 유리한 정보를 얻거나, 상대방이 거래에서 속일 가능성을 억제한다는 것이다(DiMaggio and Louch, 1998; Frenzen and Davis, 1990; Kollock, 1994; Podolny, 1993).

대면적(對面的) 거래가 어렵고, 익명성과 중재하는 조직이 없고, 상품의 품질과 가격이 표준화되기 어려운 개인간 온라인 중고시장에서 판매자와 구매자 간 신뢰의 문제는 더 심각할 수 있다. 따라서 경제영역에서 참여자들이 속일 가능성이 큰 상황에서 신뢰의 문제를 어떻게 접근하고, 특히 참여자들간 사회적 관계와 상호작용이 어떻게 거래를 가능하도록 하는가라는 주제를 분석하기에 개인간 온라인 시장은 이상적인 기회를 제공한다.

이 연구의 초점은 거래 불확실성을 줄이기 위해 참여자들이 어떻게 대응하고 있고, 그런 대응방식이 거래 성과에 어떤 영향을 미치는가를 분석하는 것이다. 이를 위해 이 글은 크게 두 부분으로 전개될 것이다. 전반부에서는 기존 시장과 구별되는 온라인 시장의 특성을 정리하고, 후반부에서는 온라인 중고시장에 대한 경험적 분석을 통해 불확실성에 대한 전략과 거래에 대한 성과를 분석할 것이다.

2. 온라인 시장의 특성과 경제사회학적 연구

최근 중요한 경제거래의 유형으로 등장하고 있는 온라인 시장은 가상공간 내에서 이루어진다. 가상공간, 인터넷, 온라인 시장은 단순한 유행이 아니다. 1990년대 본격적으로 시작한 인터넷과 관련된 현상은 급속하게 확대되고 있고, 전자상거래나 가상공간에서의 경제행위는 이제 전통적인 경제행위와 시장에 대한 실질적인 대안으로까지 논의되고 있다(Shapiro and Varian, 1999; Tapscott, 1996).[2]

가상공간을 컴퓨터 네트워크 상에서 이루어지는 공간이라고 정의할 때, 가상공간에서 이루어지는 온라인 상거래는 시공간의 물리적 공간에서 이루어지는 기존 상거래와 다음과 같은 차이점이 있다. 첫째, 시공간의 제약을 벗어나서 거래가 가능하다. 둘째, 거래가 일-대-일뿐 아니라, 일-대-다, 다-대-다 방식으로 이루어질 수 있다. 셋째, 거래하고자 하는 재화나 서비스에 대한 정보가 기존 상거래에 비해 상대적으로 쉽게 전파되고 획득될 수 있다. 만일 정보기술의 발전과 보편적인 확산이 이루어지다면 수많은 개인들이 시간, 장소의 제한없이 자신이 사거나 팔기를 원하는 상품에 대한 정보를 손쉽게 구할 수 있고 전 세계 사람들을 대상으로 거래할 수 있다는 점에서 온라인 시장이 고전경제학적 시장에 가깝게 접근했다고 할 수 있다.

그러나 온라인 시장의 상거래는 기존 상거래와 구별되는 제한점을 가지고 있다. 첫째, 기존 상거래가 실명성(實名性)의 공간이라면 온라인 시장에서는 익명성(匿名性)이 가능하다. 거래가 이루어지기 위해서는 거래 당사자들에 관한 정보(예를 들어 전화번호, 계좌번호, 주민등록번호, 주소)가 필요하지만, 거래 당사자를 검색하는 시점에서 개인들의 경우 익명을 사용하는 경우가 흔하다.

둘째, 온라인 상거래의 중요한 특징은 상품이나 서비스의 구입과 이를 취득하는 것 사이의 시간 간격이다. 전통적인 상거래에서는 구매자가 상품의 값을 지불하면, 지불과 거의 동시에 상품을 제공받는다. 그러나 온라인 상의 거래는 지불과 상품 취득 사이에 시간차가 있다. 특히 가상공간의 익명성을 고려하면, 개인 소비자간 온라인 거래에서 거래 참여자의 기회주의적 행동 가능성이 매우 커지게 된다. 예를 들면, 동의한 가격에 따라 돈을 받고 판매자가

2 | 대표적인 온라인 경매 사이트인 '옥션'은 최근 거래 성사 금액이 1,000억을 넘었다고 발표했으며, 회사 자료에 의하면 2002년 2/4분기 회원 수는 517만 명이다.

상품이나 서비스를 제공하지 않는 경우이다. 혹은 상품이나 서비스를 제공하지만, 거래 성립시 약속했던 상품이나 서비스의 품질과 다른 경우이다. 구매자의 경우는 상품이나 서비스를 먼저 제공받고 가격을 지불하지 않는 경우이다. 따라서 온라인 상거래에서 판매자와 구매자는 모두 기회주의적 행동을 하거나, 이로 인한 피해를 볼 가능성이 있다.

참여자 간 신뢰 문제는 거래 성립 자체에 영향을 미친다. 그렇다면 어떤 유형의 시장보다 기회주의적 행동의 가능성이 큰 온라인 시장은 왜 그 규모가 계속 증가하고 있는가? 이에 대한 이 연구의 전제는 온라인 시장이 참여자들에게 기회주의적 행동에 대한 부분적인 방안들을 제시하고 있다는 것이다. 온라인 시장은 기회주의적 행동과 이로 인한 시장의 불확실성에 대해 어떤 방안을 제공하고 있는가? 기존의 경제사회학적 접근에서 제시하고 있는 방안은 다음과 같이 크게 두 가지로 정리할 수 있다.

1) 조직적, 제도적 방안

시장 불확실성에 대한 첫 번째 유형의 방안은 조직적, 제도적 차원의 방안들이다. 뒤르켐(Durkheim, 1964[1933])이 현대사회에서 유기적 결속을 위해서 국가의 역할을 강조한 것처럼, 제도주의학파가 정보 불확실성 하에서 거래비용을 낮추기 위해서 제도가 발생한다고 논의하는 것처럼, 정보공간에서도 신뢰를 형성하기 위한 다양한 제도들이 나오고 있다. 대표적인 예는 ①정부가 운영하는 전자상거래위원회처럼 전자상거래에 관한 법규를 만들고 위반사항을 감시하고 제재하는 조직을 통한 방법과 ②사이트를 운영하는 조직이 거래를 중재하는 것이다.

조직을 통한 중재방안으로 온라인 시장에서 사용되는 대표적인 방안은 미완날인증서 계좌 혹은 '에스크로(escrow)' 이다. 에스크로란 '매매당사자간의 합의에 의하여 재산의 매각인은 금전·유가증권·부동산 등의 재산을, 재산의 매수인은 매매대금을 각각 은행신탁계정에 예탁하고 어떤 일정 정지조건의 성취에 의해 신탁회사가 미리 정해진 매수인에게 재산을 인도함과 동시에 매각인에게 대금을 인도하는 업무'를 말한다. 온라인 경매의 경우 상품의 양도 이전에 중재자가 판매자로부터 미리 받아서 상품을 확인한 후 구매자에게 통보하고, 다시 구매자로부터 입금을 확인한 후 상품을 구매자에게 운송하는 방식이다. 중재자 역할을 하는 사이트 혹은 기업은 중재 역할에 대해 일정한 수수료를 받는다. 이런 제도적 장치들은 감시나 처벌의 비용으로 인해서 기회주의적 행동을 없애지 못하거나, 혹은 거래 행위자들로부터 추가 비용을 지불하도록 한다. 이에 따라 시장 참여자들은 대안을 모색하게 된다.

2) 참여자들의 평판과 사회적 지위

시장 불확실성에 대한 둘째 방안은 시장 참여자들이 거래 대상자를 선택할 때 그들의 신뢰 가능성에 대한 평판이나 시장내 사회적 지위(status)를 활용하는 것이다. 전통적인 벼룩시장, 자본시장, 소비재시장과 같이 다양한 오프라인 시장에 대한 기존 경제사회학적 연구들은 시장 불확실성을 줄이기 위한 방법으로 참여자들이 같은 사람들과 반복적으로 거래하고, 사회적 관계로 이미 알고 있는 사람들과 거래하며, 사회적 평판과 지위에 따라 거래대상자를 선택한다고 논의했다(Geertz, 1978; Kollock and O'Brien, 1992; Frenzen and Davis, 1990; Podolny, 1993; DiMaggio and Louch, 1998; Uzzi, 1999). 즉 경제사회학적 연구들은 시장 불확실성을 줄이기 위해 경제적 교환이 '사회적' 관계에 배태되어 나타난다는 것이다. 온라인 시장에 대한 최근 경제사회학적 연구들 역시 'eBay'와 같은 온라인 경매시장에서 사회적 요인, 특히 거래자들의 사회적 평판이 어떻게 거래 성과에 영향을 미치는가에 주목한다.

콜록(Kollock, 1999)은 온라인 시장과 신뢰에 대한 그의 글에서 온라인 시장의 가장 중요한 문제가 기회주의적 행동이라고 논의하였다. 이러한 기회주의적 행동을 막고 거래 행위자간의 신뢰를 향상시키기 위한 방안으로, 콜록은 긍정적인 평판(reputation)과 부정적인 평판을 제안한다. 즉 온라인 시장은 인터넷이라는 기술적 매체의 특성이 제공하는 적은 정보 분배비용을 활용하여 신뢰할 수 있는 거래 행위자들과 신뢰할 수 없는 거래 행위자들에 대한 정보를 퍼뜨림으로써 기회주의적 행동을 억제하고 시장 전체의 사회적 자본과 신뢰의 수준을 향상시킬 수 있다는 것이다. 콜록에 의하면, eBay와 같이 조직화된 온라인 경매 시장에서 사용하는 거래자의 '신용점수(credit point)' 역시 이처럼 평판을 활용하여 시장의 신뢰 수준을 향상시키고 이를 통해 시장 자체가 활성화되는 방안이다. 그러나 콜록의 연구는 이론적 논의에 그치고, 구체적인 경험적 자료를 분석하지 않는다.

스탠디퍼드(Standifird, 2001)의 연구는 온라인 시장에서 사회적 평판이 거래 결과에 어떻게 영향을 미치는가를 경험적으로 보여준다. 그는 eBay의 거래 행위자들이 거래의 결과에 따라 축적하게 되는 긍정적 평판 점수와 부정적 평판 점수가 그들이 참여하는 거래 결과, 구체적으로는 거래 가격에 미치는 영향을 분석하였다. 연구 결과에 의하면, 두 유형의 평판 점수가 예상처럼 거래 결과에 영향을 미치지만, 긍정적인 평판이 동일한 품목의 거래 가격을 높이는 것보다 부정적인 평판이 거래 가격을 낮추는 영향이 더 큰 것으로 나타났다. 스탠디퍼드는 왜 부정적인 평판이 긍정적인 평판에 비해서 영향이 큰가를 설명하지 않지만, 기회주의적 행동의 가능성이 높은 유형의 시장에서 거래자들이 위험회피(risk aversion) 성향이 작용하기 때문인 것으로 설명할 수 있다. 스탠디퍼드의 연구는 온라인 시장과 평판의 관계를 경험적으로 연구했다는 점에서 중요한 시도라고 할 수 있다. 그러나 그의 연구는 가격 비교를 위해서 한 가지 동일한 품목만을 분석하였기 때문에 상품의 특성에 따른 비교를 하지 못한다. 또한 신용점수라는 단일 항목으로 사회적 관계가 거래에 미치는 영향을 분석하고 있다.

위의 두 가지 연구들은 온라인 시장에서 참여자 간 평판과 같은 사회적 관계의 특성이 거래 성과에 어떤 영향을 미치는가를 분석했다는 점에서 온라인 시장의 불확실성과 그 영향을 이해하는데 중요한 방향을 제시한다. 그러나 이 연구들은 다음과 같은 제한점을 가지고 있다. 첫째, 이 연구들은 온라인 시장에 대한 경험적인 분석을 결여하거나 시장에서 나타나는 사회적 요인들을 지나치게 단순한 하나의 지표로 분석하고 있다. 따라서 참여자들의 사회적 관계와 상호작용에 대한 다양한 지표와 이들이 시장과 참여자들에게 어떻게 영향을 미치는가에 대한 경험적 연구가 필요하다.

둘째, 이 연구들이 분석하는 'eBay' 는 기업이 수수료를 받고 개인간 거래를 감시, 중재, 규제하고, 개인의 평판 혹은 신용점수를 제공하고 관리하고 있다. 이런 점에서 이 연구들이 분석하고 있는 시장은 시장의 불확실성이 이미 제도적으로 관리되고 있는 형태이다.

이에 반해서 본 연구에서 분석하는 개인간 온라인 중고시장은 거래를 감시, 규제하는 조직이 없다. 해당 사이트를 제공하는 조직은 단지 직거래의 장소로서 사이트 게시판을 제공하고, 거래에서 발생할 수 있는 사기나 분쟁에 대해서는 전적으로 거래 당사자들의 책임이다.이 시장에서는 제조된 지 10년 이상이 된 오디오나 비주얼기기가 흔하게 거래되는데, 신품을 다루는 시장에서는 유통되고 있지 않는 경우가 대부분이기 때문에 가격에 대한 객관적인 기준이 없고, 성능 면에서도 상품별 차이가 크다. 특히 오디오기기는 상품의 부품, 스타일, 메이커에 대한 유행이 빠르게 변하고 이에 따라 중고시장에서 상품의 수요와 가격이 변하기 때문에 구매자 입장에서 불확실성이 크다고 할 수 있다. 요약하면, ① 제도적 보호 장치가 상대적으로 부재하고, ② 상품의 성능, 품질, 상태, 그리고 가격 면에서 동일 모델이라도 개별 상품간 차이가 크고, ③ 거래 행위자에 대한 제한적인 정보가 존재하는 개인간 온라인 중고시장은 상대적으로 불확실성 문제가 큰 시장의 유형이라고 할 수 있다.

그렇다면 온라인 중고시장은 어떻게 운영되고 있고, 시장 참여자들은 불확실성의 문제에 어떻게 대응하는가? 또한 그런 대응방안들은 거래 성과에 어떤 영향을 미치는가? 이 연구에서는 거래 참여자가 거래하기 위해 사용하는 게시판에서의 판매 메시지의 내용과 메시지에 대한 응답글을 분석하고, 이 자료를 바탕으로 거래 참여자들이 ① 판매자와 상품에 대한 정보와 ② 거래 참여자 간 사회적 상호작용을 통해 거래 불확실성을 줄이고 그것이 거래 성과에 미치는 영향을 분석한다.

3. 분석대상과 자료

1) 분석대상: W닷컴

개인간 온라인 중고시장에 대한 사례로 이 연구는 개인들이 중고 AV(오디오와 비주얼)기기를 온라인상에서 거래하는 'W닷컴'을 분석한다. W닷컴은 AV기기 관련 전문 쇼핑몰 사이트이다. 2001년말 월평균 매출액이 6~7억 정도 수준이다.

이 연구가 분석하는 것은 이 사이트의 쇼핑몰이 아니라, 이 사이트가 2000년 12월부터 제공해온 개인간 온라인 중고시장이다. 이 사이트를 제공하는 기업은 개인간 온라인 중고시장을 감독하거나 규제하지 않고 거래할 수 있는 인터넷 게시판과 거래자 아이디(id) 등록을 제공한다. 거래에 관련된 것들은 거래 행위자들의 자율에 맡겨진다. 공식적인 규칙으로 경매를 금지하거나 다른 사람에 대한 인신공격이나 비방, 거래와 관련없는 메시지를 올리지 못하는 것으로 정해져 있지만, W닷컴을 운영하는 기업은 이러한 사항들의 위반을 공식적으로 감시하고 처벌하지 않는다. 만일 시장과 관련해서 규칙 혹은 규범을 위반할 경우 이에 대한 감시와 제재는 전적으로 거래참여자들에 의해 자발적으로, 그리고 게시판을 통한 공개 비판과 이름 지명 등의 '사회적' 제재로 이루어진다.

이 중고시장에서는 앰프, 스피커, CD플레이어, TV, 프로젝터와 같은 AV기기들이 거래된다. 개인 소비자들이 중고 AV기기를 온라인에서 거래하는 사이트가 W닷컴만 있는 것은 아니지만, W닷컴은 거래 규모 면에서 중고 AV기기 시장 중에서 가장 큰 시장을 형성하고 있을 뿐 아니라, 개인간 온라인 중고시장 중에서 가장 큰 규모의 시장들 중 하나이다. 실명을 사용하기로 의무화된 2002년 4월부터 2002년 8월말 현재 판매장터 게시판에는 97,412건의 거래메시지가 올라와 있다.

2) 분석자료

W닷컴은 크게 판매장터, 구매장터, 벼룩시장, W장터로 나누어져 있는데, 이 연구에서 분석의 대상은 판매장터이고, 이 연구의 분석 자료는 판매장터에 나와 있는 거래 자료이다.

거래를 위해 판매장터에 게시되는 메시지에 포함되는 것들은 일반적으로 거래자, 거래상품, 상품의 가격, 거래방식(직거래 · 택배), 상품에 대한 기술적 설명, 판매자의 전화번호, 상품 사진, 최종 거래 성공 여부와 결과(가격), 거래에 대한 글을 남긴 사람의 이름과 글 내용을 가지고 있다. 이 중에서 판매자와 상품 이외에 가격에서 상품 사진에 이르는 항목들은 판매자의 결정에 따라 포함될 수 있거나, 그렇지 않을 수 있다. 메시지의 구성 내용은 판매자 입장에서 성공적인 거래를 위해 전략적 결정 대상이라고 할 수 있다.

이 연구의 분석에 사용될 거래 자료수집 기간은 2002년 9월 30일에서 2002년 10월 24일에 걸친 3주간의 자료를 분석한다. 3주가 상대적으로 짧은 기간이라고 할 수 있지만, 이 기간 동안에도 2,000여 개에 가까운 거래가 시도되었고, 실제로 이루어진 거래에 참여한 판매자와 구매자들도 1,000명이 넘었다. 또한 이 시장에서 판매되는 상품은 인터넷 게시판 형태로 최근 상품부터 검색되기 때문에, 3주 정도는 한 상품이 시장에 나와서 거래 대상으로 주목받는 기간이라고 할 수 있다. 자료 획득이 가능한 시장 발생 초기에서부터 2002년 현재에 이르는 기간을 모두 포함하는 것이 시장의 변화를 분석하기 위해서 이상적이지만, 현재 연구 단계에서 분석의 초점은 시장의 진화보다는 시장의 특성과 거래 성과에 관한 요인들이기 때문에 3주간을 연구 대상 기간으로 설정하였다.

4. 거래 관련 기초 통계

다음에 나오는 분석결과는 2002년 9월 30일에서 10월 6일까지 일주일간의 거래 자료와 2002년 9월 30일에서 10월 24일까지 기간의 거래 자료로 나누어 분석한다. 이렇게 구분한 이유는 시간상의 변화에 따라 분석 항목의 결과가 어떻게 변화하는지 비교해서 보여주기 위한 것이다. 거래에 대한 자료는 다음과 같다.

다음 표가 보여주는 것은 이 온라인 시장의 거래가 활발하다는 것이다. 일주일 동안 판매를 위해 올리는 메시지수가 610개, 하루 평균 87개의 메시지가 올라온다. 실제 올라오는 메시지 수는 이것보다 더 많지만, 판매와 상관없는 것이거나 무료로 제공하는 메시지 등은 제외하고 순수하게 판매를 목적으로

표 6-1 거래관련 기초통계

기간	거래 메시지수	거래성공 메시지수	판매자수	성공 판매자수	성공거래 참여자수	구매자수	판매 상품수	성공거래 상품수
9월30일 ~10월6일	610	323	583	257	392	229	513	446
9월30일 ~10월24일	1,953	1,358	992	562	1,068	668	2,778	1,974

하는 메시지만을 자료 분석에 포함하였다. 그러나 판매에 해당하지 않는 메시지 수는 극히 적다.

일주일 중에서 요일별로 거래메시지수가 올라오는 수가 다르게 나타나는데, 가장 많은 거래메시지가 만들어지는 요일은 금요일부터 일요일까지이고, 상대적으로 주중으로 갈수록 메시지 수가 줄어든다. 약 3주간에 걸친 기간 동안의 총 메시지 수는 약 2,000개에 가까우며, 이는 일주일 평균 600여 개의 판매시도가 이루어진다는 것을 알 수 있다.

다음으로 거래 성공 메시지 수는 전체 메시지들 중에서 메시지 내에 포함된 상품들 중 최소한 한 개 이상 판매에 성공한 메시지 수를 나타낸다. 다시 말해서 한 메시지에서 3개의 상품들이 판매를 위해 게시된 경우 최소한 한 개의 상품이 최종적으로 판매될 경우 이는 거래에 성공한 메시지이다. 실패한 경우는 한 개도 판매하지 못한 경우이다. 〈표 6-1〉에서 나타나는 것은 9월 30일에서 10월 6일 일주일 동안 전체 메시지 610개 중 323개, 약 52.95%의 메시지가 판매에 성공했으며, 9월 30일에서 10월 24일 기간동안 전체 메시지 1,953개 중 1,358개, 약 69.53%가 판매에 성공한 것으로 나타난다.

일주일 기간 동안 판매자 수는 583명으로 매우 많은데, 이는 본 연구의 분석 대상인 온라인 시장이 소수의 사람들에 의해 독점되는 것이 아니라 상대적으로 다수가 참여하고 있다는 것을 나타낸다.

표 6-2 판매자별 거래자료(9월 30일~10월 24일)

	평균	최대값	최소값
총거래수	2.00	29	1
성공거래수	1.00	28	0
총판매상품수	3.00	54	0
판매성공확률	0.72	1	0

9월 30일에서 10월 24일 동안에 메시지별로 집계한 자료에 의하면 총 1,953개의 메시지들에서 메시지 당 평균 거래상품수는 1.43개로 나타났다. 첫 주와 3주간 판매상품수는 각각 513개와 2,778개로 나타났다. 〈표 6-2〉는 판매자 수준에서 집계한 자료를 나타낸다.

이 표에 나타난 판매자별 평균 판매 상품수는 3개이다. 또한 판매자는 평균 2개의 거래를 시도하고, 이중에서 실제 성공하는 것은 평균 1개의 거래인 것으로 나타났다. 분석대상인 시장이 전문적인 AV나 하이파이 판매업자들이 아니라 자신이 가지고 있던 기기들을 거래하는 아마추어라는 것을 고려하면, 약 3주 정도의 기간에 상대적으로 많은 수의 상품을 거래하고 판매에 성공하고 있다.

이렇게 참여하는 거래횟수와 상품수가 많은 것은 이 시장에 참여하는 사람들의 기기 소유 패턴을 알면 이해가 더 쉽다. 이들은 한 번 상품을 구입하면 시장에서 벗어나는 것이 아니라 짧은 시간 동안 기기를 듣고 비슷한 가격대나 약간 높거나 낮은 가격대의 상품을 구하기 위해 다시 이 온라인 시장에 내놓는다. 참가자들은 기기 보유 기간을 자신에게 맞는 기기를 찾기 위한 '학습기간' 이라고 부르고, 만족하는 기기를 구할 때까지 개인에 따라 짧게는 2~3일에서 1년 정도까지 기기를 보유하다가 이 기기를 판매하고 다른 기기를 구매하는 것을 반복한다.

기기 판매시 비공식적인 규범은 자신이 구매한 가격에서 1%에서 2% 정도 낮추어 판매하는 것이다. 거래자와 가격이 자료로 남고 참여자들이 이 자료를 쉽게 검색할 수 있기 때문에, 가격을 높여 팔 경우에 다수의 사람들이 집중적으로 비난하는 글을 통해 판매자에게 제재를 가하고, 드문 경우에는 거래 참여를 금지하고자 하는 경우도 발생한다. 이러한 반복적인 판매와 구매 패턴과 공정한 가격에 대한 사회적 규범과 제재는 개인별 거래횟수를 늘리고 동일 상품 가격의 하향 안정화 경향을 나타낸다. 다시 말해서 이 온라인 시장에서 거래 참여자들의 소비 패턴, 시장의 거래 패턴, 상품의 가격은 분리된 것이 아니라, 서로 상호작용한다.

판매자와 구매자의 비율은 일주일 동안에는 약 2대 1 정도이고, 3주간에는 약 1.5대 1의 비율로 전체적으로 판매자의 비율이 높다. 일주일 동안의 판매자 452명 중에서 실제로 판매에 성공하는 사람은 257명이며, 이 기간동안 513개의 상품이 시장에 나오고 이 중에서 446개의 상품이 팔렸다. 3주 기간 동안 판매자 992명 중에서 562명이 판매에 성공하고, 총 2,778개의 상품이 시장에 나오고 이 중에서 1,974개의 상품이 팔렸다. 즉 일주일동안 판매자의 57%가 판매에 성공하고, 시장에 나온 상품 중 87%가 판매된다. 3주 동안에 판매자의 57%가 판매에 성공하고,시장에 상품 중 71%가 판매된다.

5. 주요 변수와 가설들

이 연구에서 종속변수는 거래 성과이고 독립변수들은 거래 성과에 미치는 요인들이다. 거래 성과를 분석하기 위해서 분석단위는 판매를 올리는 개별 메시지이다. 이를 위하여 9월 30일에서 10월 24일 기간 동안 시도된 총 1,953개의 메시지가 분석 대상이 된다. 결측값 4개 사례를 제외한 실제 분석 사례는 총 1,949이다. 다음에서는 거래 성공(판매성공 = 1, 판매실패 = 0)을 종속변수로 하고, 거래 성공에 대한 로지스틱 회귀분석 결과에 포함되는 변수들을 제시한다.[3]

1) 종속변수: 거래 성공

판매가 성공했는가에 대한 기준은 메시지에 포함된 상품이 한 개라도 팔린 경우 판매된 것으로 나타낸다. 위에서 이미 거래 성과에 관련된 요인들을 설명했기 때문에, 여기에서는 처음 등장하는 변수에 대해서는 간략히 설명하고, 그 외에는 변수별 가설을 제시하는 것으로 한다.

종속변수인 메시지의 거래 성공은 메시지에 포함된 상품들 중 최소한 1개의 상품이라도 최종적으로 판매된 경우 성공, 즉 1로 처리되고, 한 개의 상품도 팔리지 않은 경우 실패, 즉 0으로 처리된다.

2) 독립변수

상품과 거래대상자에 대한 정보가 불확실한 온라인 중고시장에서 신뢰의

3 | 판매되는 상품의 가격이 판매 성공에 영향을 미칠 수 있지만, 다음 두 가지 이유에서 분석 결과에서 제외되었다. 첫째, 판매하는 메시지를 작성할 경우 가격을 정하지 않는 경우가 있다. 이는 경매성 판매를 반대하는 비공식적 규칙에 의해 비판받지만, 최근 거래된 적이 없는 오래된 중고기기의 경우 시장 참여자들의 '가격지도'를 요청하는 경우에 시도된다. 문제는 분석대상인 1,953개의 메시지들 중에서 395개(전체의 20.2%)가 가격이 제시되지 않은 메시지이다. 따라서 가격 변수를 포함할 경우 20% 정도의 사례들이 분석에서 제외된다. 둘째, 가격을 포함시키고 분석한 결과는 가격을 제외했을 때 관찰된 최종 분석결과와 주요 독립변수들과 종속변수의 관계라는 측면에서 전체적으로 큰 차이가 없게 나타났다. 가격 변수를 포함한 분석결과는 분량 면에서 이 글에서 제외되었지만, 요청 시 제공될 것이다.

문제는 거래 성립과 결과에 중요한 영향을 미친다. 극단적인 불확실성은 거래 성립 자체를 어렵게 만들 수 있다. 이에 따라 시장 참여자는 불확실성을 줄이고 성공적인 거래를 하기 위해 다양한 전략을 개발한다. 본 연구에서는 이러한 전략을 크게 세 가지, ①거래방식, 즉 직거래와 택배방식에 대한 선택, ②거래메시지를 통한 판매자와 상품에 대한 정보 전달, ③판매자와 다른 참여자 간 게시판의 응답글을 통한 사회적 상호작용으로 나누고, 각 요인들이 거래 성과에 어떤 영향을 미치는가를 분석한다. 다음에서는 이런 세 가지 유형의 변수들 이외에 거래 성과에 대한 분석에 포함된 변수들을 설명하고 관련 가설을 제시한다.

(1) 상품수

첫 번째 변수는 상품수이다. 상품수는 한 개의 판매 메시지에 포함된 상품들의 수를 나타낸다. 이에 대한 가설은 다음과 같다.

가설 1: 메시지에 포함된 상품수가 많을수록 거래 성공 가능성이 높다.

이는 첫째, 메시지의 거래 성공 기준이 메시지에 포함된 상품이 한 개라도 팔린 경우이기 때문에 많은 상품을 포함할수록 성공한 메시지가 될 가능성이 높기 때문이고, 둘째 구입자들은 흔히 스피커와 함께 스피커 선, 혹은 앰프와 CD플레이어 등을 한꺼번에 구매하기 원하기 때문에 많은 상품들을 포함할 경우 그 중 한 개의 인기 있는 상품으로 인하여 다른 상품들도 판매될 가능성이 높기 때문이다.

(2) 거래방식

먼저 거래방식을 살펴보면, 이 연구의 대상인 온라인 시장의 거래방식은 직거래와 택배로 나누어진다. 판매자는 판매 메시지를 작성할 때 거래유형으로 판매와 교환 중 하나를 선택하고, 거주지역, 그리고 거래방식으로 직거래와 택배 중에서 선택하여 정보를 작성하도록 되어 있다. 직거래는 판매자와 구매자가 직접 만나서 기기를 테스트해보고 그 결과에 따라 구매하는 것이고, 택배의 경우는 판매자와 구매자가 거래메시지, 이메일, 전화 등으로 거래상품과 가격에 대해 협상하고 그 결과에 따라 거래하는 것이다.

직거래의 장점은 거래 참여자들이 직접 만나서 거래함으로써 거래 대상자와 상품을 확인할 수 있다는 것이다. 구매자의 입장에서 흔히 10년 이상 사용한 상품을 거래하는 중고시장에서 상품의 외관과 성능을 최소한의 수준에서 확인할 수 있고, 판매자의 입장에서 현금 거래가 가능하다는 점에서 불확실성을 줄일 수 있는 거래 방식이다.

이러한 직거래의 장점에도 불구하고, 단점은 판매자 입장에서 많은 거래 대상자를 확보하기 어려울 수 있고, 구매자 입장에서 원하는 물건을 좋은 가격으로 신속하게 구하기 어렵다는 것이다. 판매자나 구매자가 지방에 거주할 경우 대부분의 거래자가 수도권 지역에 거주하고 있기 때문에 직거래를 할 수 있는 거래 대상자를 찾기 어려울 가능성이 크다. 또한 직거래는 속성상 판매자나 구매자가 물건을 직접 배달하거나 물건이 있는 장소로 이동해야 하는 불편함이 있다.

택배의 가장 큰 장점은 거주 지역에 상관없이 거래 대상자를 찾을 수 있기 때문에 잠재적인 거래대상자의 범위를 확대하여 신속한 거래를 가능하게 한다는 것이다. 반면에 택배의 단점은 상품의 인도와 지불 시기 간 시간 간격과 중고상품의 불확실한 품질로 인해 상대방의 기회주의적 행동에 의한 손실 가능성이 크고, 의도적인 경우가 아니더라도 거래 종료 이후 상품의 문제 발생 시 책임 및 보상 문제가 쉽게 해결될 수 없다는 것이다.

결과적으로 거래대상자들은 가격, 사용기간, 희소성 등과 같은 상품의 특성, 거주지역, 거래 대상자에 대한 신뢰 정도와 같은 요인들에 의해 거래방식을 결정할 것이다. 이러한 요인들 중에서도 판매자나 구매자의 입장에서 신뢰의 문제가 심각할수록 택배보다는 직거래를 선호할 가능성이 높다.

거래방식의 영향은 두 가지 상반된 설명이 가능하다. 첫째, 직거래는 상품을 실제로 제한적으로 테스트해보고 거래하기 때문에 거래 관련 불확실성을 줄일 수 있는 가장 효과적인 방법이다. 둘째, 직거래는 다른 지역에 있는 사람 간에 성립하기 어렵기 때문에 잠재적인 거래 대상자들의 범위를 줄이고, 이에 따라 거래 성공 가능성을 낮출 수 있다. 상반되는 두 가지 가능성에 따라 두 개의 가설이 가능하다.

가설 2a: 직거래방식은 상품과 판매자에 대한 불확실성을 줄이기 때문에 직거래 방식을 택한 메시지는 거래 성공 가능성이 높다.

가설 2b: 직거래방식은 가능한 거래 대상자의 범위를 줄이기 때문에 직거래방식을 택한 메시지는 거래 성공 가능성이 낮다.

(3) 판매자/상품 정보

다음 6개의 변수들은 공통적으로 판매자와 상품에 대한 불확실성을 줄여 줄 수 있는 정보를 제공한다.

① 판매자아이콘 사용

거래에 대한 시공간의 제약이 약하고, 동일하거나 대체 가능한 상품들과 제시하는 가격에 대한 정보가 쉽게 검색될 수 있는 온라인 시장은 판매자간 경쟁의 정도를 높인다. 기존의 오프라인 시장에서는 시공간의 제약으로 판매자들이 시공간적으로 분절화되고 따라서 경쟁이 국지적(local)으로 나타날 수 있다. 그러나 온라인 시장의 경우 이러한 제약의 약화는 경쟁의 범위를 넓히고, 이에 따라 판매자들은 자신들에게 유리하도록 적소(niche)를 개발하거나, 자신의 상품을 다른 상품들로부터 구별하려는 전략을 시도하게 된다. 이러한 방안 중의 하나는 단지 상품의 특성화뿐 아니라, 상품을 판매하는 사람의 독특한 정체성

(identity)을 확립하고, 이를 잠재적인 구매자들에게 인식시킴으로써 다른 판매자들로부터의 경쟁에서 적소를 차지하려고 시도할 수 있다(Podolny, 1993).

이 연구에서는 온라인 시장에서 이러한 정체성 확립 전략은 거래자들의 아이콘(icon)을 통해서 나타난다고 논의한다. 연구대상인 온라인 시장에서는 판매나 구매 관련 메시지를 올릴 때 실명과 아이디 이외에 거래대상자별로 고유한 아이콘(icon)을 사용할 수 있도록 한다. 이는 아이디 이외에 거래대상자를 쉽게 식별할 수 있도록 하므로 이 시장에 반복해서 참여하는 사람들의 다수가 아이콘을 만든다. 아이콘은 판매자 본인이나 가족 혹은 선호하는 연예인, 애완동물, 각종 캐릭터, 혹은 오디오기기의 사진이나 그림으로 구성된다. 개인정보에서 아이콘을 설정하면 해당 개인이 작성하는 모든 메시지의 제목에 이 아이콘이 나타난다. 아이콘의 사용은 이 시장에 대한 개인의 정체성과 헌신(commitment)을 나타내고, 이러한 헌신의 과시는 잠재적인 거래대상자들에게 해당 개인의 신뢰 가능성을 향상시키는 효과가 있을 수 있다.

요약하면, 거래메시지에 판매자의 아이콘은 거래시장에 대한 판매자의 지속적인 참여와 헌신, 그리고 시장내의 행위자로서의 정체성을 표시함으로써 거래대상자에게 신뢰 가능성을 높인다. 이에 따라 다음과 같은 가설 성립이 가능하다.

가설 3-1: 판매자 아이콘이 포함된 메시지는 거래 성공 가능성이 높다.

② 상품 스펙 설명

스펙은 연구대상인 시장 참여자들이 자주 사용하는 용어이다. 이는 'specification' 의 줄임말로서 상품에 대한 일반적인 설명이 아니라, 상품의 기술적 성능과 특성을 설명하는 것이다. 스펙은 표준말은 아니지만, 실제로 분석 대상 시장에서 공통적으로 사용하는 용어이기 때문에 여기에서도 그 의미를 살리기 위해 사용한다.

상품 스펙이 거래 성과에 미치는 영향은 두 가지 해석이 가능하다. 상품 스펙의 제시는 상품에 대한 기술적 정보를 제공함으로써 상품에 대한 불확실성을 줄이고, 이는 상품 판매를 촉진한다. 반면에 거래메시지 내용을 보면 판매하려는 상품이 이 시장에서 상대적으로 덜 거래되거나 잘 알려지지 않은 경우에 올리는 경우가 많다.[4] 이 경우 상품 스펙 자체는 추가적인 정보를 제공하지만, 스펙이 제시되는 상품은 주로 드물게 거래되는 것들인 경우가 많고, 이 상품들은 시장 참여자들로부터 성능이나 '공정한' 가격에 대한 사회적 합의가 존재하지 않는다. 따라서 상품 스펙은 상품에 대한 상대적으로 높은 수준의 불확실성을 나타내는 지표라고 할 수 있고, 이에 따라 거래 성과에 부정적인 영향을 미친다. 두 가지의 가능성을 고려할 때 상품 스펙 설명에 대한 가설은 두 가지로 제시될 수 있다.

가설 3-2a: 상품스펙 설명이 포함된 메시지는 상품에 대한 추가 정보를 통해 불확실성을 줄이기 때문에 거래 성공 가능성이 높다.

가설 3-2b: 상품스펙 설명이 포함된 메시지는 해당 상품의 불확실성이 높은 것을 나타내기 때문에 거래 성공 가능성이 낮다.

③ 판매자 전화번호

시장 참여자 간 대면적인 관계를 전제로 하지 않는 온라인 중고시장에서 전화번호는 거래상품과 거래 참여자에 대한 추가 정보가 제공될 수 있게 하고, 거래 성립 이후 발생될 수 있는 문제의 해결 가능 방안을 제공함으로써 판매 가능성을 향상시킨다. 이에 따라 다음과 같은 가설이 가능하다.

가설 3-3: 판매자 전화번호가 포함된 메시지는 거래 성공 가능성이 높다.

4 | 상품 스펙이 없는 메시지들에서 가장 많이 발견되는 표현은 "다들 잘 아시는 상품이므로 스펙은 생략합니다" 식의 언급이다.

④ 가격제시

총 1,953개의 거래들 중에서 1,558개, 약 79.8%의 메시지가 판매하는 상품의 가격을 제시한다. 중고가격 거래의 중요한 불확실성이 '공정한' 가격에 있다면, 가격을 제시하는 것은 상품 가격에 대해 구매자에게 판단한 정보를 제공하고, 더 중요한 것은 가격 협상에 따른 추가적인 비용을 줄여줌으로써 판매가능성을 향상시킬 수 있다. 이에 따라 다음과 같은 가설이 가능하다.

가설 3-4: 판매상품의 가격이 제시된 메시지는 거래 성공 가능성이 높다.

〈표 6-3〉은 위에서 제시한 요인들이 실제 거래메시지에 사용된 정도를 나타낸다. 표에서 나타난 것처럼 거래방식, 판매자 아이콘, 상품스펙, 판매자 전화번호 언급, 상품사진 포함에 대하여 거래메시지별로 다양한 분포를 보여준다. 거래방식 면에서는 지방 거주자들의 비중을 반영하여 택배방식이 직거래방식에 비해 두 배에 가깝게 많다.

판매자 아이콘에서는 약 3분의 1의 판매자가 사용하고 있는데, 이는 자신의 아이콘을 만드는 것이 거래 참여자들이 일반적으로 하는 것이 아니라, 지속적으로 온라인 시장에 참여하는 사람들이 주로 아이콘을 만들기 때문인 것으로 해석할 수 있다.

판매하는 상품의 스펙을 언급하는 메시지는 전체의 약 8.1%이다. 상품의 스펙을 언급하는 경우가 그만큼 적은 것은 온라인 중고시장의 특성상 구매자들에게 잘 알려진 상품들이 판매에 유리하고, 따라서 판매자들이 잘 알려진

표 6-3 거래메시지 구성 항목 분포(n=1953)

	거래방식		판매자 아이콘		상품스펙 언급		판매자 전화번호 언급		상품사진	
빈도	직거래 736	택배 1,217	有 654	無 1,299	有 158	無 1,795	有 766	無 1,187	有 921	無 1,032
%	37.7	62.3	33.6	66.5	8.1	91.9	39.2	60.8	47.2	52.8

상품들을 거래하기 때문인 것이라고 해석할 수 있다.

판매자 전화번호의 경우 39.2%의 메시지에서 언급하고 있다. 누구나 볼 수 있는 인터넷 게시판에서 프라이버시의 침해 가능성에도 불구하고 자신의 전화번호를 언급하는 메시지가 전체의 약 40%에 이르는 것은 판매자와 판매상품에 대한 신뢰를 향상시키려는 시도로 볼 수 있다. 특히 분석대상인 온라인 시장에서 극히 드물게 발생하는 온라인 사기에 대한 게시물들은 공통적으로 판매자의 전화번호를 확인하는 것이 중요하다는 것을 지적했다. 따라서 판매자의 입장에서 자신의 전화번호를 알림으로써 구매자에게 잠재적으로 사기당할 가능성을 줄일 수 있다는 것을 보여주기 위한 것으로 파악할 수 있다.

상품사진의 경우 47.2%의 메시지들이 상품사진을 포함한다. 대부분의 사진들은 실제 판매하는 상품의 사진이 아니라, 이 온라인 시장과 같이 만들어져 있는 자료실 게시판, 다른 판매자나 제조회사, 인터넷 쇼핑몰 같은 모델의 상품을 사용한다는 것이다. 그럼에도 불구하고,판매자들이 사진을 통해서 상품에 대한 추가 정보를 제공함으로써 판매를 촉진하고자 하는 것을 알 수 있다.[5]

(4) 사회적 상호작용

여기에 포함된 변수들은 상품 자체의 정보를 늘림으로써 거래 성과에 영향을 주는 것이 아니라, 거래메시지에 대한 사회적 상호작용을 통해서 거래 성과에 영향을 줄 수 있는 변수들이다. 시장에 대한 경제사회학적 연구들에 의하면, 상품의 가격, 수요와 공급은 상품에 내재한 요인들에 의해서 미리 정해지는 것이 아니라, 판매자와 구매자가 주를 이루는 참여자 간 사회적 상호작

5 | 상품의 사진에 대한 이러한 효과는 거래메시지에 대한 다음의 응답글에서 잘 나타난다. "사진을 게시하면 좀 더 거래가 빨리 이뤄질 듯싶은데요."(2002년 2월 18일, 메시지번호 122459).

용의 영향을 받는다(Geertz, 1978; Frenzen, Hirsch, Zerrillo, 1994; Podolny, 1993; Smith, 1998; Kocak, 2002; White, 2002).

인터넷 게시판을 통한 온라인 시장은 오프라인 시장과 달리 상품과 상품 판매자에 대해 시장 참여자들이 얼마나 많이 주목했고, 이들의 반응이 모두 기록된다. 또한 판매자는 다른 사람들의 의견에 대한 답변을 올림으로써 시장 참여자 간 사회적 상호작용이 이루어진다. 다음의 세 변수들은 거래메시지와 판매자간 사회적 상호작용을 나타내는 변수들과 이들에 대한 가설들이다.

① 메시지 조회수

연구대상 온라인 시장에서는 메시지별로 참여자들이 메시지를 읽은 회수가 기록된다. 물론 이는 읽은 사람별 조회수가 아니고, 같은 사람들이 반복적으로 읽은 경우 모두 조회수에 추가된다. 따라서 조회수가 많다고 해서 조회수에 해당하는 사람들이 이 메시지를 읽은 것은 아니다. 그럼에도 불구하고 조회수가 많다는 것은 그만큼 판매되는 상품에 대한 관심도가 높은 것이고, 이는 판매 가능성을 향상시킬 수 있다.

본 연구에서 분석되는 온라인 시장에 참여하는 것은 실시간으로 업데이트되는 메시지 목록에서 참여자들이 메시지를 선택하여 읽는 것에서 시작한다. 이 메시지 목록에는 판매자 이름, id, 거래희망지역, 거래방법, 상품명, 가격, 메시지에 대한 응답글수 등이 포함되는데, 조회수와 응답글수는 실시간으로 업데이트되고, 잠재적인 구매자들은 높은 조회수를 가진 메시지를 우선적으로 선택하여 읽는 경향이 있기 때문에 다음과 같은 가설이 가능하다.

가설 4－1: 조회수가 높은 메시지일수록 거래 성공 가능성이 높다.

② 응답글수

연구대상인 온라인 시장에서 모든 거래메시지에 대해 시장 참여자들은 자신의 의견을 남길 수 있다. 이중에는 상품이나 거래조건, 직거래시 상품 인도 장소에 대한 추가 질문인 경우도 있고, 상품에 대한 평가를 올리거나 많은 경우 해당 상품과 직접 관련이 없는 질문들, 즉 판매자에게 인사를 묻거나 지난 번 판매자와 거래한 상품에 대한 언급들을 올린다. 판매자는 선별적으로 올린 글들에 대해 답변을 하고, 흔히 이런 과정에서 거래가 이루어진다. 이런 점에서 응답글은 판매자와 다른 시장 참여자 간에 적극적인 수준의 사회적 상호작용을 나타낸다. 이러한 사회적 상호작용을 통하여 상품과 판매자에 대한 정보를 제공될 뿐 아니라, 조회수의 경우처럼 응답글수도 거래메시지의 목록에서 표시되기 때문에, 시장 참여자들이 읽을 메시지를 선택하는 데 추가적인 요인으로 작용한다.

응답글수가 많다는 것은 상품에 대한 관심도가 많거나, 판매자가 그만큼 시장 참여자들과 사회적 상호작용을 하고 있다는 것을 보여줌으로 해서 간접적으로 시장에 대한 판매자의 헌신이나 지위를 나타낸다고 할 수 있다.[6] 이는 시장에서 지속적으로 참여하거나 온라인 시장에 병행하여 만들어지는 각종 AV기기 관련 온라인 커뮤니티의 운영자들이 판매할 경우 응답글수와 응답글 참가자수가 두드러지게 많이 나타난다는 관찰에서도 드러난다. 이에 따라 다음과 같은 가설이 가능하다.

가설 4-2: 메시지의 응답글수가 많을수록, 거래 성공 가능성이 높다.

③ 응답자수

끝으로 응답글 참가자 혹은 응답자수는 응답글을 올린 사람의 수이다. 응답자수가 많다는 것은 상품과 판매자에 대해 다양한 시장 참여자들이 관심을 보인다는 것을 나타낸다. 응답글수와 달리 응답자수는 메시지 목록에 나타나지 않지만, 일단 메시지를 읽게 되는 경우 응답자수가 많은 것은 그 응답글들이 상품 구매에 관련된 것이라면 잠재적인 경쟁 수준을 나타내는 것일 수 있

6 | 여기에서 주의할 것은 판매자가 자신의 메시지에 대한 관심도를 높이기 위해 응답글을 여러 개 쓰는 경우이다. 따라서 분석에서는 판매자 자신의 응답글수를 제외하고 다른 사람들이 쓴 응답글수만을 기록하였다.

기 때문에 다음과 같은 가설이 가능하다.

메시지 내용에 대한 담론적 분석을 통해 판매자의 시장내 사회적 지위, 판매 상품에 대한 경쟁 정도 등을 분석할 수 있다. 특히 응답글의 내용이 거래에 직접 관련되어 있는가, 또는 직접적인 관련없는 일반적 수준의 사회적 상호작용인가는 시장내 판매자의 사회적 관계에 대한 중요한 정보를 제공한다. 이에 대한 분석은 추후 연구에서 이루어질 예정이다.

가설 4-3: 메시지에 대한 응답자수가 많을수록 거래 성공 가능성이 높다.

다음에서는 이러한 가설들을 유형별로 로지스틱 회귀 분석한 결과를 설명할 것이다.

6. 분석 결과

다음 〈표 6-4〉는 거래 성과에 영향을 미칠 수 있는 요인들에 대한 상관관계 분석과 로지스틱 회귀분석의 결과이다.

〈표 6-5〉에 모델 1에서 모델 4는 각기 다른 변수군들을 포함하고 있다. 모델 1은 통제변수인 상품수만을 포함하고 있고, 모델 2는 통제변수 이외에 상품 정보를 통해서 거래 불확실성을 줄일 수 있는 변수들을 포함하고, 모델 3은 상품과 판매자에 대한 사회적 상호작용을 통해 거래 불확실성을 줄일 수 있는 변수들을 포함하고, 끝으로 모델 4는 변수들을 모두 포함해서 변수간 상대적 영향을 평가한다.[7]

-2 Log 우도, R-제곱, 카이제곱을 모델별로 보면, 상품 정보를 나타내는 요인들과 사회적 상호작용 정도를 나타내는 요인들은 모두 거래성과에 긍정

7 | 최종모델의 변수들간 상관관계는 〈표 6-4〉를 참조.

표 6-4 변수간 상관관계

	1	2	3	4	5	6	7	8	9	10
가격제시	1.00	0.03	0.07	−0.08	−0.07	0.06	0.09	−0.02	0.05	0.00
상품수		1.00	0.03	0.03	−0.02	0.16	−0.03	−0.26	−0.01	−0.02
판매자 아이콘			1.00	0.00	0.13	−0.08	0.05	0.02	−0.07	0.02
상품기술정보				1.00	−0.01	−0.17	−0.06	0.01	0.05	−0.06
판매자 전화번호					1.00	0.01	−0.06	−0.05	0.00	0.07
상품사진						1.00	−0.09	−0.43	0.07	0.02
직거래방식							1.00	0.02	0.03	−0.01
메시지 조회수								1.00	−0.13	−0.07
응답글수									1.00	−0.80
응답자수										1.00

표 6-5 거래 성공에 미치는 요인들에 대한 로지스틱 회귀분석결과(괄호안은 표준오차)

변수	모델 1	모델 2	모델 3	모델 4
상수	.704(.084)	.139(.160)	.271(.115)	−.308(.179)
상품수	.090(.050)	.087(.051)	−.072(.188)	−.061(.287)
판매자아이콘 사용		.753***(.116)		.468***(.122)
상품기술정보		−.894***(.175)		−.792***(.183)
판매자전화번호		.182(.106)		.290**(.110)
상품사진		.180(.104)		.134(.119)
가격제시		.485***(.124)		.537***(.131)
거래방식(1= 직거래, 0=택배)		−.180(.106)		−.063(.111)
메시지조회수			.000(.390)	.000(.000)
응답글수			.443***(.062)	.408***(.062)
응답자수			−.064(.434)	−.019(.082)
−2 Log 우도 R−제곱	2389.930 .002	2302.192 .046	2184.862 .101	2129.965 .126
카이제곱	3.459	91.198	208.527	263.425
사례수	1949	1949	1949	1949

주: *: $p < .05$, **: $p < .01$, ***: $p < .001$

적인 영향을 미친다는 것을 알 수 있다. 모델 2, 3, 4의 모델 전체에 대한 유의확률은 모두 .000으로 나타났다.

다음으로 모델 2, 3, 4의 변수들을 보면, 모델간 변수들의 계수가 큰 변화를 보이지 않는다는 것을 알 수 있다. 이는 상품 정보를 나타내는 요인들과 사회적 상호작용을 보여주는 요인들이 독립적으로 거래 성과에 영향을 미친다는 것을 보여준다고 할 수 있다.

R-제곱의 제한점을 전제로 모델별로 이를 비교하면, 모델 2에 비해 모델 3에 포함된 요인들이 거래 성과를 더 잘 설명한다는 것을 보여준다. 이는 상품에 대한 기술적, 외부적 정보를 제공함으로써 거래 불확실성을 줄이는 것보다 시장내 판매자와 시장 참여자들 간의 사회적 상호작용을 통해서 거래 불확실성을 줄이는 것이 거래성과에 상대적으로 더 큰 긍정적인 영향을 미친다는 것을 알 수 있다.

변수와 가설별로 결과를 보면, 최종 모델에서 유의미한 결과를 보이는 것은 가설 2, 3, 4, 6, 9에 나타나는 변수들이다. 이를 정리해보면, 메시지에 판매자 아이콘이 있고, 상품에 대한 기술적 스펙이 없고, 판매자 전화번호가 있고, 가격이 제시되고, 응답글수가 많을수록 거래가 성공할 가능성이 높은 것으로 나타났다. 주목할 것은 이들 변수들의 통계적 유의미성과 종속변수에 대한 회귀계수의 부호는 모델들에 일관적으로 나타난다는 것이다.[8]

이러한 개별 변수들의 결과에서 주목할 것은 거래방식과 상품 스펙이다. 이 중에서 상품 스펙은 통계적으로 유의미한 결과를 나타냈고, 거래방식은 그

8 가설에서 응답자수가 많을수록 거래 성과에 긍정적인 결과를 가져올 것으로 기대했으나, 모델 3과 모델 4 모두 유의미한 결과를 보이지 않았다. 이는 단지 사회적 상호작용에 참여하는 집단의 크기(응답자수)가 아니라, 사회적 상호작용의 수준(응답글수)이 상품과 판매자에 관한 불확실성을 줄이는데 중요한 것으로 해석할 수 있다. 또한 모델 3과 모델 4에서 모두 응답자수는 응답글수와 높은 부정적인 상관관계(상관계수가 각각 -.811과 -.803)를 가진 것으로 나타난다.

렇지 않지만, 모두 거래 성과에 부정적인 영향을 미치는 것으로 나타난다. 이를 어떻게 해석할 것인가? 가설 제시 단계에서 이 두 변수들은 각각 경쟁가설을 제시하였다. 이 중에서 상품 스펙을 살펴 보면, 가설 3-2a는 상품 스펙은 상품에 대한 추가 정보를 제공함으로써 불확실성을 줄이고, 이는 거래 성과에 도움이 될 것이라는 가설과, 반면에 가설 3-2b는 상품 스펙은 빈번하게 거래되지 않는 상품에 대해 제시되는 경향이 있기 때문에, 이는 가격이나 성능 면에서 불확실성을 나타내고, 또 거래 성과에 부정적인 영향을 줄 것이라는 가설을 제시하였다. 모델 2와 모델 4는 모두 가설 3-2b를 지지하는 것으로 나타났다. 주목할 것은 이 시장에서 거래되는 상품의 91.9%가 거래메시지에 상품 스펙을 설명하지 않는다는 것이고, 이 중에서 71.1%가 거래에 성공한다는 것이다. 반면에 총상품의 8.1%만 거래메시지에 상품 스펙을 포함하고, 이 중에서 51.9%가 거래에 성공하였다. 상품 스펙을 언급하지 않는 상품이 대부분이라는 것은 이 시장에서 거래되는 상품들이 상대적으로 잘 알려지고 빈번하게 거래되는 것들이라는 것을 추론할 수 있다.

7. 결론 및 토의

이 연구는 오디오와 비주얼기기를 거래하는 개인간 온라인 중고시장을 분석했다. 연구대상인 온라인 중고시장은 두 가지 양면적인 특성을 가지고 있다. 첫째는 실명을 사용하기는 하지만, 거래대상자들에 대한 정보는 상대방이 자발적으로 제공하는 것에 의존하고, 거래가 대면적으로 시작되는 것이 아니기 때문에 오프라인 시장보다 판매자와 구매자 모두에게 불확실성이 매우 높다. 반면에 거래 물품과 조건, 상품 가격, 거래당사자들의 이름이 모두 기록에 남아서 누구나 쉽게 검색할 수 있도록 하는 온라인 시장의 특성은 전체 시장을 관찰하고 이를 통해서 보다 더 나은 조건, 가격, 그리고 잠재적으로 신뢰할 수 있는 거래대상자들을 찾을 수 있도록 하고, 동시에 지속적인 참여를 위해서 잠재적인 거래대상자들의 기회주의적 행동을 억제하는 효과가 있다.

이러한 이중적인 특성을 가진 온라인 중고시장을 경험적으로 연구하기 위해 이 연구에서는 오디오와 비주얼기기를 다루는 온라인 중고시장에 대한 거래 자료들을 중심으로 시장의 특성들을 분석하였고, 그 주요 결과는 다음과 같다.

온라인 중고시장에 거래참여자들은 기회주의적 행동으로 인한 피해를 줄이기 위해 다양한 전략을 시도한다. 거래참여자들은 자신에게 고유한 아이콘을 만들어 지속적으로 사용함으로써 시장내 정체성을 형성하고 이를 통해 잠재적인 거래대상자들에게 신뢰받을 가능성을 향상시키려고 한다. 이외에 자신의 전화번호를 언급하고, 거래상품의 사진과 기술적 특성 등을 사용함으로써 상품과 판매자에 대한 불확실성을 줄이고 이를 통해서 거래 성사 가능성을 향상시키고자 한다.

거래 성과에 영향을 미치는 요인들에 대한 분석 결과는 상품과 판매자에 대한 추가적인 정보를 제공하거나, 판매자와 다른 시장 참여자 간 사회적 상호작용의 수준이 높을수록 거래가 성공할 가능성이 높은 것으로 나타났다. 연구대상인 시장은 ①중고시장이라는 점에서 같은 상품이라도 상품의 질 격차가 심할 수 있고 이에 따라서 상품에 대한 불확실성이 높고, ②비록 실명을 사용하지만 대면적인 거래관계가 아니기 때문에 거래 상대방에 대한 불확실성이 높고, ③지불과 상품 인도 사이에 시간 간격이 존재하고, 정부나 '옥션'에서처럼 기업과 같은 제3자의 중재자가 없기 때문에 거래 자체에 대한 불확실성이 높다. 이러한 불확실성이 높은 시장에서는 상품과 판매자에 대한 추가정보를 제공하여, 특히 시장내 사회적 상호작용의 수준이 높고 이에 따라 사회적 위치 혹은 지위가 확립된 판매자일수록 불확실성을 줄일 수 있고, 이에 따라 거래에 성공할 가능성을 높이는 것을 해석할 수 있다. 이러한 연구 결과는 시장의 불확실성과 이에 따른 시장 행위자들의 전략으로서 사회적 지위나 사회적 연결망의 활용에 대한 최근의 다양한 경제사회학적 연구들의 결과를 지지하는 것으로 해석할 수 있다.

후속연구에서 필요한 연구방향은 다음과 같이 정리할 수 있다. 첫째, 시장 내 거래연결망을 시장의 사회구조로 파악할 수 있다면, 이러한 사회구조는 고정된 것이 아니라, 시장의 형성과 발전과정에서 계속해서 진화할 것으로 예상할 수 있다. 앞으로 연구에서는 시장 형성 시점에서 현재까지 파악한 거래 자료를 바탕으로 이러한 진화과정과 그 특성을 연구하는 것이 필요하다.

둘째, 본 연구는 거래메시지 수준에서 거래 성과를 분석했지만, 후속 연구에서는 거래 참여자 수준에서 중앙성(centrality)이나 제약성(constraint)같은 참여자의 연결망적 특성이 거래 성과에 어떤 영향을 미치는가를 분석함으로써 거래연결망과 시장 성과의 관계를 구체적으로 분석하는 것이 필요하다.

셋째, 본 연구에서 분석한 시장은 다양한 온라인 시장의 유형들 중 하나이다. 후속 연구에서는 여기에서 나타난 결과를 다른 유형의 온라인 시장, 즉 기업에 의해서 감시되고 규제되는 '옥션', 'eBay'나 다른 유형의 상품들을 다루는 온라인 경매 및 중고시장과 비교함으로써 시장의 제도적 특성과 취급하는 상품의 특성에 따라 시장의 특성과 시장 참여자들의 불확실성에 대한 전략이 어떻게 다르게 나타나는가를 분석할 수 있다.

끝으로, 사회학적으로 흥미있는 연구 방향은 동일한 유형의 온라인 시장이라도 참여하는 사람들의 사회문화적 배경에 따라 어떤 차이가 나타날 것인가라는 비교사회적 분석이다. 이를 위해서 본 연구의 결과와 다른 사회에서 발견되는 동일한 유형의 온라인 중고시장의 비교분석을 하는 것이 가능할 것이다.

제 7 장

온라인 시장 사회구조의 진화: 가격분산도(price dispersion)와 단골화(clientelization)

1. 교환시장에 대한 사회학적 분석과 온라인 시장

경제사회학의 핵심 주장은 시장은 '사회적' 공간이라는 것이다. 그라노베터(Granovetter, 1985)는 사회적 배태성(social embeddedness)이라는 개념을 통해 시장의 이러한 측면을 강조하였다. 그 후 사회적 공간으로서 시장은 경제사회학의 당연한 전제로 받아들여져 왔다. 그런데 시장의 사회성은 구체적으로 무엇을 의미하는가? 시장의 사회성에 대한 기존의 논의는 거시적 수준에서 시장을 포함하는 경제 영역과 정치, 사회, 문화와 같은 다른 영역간 관계의 중요성이라는 차원에서 제기되어 왔다. 보다 미시적 수준에서의 논의는 시장 참여자 간 다양한 유형의 사회적 상호작용을 통해 거래 관계에 사회적 지위, 명예, 신뢰와 같은 사회적 관계의 특성들을 부여하고, 이러한 사회적 관계

에 어떻게 참여하고 있는가에 따라 거래 성과가 다르게 나타난다는 것으로 요약할 수 있다.[1]

시장의 사회성 논의는 경제사회학의 핵심 주장이지만, 기존 논의들은 대부분 이론적 수준에서 그치고 있다. 미시적 수준에서의 논의들은 구체적으로 거래 관계를 분석하고 있는 것들은 있지만, 이들은 시장의 유형들에서 생산물 시장, 혹은 생산자간 시장 거래 관계에 집중하고 있다(Baker, 1984; Burt, 1992; White, 2002; Uzzi, 1999). 생산물 시장 이외의 시장에 대한 경험적 연구로는 스미스(Smith, 1989), 아볼라피아(Abolafia, 1996), 그리고 베이커(Baker, 1984)의 연구가 있다.

스미스는 다양한 유형의 경매시장에서 참여자 간 사회적 상호작용이 가격 형성에 미치는 영향을 분석했고, 아볼라피아는 금융시장의 불확실성을 줄이기 위해 형성되는 사회적 통제를 분석하였다. 또 베이커는 선물시장에서 거래연결망의 특성이 가격변동성에 어떤 영향을 미치는가를 분석하였다. 이런 소수 연구에도 불구하고, 지금까지 경제학뿐 아니라 경제사회학 역시 고전적 시장의 유형이라고 할 수 있는 교환시장에 대한 경험적 연구가 소홀했다고 할 수 있다.

분석면에서 시장에 대한 기존의 사회학적 연구들이 갖는 공통점은 특정 기간을 정해 놓고 그 기간에 관찰되는 시장내 사회적 관계에 대한 정태적 분석이다. 이는 시장의 사회구조를 파악하기 위해 필요하지만, 사회구조가 고정되어 있는 것이 아니라, 참여자 간 상호작용을 통해 변해가는 것이라면, 시장에 대한 동태적 분석이 중요하다고 할 수 있다.

이 연구는 교환시장의 사회적 배태성을 거래 참여자 간 사회적 관계를 통해 분석하고, 그 관계가 시장 형성 시점에서부터 어떻게 전개되는가를 동태적으로 분석하고, 이 과정을 통해서 나타나는 시장의 사회구조는 무엇인가, 그

1 | 배태성에 대한 논의들을 요약한 것으로는 베커트(Beckert, 1996)와 크리프너(Krippner, 2001)를 참조.

리고 사회적 배태성은 시장의 중요한 측면인 가격 형성에 어떤 영향을 주는가를 분석하고자 한다.

지금까지 경제사회학에서 교환시장에 대한 동태적 분석이 부족했던 이유는 시장내 모든 참여자 간 거래 내역에 관한 시계열적 자료를 얻는 것이 어려웠기 때문이다. 규모가 매우 작은 벼룩시장이라도 참여자들의 유동적 흐름과 이들의 거래 내역을 포괄적으로 수집하는 것은 현실적으로 어렵다. 온라인 시장은 이런 문제에 대한 해결책을 제공한다. 온라인 시장은 그 속성상 시장 발생 시점부터 그 이후까지 누가 참여하고, 누구와 거래하고, 어떤 방식으로, 어떤 상품을, 어떤 가격과 조건으로 거래했는가를 게시판 상의 자료에서 확인할 수 있다.

온라인 시장은 단지 자료상의 문제뿐 아니라, 경제사회학에 중요한 새로운 질문을 제기하는 새로운 유형의 시장이다. 인터넷의 등장은 사회의 다양한 영역에 걸쳐서 많은 변화를 가져왔다. 그 중에서 '신경제(New Economy)', 혹은 '정보경제(information economy)' 에 대한 논의들은 정보기술의 발전이 기존의 경제법칙 내에서 기업들에게 새로운 가격, 기술혁신, 제휴전략을 요구한다고 주장한다(Shapiro and Varian, 1999). 정보경제의 중요한 특성은 경제적 교환과 관련된 다양한 정보가 거래 참여자들에게 제공된다는 것이다. 이 논의에 따르면, 상품의 가격과 품질, 상대 거래자에 대한 다양한 수준의 정보 제공은 기존의 경제적 교환의 특성을 근본적으로 변화시켜 놓았다.

인터넷을 통한 온라인 시장에서의 상거래는 신경제를 나타내는 대표적 시장이라고 할 수 있다. 이러한 온라인 시장에서 경제적 교환은 신고전경제학이 말하는 '완전경쟁시장' 을 보여줄 것인가, 아니면 경제사회학에서 말하는 '사

2 | 사회적으로 배태된 시장의 특성으로는 먼저 거래관계에 따른 국지화된(localized) 경쟁과 단골화경향(clientelization)을 들 수 있다. 온라인 시장에 대한 경제사회학적 연구들로는 스탠디퍼드(Standifird, 2001), 코캑(Kocak, 2002), 박찬웅(2003)을 참조.

회적으로 배태된(socially embedded)' 시장을 보여줄 것인가?[2]

이 질문에 대답하기 위하여 이 연구는 세 가지 방식으로 접근한다. 첫째, 시장의 가격변동성(price volatility)과 가격분산성(price dispersion)이다.

둘째, 거래 참여자 간 거래 연결망의 특성을 단골화(clientelization)와 이에 따라 나타나는 하부집단을 분석하고자 한다.

셋째, 가격과 거래 연결망 특성을 시장의 발생 시점부터 약 2년에 걸쳐 시계열적으로 분석함으로써 시장의 사회구조가 어떻게 변화하고, 그 원인은 무엇인가를 분석할 것이다.

2. 시장의 가격분산성, 단골화, 그리고 사회구조화

1) 가격변동성과 가격분산성

고전경제학에서 시장의 특성을 논할 때 가격과 가격형성기제는 시장의 핵심적 측면이다(김우식, 2000).[3] 가격은 경제사회학에서 역시 중요한 시장의 특성으로 인식되지만, 고전경제학의 주장과 달리 경제사회학적 접근은 가격형성이 단지 수요와 공급에 의해 결정되는 것이 아니라, 시장 구성원간 사회적 상호작용과 시장이 배태되어 있는 사회·제도적 요인들에 의해 영향을 받는다는 것을 주장한다(Baker, 1984). 스미스(Smith, 1989)는 경매시장에서 가격이 상품의 내재적인 특성이나 고전 경제학에서 주장하는 것처럼 수요와 공급에 의해서 결정되는 것이 아니라 경매에 참여하는 다양한 참여자들의 지속

3 | 고전경제학에서 시장을 '가격형성기제'로 정의하는 것은 이런 측면을 잘 보여준다.

4 | 거래참여자들의 사회적 관계의 특성이 가격에 미치는 영향을 경험적으로 보여준 연구로는 베이커(Baker, 1984)를 참조.

적인 상호작용에 의해 '사회적으로 구성' 되는 것이라고 주장한다.[4] 경매에서 취급되는 상품의 특성에 따라 전문가, 판매자 집단, 구매자 집단의 구성원이 사회적 상호작용 과정에서 '공정한' 가격을 구성한다는 것이 그의 주장이다.

가격에 대한 경제학과 경제사회학의 경험적 연구에서 초점을 두는 것은 가격변동성(price volatility)과 가격분산성(price dispersion)이다. 가격변동성이란 동일한 상품의 가격이 시간의 흐름에 따라 얼마나 변화하는가를 말하고(Baker, 1984), 가격분산성이란 일정 시점에서 동일한 상품의 가격 폭을 말한다(김우식, 2000). 온라인 시장은 그 특성상 가격에 대한 포괄적인(extensive) 검색이 가능하다. 기어츠(Geertz, 1978)는 가격 검색의 유형을 포괄적인 검색과 집중적인 검색으로 구분한다. 포괄적인 검색은 시장에 참여하는 모든 거래자들이 제시하는 가격을 검색하는 것을 말하고, 집중적인 검색은 한정된 거래 대상자들 내에서 가격을 검색하고 협상하는 것을 말한다. 인터넷 게시판에서 이루어지는 온라인 시장의 특성상 쉽게 해당 상품에 대한 포괄적 검색이 가능하다.

이 연구에서는 온라인 시장의 포괄적인 검색 가능성이 상품의 가격변동성과 분산성에 어떤 영향을 미칠 것인가를 분석한다. 즉, 온라인 시장에서 지난 거래에 대한 정보를 쉽게 얻을 수 있다는 것은 가격변동성을 높일 것인가, 줄일 것인가? 또한, 지난 거래에 대한 정보가 가격분산성을 줄일 것인가, 아니면 다른 요인들에 의해 가격분산성을 줄일 것인가?

온라인 시장과 오프라인 시장의 가격분산성에 대한 대표적인 연구로서, 브린졸프슨과 스미스(Brynjolfsson and Smith, 2000)는 표준화의 정도가 높은 서적과 음악 CD를 거래하는 온라인 시장과 오프라인 시장을 비교분석했다.[5] 이 연구에서 가격분산성만을 고려했을 때 예상과는 달리 온라인 시장이 오프라인 시장에 비해 서적과 음악 CD 모두에서 가격 분산성이 더 큰 것으로 나타

5 | 온라인 시장에 대한 경제학적 연구들에 대한 정리에 대해서는 스미스, 베일리, 브린졸프슨(Smith, Bailey, and Brynjolfsson, 1999) 참조.

났다. 이러한 결과에 대해 브린졸프슨과 스미스는 구매자가 온라인 시장의 판매자에 관해 가지고 있는 불확실성으로 인해 온라인 판매자의 평판과 신뢰성 정도에 따라 더 높은 가격을 지불하는 경우가 많고, 이에 따라 가격에 대한 정보 검색의 용이성에도 불구하고, 신뢰성이 높은 판매자가 동일 상품에 대해 더 높은 가격을 요구할 수 있기 때문인 것으로 해석한다. 즉 온라인 시장에서 판매자에 대한 불확실성은 가격 분산성을 어느 정도 수준에서 유지하도록 한다는 것이다.

그렇다면 포괄적인 검색은 가능하지만, 상품의 표준화 정도가 떨어지는 온라인 중고 오디오 비주얼 시장의 경우 가격변동성과 가격분산성은 어떻게 나타날 것인가?

2) 단골화와 사회구조의 진화

경제사회학적 연구에서는 시장도 하나의 사회구조로 인식한다. 이러한 사회구조는 흔히 거래자간 관계 측면에서 분석되는데, 해당 연구들은 시장의 사회구조의 출현을 가격, 품질, 거래 상대방에 대한 불확실성을 줄이기 위해 거래 참여자가 동일한 거래 대상자와 반복적인 거래를 하는 단골화(clientelization) 전략을 시도하는 결과라고 논의한다(Geertz, 1978; DiMaggio and Louch, 1998; Frenzen and Davis, 1990; Kollock and O' Brien, 1992; Kollock, 1994; Uzzi, 1999). 그렇다면 대면적인 관계가 아니라, 상대적으로 익명성이 높고, 가격 지불과 상품 인도 간에 시간 차이가 있고, 특히 상품의 품질이 표준화되지 않은 온라인 중고시장에서 단골화 전략은 어떤 수준으로 나타날 것인가? 상품의 질과 거래 상대방의 불확실성을 줄이기 위해서 동일한 거래 참여자간 반복적인 거래를 보여줄 것인가, 아니면 거래마다 검색을 통해서 유리한 가격을 제공하는 거래 대상자를 선택할 것인가?

단골화 경향과 거래관계의 구조에 대한 분석은 시장의 사회구조에 대한 경험적 분석을 의미한다. 그러나 교환시장내 거래 관계를 통한 시장의 사회구조의 동태적 분석은 거의 전무한 수준이라고 할 수 있다. 버트(Burt, 1988)가 미국의 산업간 연결망을 통해 미국 생산물 시장의 변화를 두 시기로 나누어 비교하고 있으나, 이는 동태적 분석이라기보다, 두 시기를 비교하는 것에 그치고 있고, 비교 시점 역시 시장의 발생 시점이 아니라, 시장이 이미 장기적으로 형성된 이후 시점에서 출발하고 있다. 이러한 거래관계에 대한 동태적 분석의 부재는 시장의 시 · 공간적 구조화를 강조하는 사회학적 문제의식에서 볼 때 중요한 한계이다.

이 연구는 시장의 거래관계, 혹은 이를 통해 나타나는 사회구조의 변화에 대한 시론적 분석이다. 이 연구에서 분석하는 온라인 시장은 시장의 발생 시점부터 지금까지 모든 거래 내역과 이와 관련된 참여자 간 상호작용이 게시판에 기록으로 존재하기 때문에, 시장 참여자 간 거래와 사회적 상호작용, 그리고 이를 통해 형성, 전개되는 시장의 사회구조를 분석할 수 있는 귀중한 기회를 제공한다. 이 연구는 지금까지 추상적인 차원에서 이론적 논의 수준에서 머물거나, 현실 상황이 아닌 실험 상황에서 다루어졌던 시장의 형성과 전개과정을 경험적인 수준에서 접근해보고자 한다.[6]

요약하면, 이 연구에서는 시장 불확실성이 높은 개인간 온라인 중고시장에서 참여자들의 시장 불확실성에 대응하기 위해서 어떤 전략을 전개하고, 그 결과가 가격변동성과 가격분산성, 단골화 측면에서 어떻게 나타나고, 이를 시장 발생 시점부터 그 후 과정을 시계열적으로 분석함으로써 시장의 사회구조가 어떻게 변화하는가를 분석하고자 한다.

6 | 시장의 사회구조에 대한 관심은 최근 시장내 연결망에 대한 연구로 이어지고 있다 (Rauch and Casella, 2001; White, 2002).

3. 분석대상과 자료

1) 분석대상: W닷컴

이 장의 연구 대상은 이전 장에서 분석했던 W닷컴이다. 공식적 제재와 이를 관장하는 조직의 부재라는 점에서 이 시장은 보다 일반적으로 알려진 'eBay'와 '옥션'과 같은 온라인 시장과 구별된다. 'eBay'와 '옥션'은 둘 다 시장을 운영하는 조직이 거래 당사자간 신뢰 문제를 해결하기 위해 '미완날인증서계좌(escrow account)'를 통해 거래를 중재한다. 또한 거래 참여자별로 이들과 거래한 사람들의 만족도를 '신용점수(credit number)'라는 것으로 수치화하고 이를 거래메시지에 표시하는 방식을 개발하여 운영한다. 이 조직은 거래 관련 공식적 규칙을 만들고, 이를 위반하는 거래자에 대해 제재를 가하고, 극단적인 경우에는 시장에서 퇴출시킨다. 이 연구의 분석 대상에서는 중재하는 조직에 의한 공식적 규칙과 제재가 없고, 거래 참여자 간 비공식적 · 사회적 제재가 존재한다. 이러한 차이는 잠재적으로 이 연구의 분석대상인 시장에서 신뢰의 부재와 기회주의적 행동의 문제를 더 심각하게 만들 수 있다.

이 시장의 상품 역시 다른 유형의 온라인 시장에 비해 불확실성을 증가시킨다. 즉 이 시장이 신상품이 아니라 중고상품을 거래하고, 중고상품의 품질이 신상품에 비해서 상품별 차이가 더 크다는 점에서 거래 상대자가 경험하는 시장 불확실성이 더 크다고 할 수 있다. 가격 역시 신상품과 달리 표준화 정도가 낮기 때문에 가격변동성과 가격분산성을 파악하기 위해 이상적 연구대상이라고 할 수 있다. 이 연구에서는 거래 참여자가 사회적 상호작용을 통해 잠재적인 시장 불확실성의 문제를 어떻게 대응하고, 이것이 시장에서 상품의 가격변동성, 가격분산성과 거래 참여자 간 사회구조 형성에 어떤 영향을 미치는가를 분석하고자 한다.

끝으로 주목할 것은 온라인과 중고시장이라는 특성 이외에 이 시장에서 거래되는 상품의 유형이다. 즉 AV기기는 제조품이지만 미술품과 유사하게 개인과 집단의 사회적 취향을 반영한다. 상품에 대한 평가는 객관적인 수치에서 의해서 이루어지는 것이 아니라, 개인이나 사용자집단과 전문가집단 등에 의해서 이루어진다. 객관적인 평가의 부재와 다양한 상품 스타일의 존재는 이 시장에 주로 참여하는 사람들이 동호회 등을 통해서 소비자 집단을 형성하도록 만드는 경향이 있다. 또한 AV기기의 수집품으로서의 가능성은 골동품이나 다른 수집되는 상품처럼 수요에 따라 가격이 오르거나 내릴 수 있다. 따라서 AV기기 시장은 시장 참여자 간 사회적 상호작용이 상품 가격, 유행, 품질에 대해 미치는 영향을 분석하기에 유리한 기회를 제공한다. 단점으로는 온라인 시장이라는 것 이외에 현재 AV기기 시장의 참여자는 자료상으로 볼 때 압도적으로 중산층 남성 위주이다. 따라서 이 시장의 특성을 보다 다양한 특성을 지닌 시장에 대한 일반화로 보기에는 제한점이 있다.

2) 분석자료

이 연구의 분석에 사용될 주요 거래 자료 수집 기간은 이 시장이 처음 시작된 2000년 12월부터 2001년 2월, 2002년 4월, 그리고 2002년 10월 총 약 4개월간 시장의 형성과 전개과정을 보기 위해 분석했다. 이 기간동안의 자료에서는 거래 연결망의 특성, 거래에 참여하는 행위자간 메시지의 내용 분석을 통해 어떻게 상호작용하는가에 대한 질적 분석을 시도하였다.

이상적으로는 거래연결망의 변화를 시장 시작 시점부터 지금까지 모든 기간을 포함하는 것이 좋지만, 실제로 기간을 선별해서 분석 기간을 제시한 것은 거래연결망의 특징적인 변화가 매 단위 기간마다 나타난 것이 아니라 분석 기간 동안 특정 시점에서 발생했기 때문이다. 따라서 분석 결과 제시에서는 연결망의 형태가 특징적으로 변화하는 기간을 선택했다.

거래연결망의 단계적 변화의 특징 파악을 목적으로 하는 분석과 달리, 가격변동성과 가격분산성 분석에서는 시장 시작 시점부터 2002년 10월까지 전 기간을 모두 포함했다.

4. 분석결과

이 연구는 2000년 12월 넷째 주에 시장이 처음 형성된 이후부터 2002년 10월까지 크게 세 시기로 나누어 자료를 분석한다. 첫 시기는 2000년 12월 넷째 주에서 2001년 2월까지, 두 번째 시기는 2002년 4월, 끝으로 2002년 10월로 구분하였다. 각 시기는 주 단위로 구분하였는데, 이는 이 시장의 거래가 일주일을 단위로 이루어지는 경향이 있기 때문이다. 즉, 게시판에서 구매 상품을 찾는 사람들은 편의상 주로 게시물을 일주일 단위로 보는 경향이 있기 때문에 판매자는 게시판에 올린 상품이 일주일동안 팔리지 않을 경우 계속 판매를 원하면 일주일 이후 다시 올리는 경향이 있다. 이는 일주일을 이 시장 흐름의 기본 단위로 만든다.

다음 그림은 시장의 성장을 주 단위별 참여인원과 거래횟수를 통해 보여준다. 거래기간에서 각 눈금별로 첫째 숫자는 해당 월을 말하고, 둘째 숫자는 해당 주, 셋째 숫자는 해당년도이다.[7] 따라서 '12/04/00'은 2000년 12월 넷째 주를 나타낸다. 자료 수집상 거래기간은 크게 세 기간으로 나누어져 있는데, 시장이 시작된 첫 달에는 주별로 약 100명 이내 사람들이 참여하고 거래횟수도 극히 적다

7 | 그림에서 주의할 것은 자료 수집 기간의 제한으로 인해 2001년 2월 넷째 주와 2002년 4월 첫째 주 사이에는 자료 수집이 이루어지지 않았다. 따라서 이 기간동안 참여인원과 거래 횟수의 급격한 상승이 있었다는 것은 알 수 있지만, 이 기간동안 그래프는 실제 연속적인 자료를 나타내는 것은 아니다.

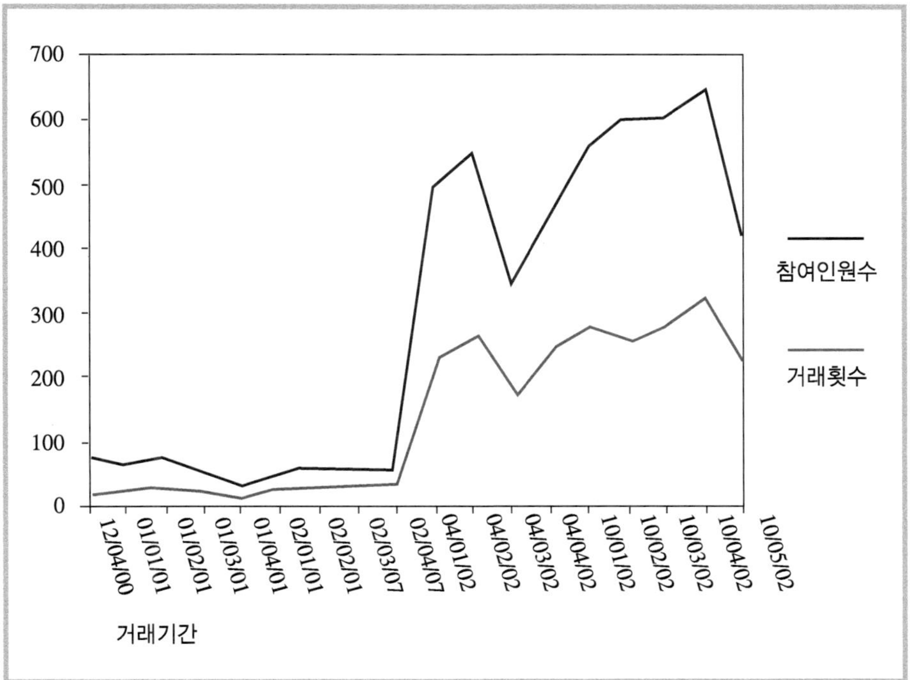

그림 7-1 주 단위별 참여인원과 거래횟수 변화

가, 두 번째 기간이 시작되는 2002년 4월 첫째 주에서 참여인원과 거래횟수가 각각 주별 500명 이상과 200건 이상의 거래 수준으로 급격히 증가하는 것을 알 수 있다. 세 번째 기간에 해당되는 2002년 10월의 다섯 주간에도 전체적으로 두 번째 기간과 비슷한 수준에서 참여인원과 거래횟수가 유지되는 것을 알 수 있다. 이는 시장 형성된 지 약 1년 이후부터 시장이 안정화된 것으로 볼 수 있다.

다음에서는 온라인 시장의 정보 검색이 가격 형성과 거래 관계에 어떤 영향을 미치는가를 분석할 것이다.

1) 가격변동성과 가격분산도

이 시장에서 거래되는 상품들은 주로 어떤 가격대인가? 가격에 관한 기초

표 7-1 가격별 거래상품 기초 통계치(단위: 만 원)

	평균	최빈값	표준편차	최소값	최대값
가격	25.75	10	40.92	.30	470

통계치는 다음과 같다. 상품의 평균 가격은 25.75만 원이고, 전체적으로 50만 원 이하 상품들이 대부분이라는 것을 알 수 있다. 신품 AV기기에서 볼 때 이는 상대적으로 저가(低價)에 해당되지만, 이 시장에서 거래되는 기기들은 중고이며, 경우에 따라 20년 이상 된 것을 고려하면 가격 분포를 이해할 수 있다. 상대적으로 낮은 수준의 가격은 이 시장에 참여하는 사람들이 여러 번에 걸쳐서 상품을 사고파는 것을 가능하게 해준다.

그렇다면 가격 검색이 가능한 온라인 중고시장에서 상품의 가격변동성과 가격분산도는 어떻게 나타날 것인가? 주목할 것은 이 시장에서 거래되는 상품들이 중고이기 때문에 신상품에 비해서 표준화 정도가 낮다는 것이다.

다음에서는 이 시장의 상품 가격변동성(volatility)과 가격분산성(price dis-

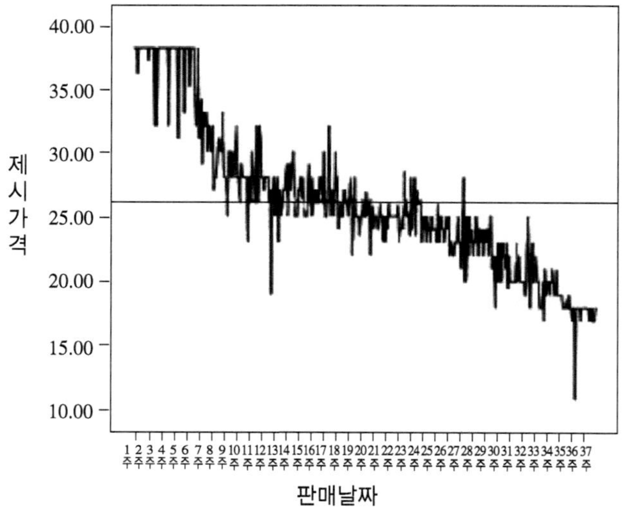

그림 7-2 가격변동성과 가격분산도(ARV-6000, AV 리시버앰프)

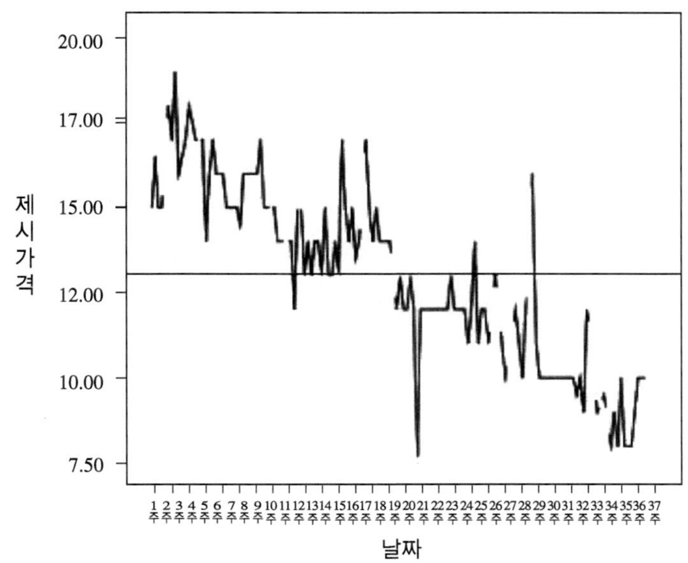

그림 7-3 가격변동성과 가격분산도(AV-80, AV 리시버앰프)

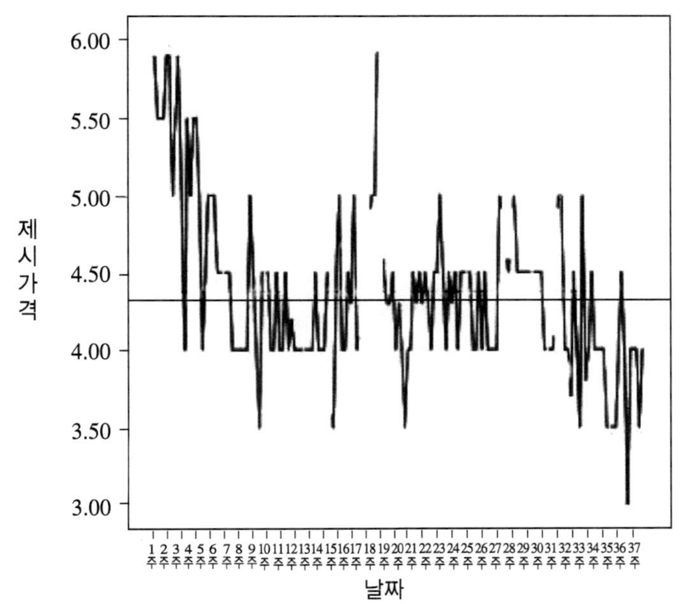

그림 7-4 가격변동성과 가격분산도(ACC-55, CD 플레이어)

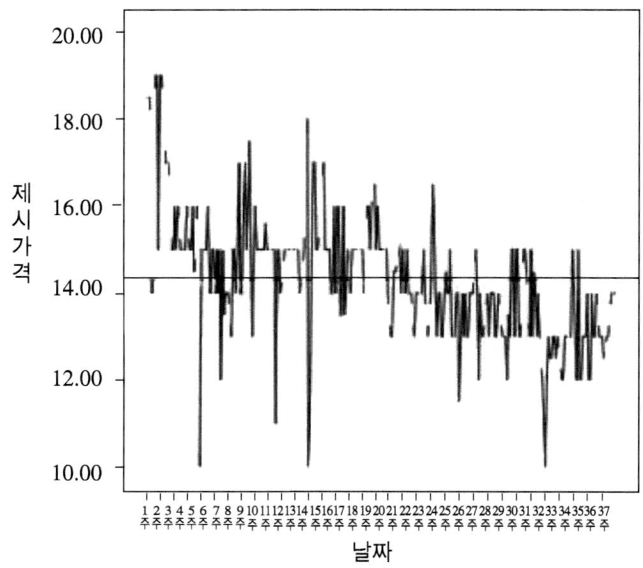

그림 7-5 가격분산성과 가격분산도(AA-77, AV 리시버앰프)

persion)을 알아보기 위해 가장 많이 거래되는 대표적 상품들의 가격의 시계열적 분포를 그래프로 보여주고 있다. 이를 위해 분석 기간동안 가장 많이 시장에 나온 상품 4개를 선택하고, 이 상품의 가격 변화를 시장 시작 이후 2002년 10월까지 나타낸 것이다. 각 그래프는 상품별 가격 변동을 보여주고 있는데, 이렇게 상품별로 분석하는 것은 동일 상품의 가격 변동을 통해 가격변동성과 가격분산성을 보여주기 위한 것이다.

위의 그림에서 나타난 가격 관련 기초 통계치는 다음과 같다.

위의 그래프들에서 공통적으로 나타나는 것은 단기적으로는 좁은 가격분산도를 보여주고, 장기적으로는 가격의 지속적인 하락을 보여준다는 것이다.[8]

8 | 이후 분석에서 가격분산도가 '좁다' 거나 가격변동성이 '적다' 는 모두 상대적인 정도를 나타낸다.

표 7-2 상품모델별 가격의 기초통계치 비교 (가격 단위: 만 원)

상품모델	평균	표준편차	중위값	평균의 표준오차	최소값	최대값
ARV-6000	26.19	5.75	25.00	.28	11.00	38.00
AV-80	13.01	2.64	13.00	.23	7.70	19.00
ACC-55	4.38	.56	4.30	.05	3.00	6.00
AA-77	14.30	1.50	14.00	.09	10.00	19.00

이를 보여주기 위한 방법으로 다음에서는 상품의 현재가격을 종속변수로 하는 회귀분석을 실시했다.[9]

변수들에 대해 설명하면 lag(제시가격)은 다음과 같이 정의한다

$$\text{lag(제시가격)Sub} = \text{제시가격}_{t-1}$$

이 변수는 동일 상품에 대해 가장 최근 제시된 가격에 의해 어떤 영향을 받는가를 나타낸다. 이는 지난 거래에 대한 검색이 쉽고, 실제로 잠재적인 판매자와 구매자가 적절한 가격을 파악하기 위해 지난 거래를 검색하는 사실에 근거한다. 즉 최근 가격은 현재 가격 형성에 압력으로 작용할 수 있다는 것이다.

경과시간은 거래 물건이 제시된 시기가 시장의 최초 형성 시기인 2000년 12월 넷째 주로부터 얼마나 경과했는가를 나타낸다. 이 시장의 특성으로 많은 수의 거래자들이 한 번 구매한 이후 그 상품을 이 시장에서 팔거나 다른 상품과의 교환을 반복한다는 것이다. 이 경우 상품이 시장에 등장한 지 오래되었다는 것은 상품의 회전율을 나타낼 수 있고, 이것이 상품 가격에 어떤 영

9 보다 완결적인 분석을 위해서는 t−2 등 다른 시점에서 가격 자료를 포함하는 시계열분석이 필요하지만, 여기에서는 전 시점에서의 가격이 미치는 영향을 간단히 보여주기 위해서 t−1 시점만을 포함하였다. 차후 연구에서는 가격변화에 대한 시계열적 분석만을 따로 제시할 예정이다.

표 7-3 상품모델별 가격 관련요인에 대한 회귀분석(변수별수치는 회귀계수와 표준오차)

상품모델	ARV-6000	AV-80	ACC-55	AA-77
lag(제시가격)	.412***(.045)	.327***(.080)	.478***(.076)	.223***(.060)
경과시간	−.105***(.009)	−.056***(.008)	−.008**(.003)	−.032***(.005)
조회수	−.002***(.001)	−.001(.001)	.000(.000)	−.001**(.000)
R^2	.894	.823	.374	.394
사례수	403	115	133	204

(**는 p < .005, ***는 p <.001)

향을 미치는가를 보기 위한 것이다.[10]

조회수는 상품의 판매 메시지를 얼마나 많은 사람들이 보았는가를 나타내는 것으로, 이는 상품에 대한 관심을 나타내고, 넓은 의미에서 상품에 대한 수요로 해석할 수 있다.

〈표 7-3〉에 나타난 결과를 해석하면 다음과 같다. lag(제시가격)과 경과시간이 모두 유의미한 영향을 보여준다. 먼저, lag(제시가격)의 경우 네 가지 상품모델 모두에서 1보다 작은 값을 나타낸다. 만일 lag(제시가격)의 회귀계수가 1이라면, 이는 거래 시점보다 한 단계 전 시점에서 제시된 가격이 한 단위 변화하는 정도가 현재 가격의 변화하는 정도와 같다는 것이다. 그런데, 위의 표가 보여주는 것은 상품모델별로 .223에서 .478로 나타난다. 이는 최근 제시된 가격 변화에 비해 현재 제시된 가격의 변화가 작다는 것을 보여준다. 이는 위의 그래프들에서 보여주는 전체적인 가격 하락의 경향으로 나타난다. 경과시간의 경우, 네 가지 상품 모두에서 유의미하게 음의 값으로 나타났다. 이는 최근에 거래될수록 거래 가격이 하락한다는 것을 보여준다. 조회수의 경우 통

10 | 자료를 통해 상품의 회전율을 제시하는 것이 효과적지만, 개별 상품이 실제로 반복되어 거래되는 것은 거래자가 거래메시지에 언급하는 경우를 통해서만 확인 가능하기 때문에, 이 연구에서 포괄적인 회전율을 제시하기 어렵다. 그러나 많은 수의 판매자가 메시지에서 이 시장에서 누구에게 구입했는가를 언급한다는 사실을 바탕으로 상품의 회전에 대해서 추론할 수 있다.

계적인 유의미성이 약하게 나타났거나, 그 영향력이 미미한 것으로 나타났다.

그렇다면, 전체적으로 단기간 좁은 가격분산성과 장기간 가격하락은 왜 나타나는 것일까? 또한 거래횟수와 가격분산성 간 관계는 어떻게 해석할 것인가? 다음에서는 이에 대한 네 가지로 해석과 관련된 자료를 거래자간 상호작용에 대한 내용 분석을 통해 보완적으로 제시하고자 한다.

(1) 상품의 표준화 정도

시장에서 거래되는 상품의 특성은 시장의 특성에 영향을 미친다. 그 중에서 기존 연구들이 주목하는 상품의 특성은 상품의 표준화 정도(standardization)와 상품 가치평가(valuation)의 상호의존성(interdependence)이다(Geertz, 1978; Kocak, 2003). 상품의 표준화란 시장내에서 거래되는 상품이 동일 상품일 경우 얼마나 일관된 품질(quality)과 양(quantity)을 유지하는가이다. 쌀시장과 고무시장에 대한 분석에서 콜록과 오브라이언(Kollock and O' Brien, 1992)은 쌀에 비해 고무는 상품별 품질이 일정하지 않고, 구매자가 거래 시점에서 해당 상품의 품질을 파악하기 어렵기 때문에, 고무시장의 거래는 동일한 거래자간 반복적인 거래가 이루어지는 단골화(clientelization) 경향을 나타낸다고 주장한다. 반면에 상대적으로 표준화 정도가 높고, 거래 시점에 구매자가 품질을 파악할 수 있는 쌀은 고전 경제학에서 논의하는 대로 가격에 따라서 거래 대상자들이 쉽게 교체되는 경향을 보인다는 것이다. 요약하면 상품의 표준화 정도는 시장 불확실성으로 이어지고, 이에 대한 방안으로 단골화 혹은 대안적인 거래유형이 나타난다는 것이다.

상품의 표준화가 영향을 주는 것은 단지 시장내 지배적인 거래유형뿐 아니라, 가격 형성 메커니즘과 그에 따른 가격분산성과 가격변동성에 영향을 줄 수 있다. 판스로우(Fanselow, 1990)에 따르면, 상품 품질의 표준화 정도가 높을수록 구매자는 상품의 품질을 평가하기 쉽고, 이에 따라 품질과 가격간 상응 정도가 높아지기 때문에 판매자는 품질을 통한 차별화 전략을 실시하고, 이에 따라 품질이 차이나는 동일한 유형의 상품간 가격분산성이 커진다. 반대로 상품이 표준화 정도가 낮을 경우, 구매자가 품질을 평가하기 어려울수록 구매자가 품질을 차별화하기 어렵기 때문에 보다 비교하기 쉬운 가격에 주목하고, 이에 따라 판매자는 가격에 의해 경쟁하게 되고, 따라서 가격분산성은 줄어들게 된다(Fanselow, 1990).[11]

그러나 이러한 표준화와 가격분산성의 관계에 대한 논의는 보완될 필요가 있다. 표준화와는 구별되는 차원에서 상품의 품질에 대한 불확실성 혹은 정보의 수준을 고려해야 한다는 것이다. 즉 상품의 표준화가 낮더라도, 상품의 품질에 대한 정보 수준은 높거나 낮을 수 있다. 상품의 표준화가 낮으면서 상품에 대한 정보 수준이 낮은 경우, 판스로우의 주장처럼 구매자는 상품의 품질을 구별하기 어렵기 때문에 가격에 주목하고 이에 따라 판매자는 가격으로 경쟁하기 때문에 가격분산성은 줄어든다. 그러나 상품의 표준화가 낮으면서 상품에 대한 정보 수준이 높다면, 즉 구매자가 쉽게 품질을 평가할 수 있다면, 동일한 유형의 상품의 가격은 그 품질을 반영하게 되어 가격분산성은 상대적으로 높을 것이다.

구매자가 상품의 품질을 평가하기 어려운 시장의 예로 미술품 시장을 말해보자. 이 경우 미술품의 품질은 표준화되어 있지 않고, 동시에 일반 구매자는

11 | 가격 검색이 가능하고 상품의 표준화 정도가 높은 신품 책이나 음악 CD를 파는 인터넷 상점간 가격분산성이 사라질 것인가? 그렇지 않다. 이는 동일한 책이나 CD 가격을 인터넷 서점들을 비교해보면 쉽게 알 수 있다. 그렇다면 이 경우 가격분산성은 왜 사라지지 않는가? 맥밀런(McMillan, 2002)은 가격분산성이 존재하는 것이 단지 가격 검색을 귀찮아하는 구매자들 때문이 아니라, 같은 상품이라도 여전히 인터넷 상점간 서비스 품질과 관련된 차이가 있고, 이 차이가 가격분산성을 유지시킨다는 것이다. 즉 같은 책이라도 그 책을 주문했을 때 얼마나 잘 포장되어 약속된 시간에 배달되고, 신용카드 사용시 위험한가에 대해 구매자가 인터넷 상점들을 차별적으로 평가하기 때문이라는 것이다. 즉 돈을 조금 더 내더라도 신뢰할 수 있는 상점에서 구매한다는 것이다.

미술품의 품질을 차별적으로 평가하기 어렵다고 가정하자. 이 경우 구매자는 좋은 품질과 나쁜 품질을 차별화할 수 없기 때문에, 미술품 가격에 주목하게 된다. 이에 따라 판매자는 미술품의 가격분산성을 줄이게 된다. 그러나 만일 미술품의 품질이 차별적이라도 구매자가 품질을 차별적으로 평가할 수 있다면, 가격분산성은 상대적으로 높을 것이다. 실제 시장에서 미술품의 가격분산성이 큰 이유는 미술품의 품질을 평가하는 전문가집단이 존재하고, 이들에 의해 미술품의 품질에 대한 차별화가 이루어지기 때문이다. 이 경우 전문가집단내 품질 평가에 대한 합의가 클수록 개별 미술품간 가격분산성은 커질 것이다.

이 연구의 대상인 중고 AV기기의 경우, 동일한 모델이라고 하더라도 실제 품질 차이가 클 수 있고, 동시에 구매자의 경우 상품을 직접 보고 테스트해보고 사기 어렵고, 객관적으로 상품을 평가해주는 제3자가 없기 때문에, 상품의 품질을 차별화하기 어렵다. 따라서 동일한 모델의 경우 구매자는 가격에 주목하게 되고, 이에 따라 자신의 상품의 품질이 동일한 모델의 다른 상품보다 더 품질이 좋다는 것을 아는 경우에도 판매자는 자신의 상품에 대해 같은 모델의 최근 가격에서 크게 벗어나는 가격을 요구하기 어렵다. 따라서 이 시장의 단기간 가격분산성은 줄어들게 된다. 만일 이 시장에서 개별 상품의 품질을 판단해주는 공신력있는 평가자 집단이 형성된다면 가격분산성이 늘어날 것이다.

(2) 가격검색

인터넷상에서 이루어지는 온라인 시장이 오프라인 시장과 가장 다른 것은 구매자의 입장에서 가격 검색 기능을 통해 더 싼 가격을 찾는 것에 대한 거래비용이 크게 줄어든다는 것이다. 이런 온라인 시장의 특성으로 인하여 이런 시장들은 고전 경제학에서 상정하는 마찰 없는(frictionless) 시장이라는 주장이 제기되기도 한다.

다른 조건이 동일한 경우 가격검색이 매우 낮은 비용으로 가능하다는 것은 그 시장내 동일한 종류인 상품의 가격분산성을 줄일 것이다. 이 연구의 대상인 온라인 시장의 경우 거래가 이루어지는 게시판에서 구매자들은 쉽게 시장이 처음 만들어진 시점부터 지금까지 시장에 나온 상품들의 판매조건과 실제로 거래에 성립된 조건, 그리고 거래에 참여한 사람들의 검색이 쉽게 가능하다. 이는 상품의 표준화 정도가 낮은 것과 같이 가격분산성을 줄이는 방향으로 작용할 것이다. 실제로 거래 게시판에서 구매자들은 원하는 상품이 나올 경우 먼저 해당 상품과 상품 판매자의 지난 거래 내역을 검색함으로써 가격이 적당하고, 판매자의 신뢰 가능성을 평가한다. 이 경우 성공적인 판매 횟수가 많을수록 판매자의 신뢰 가능성은 높은 것으로 평가된다. '옥션' 과 같은 시장의 경우 '신용점수' 가 제공되지만, 중재하는 조직이 없는 이 시장의 경우 검색 결과로 나타나는 거래 내역이 그 역할을 하게 된다. 최근 거래 가격은 '정당한' 가격의 기준으로 작용하고, 실제로 이 가격과 제시하는 가격 차이가 클 경우 구매자는 판매자에게 가격 협상의 정당한 근거로 지난 거래 가격을 제시하게 된다.

그렇다면 이 연구의 대상인 온라인 시장에서 분석된 상품들의 가격이 모두 장기적으로 하락하는 이유는 무엇인가? 가장 쉬운 설명은 단순히 시간이 지남에 따라 중고품으로서 가격 하락이 되는 부분이다. 이러한 설명은 부분적으로 적용 가능하지만, 이 시장의 특성으로 고려해야 할 것은 이 시장은 중고품, 특히 신품으로 나온 지 10년 이상의 상품이 대다수라는 것이다. 이 경우 단순히 시간의 흐름에 따른 가격 하락 폭은 상대적으로 줄어든다고 할 수 있다. 또한 주목할 것은 가격 하락이 관찰되는 시간 폭이다. 만일 단지 시간 흐름에 따른 품질 저하, 그리고 이를 반영한 가격 하락이라면, 가격 하락은 상대적으로 장기간에 걸쳐 나타날 것이다. 그러나 실제 가격 하락은 짧은 시간 내, 예를 들어 한 달 혹은 일주일 간격에 따라 거래 시점마다 나타난다. 더 중요한 것은 사용 시간에 따른 가격 하락이라면, 시점상 더 뒤에 판매되는 상품의 사용 시간이 짧다면 시점상 앞에 판매되었지만 사용 시간이 긴 상품보다 더 높은 가격을 요구할 수 있을 것이다. 그러나 실제 가격 변동이 보여주는 것은 뒤에 거래될수록 가격이 하락하는 것을 볼 수 있다. 따라서 이러한 장기적인 가격 하락에 대해서는 단지 중고품으로서 시간에 따른 가격 하락 이외에 다른 설명이 필요하다. 이를 위해서 이 연구에서는 위에서 제시한 지난 거래에 대한 검색 기능과 함께 이 시장에서 존재하는 비공식적 규범에 대한 설명을 제시한다.

(3) 비공식적 규범: '수업료'

이 시장의 거래 내역을 조사해보면 많은 사람들이 상품을 반복적으로 판매와 구매한다. 다음 표는 2002년 4월 한 달간 개인별 판매와 구매횟수이다.

시장 발생 시점부터 지금까지 약 3년 정도 기간 동안 많은 수의 사람들이 지속적으로 판매와 구매를 반복하거나 게시판에 글을 남기면서 참여해왔다. 이렇게 반복적으로 판매하고 구매하는 것은 중고로 구입한 기기를 들어본 후 스스로 다른 기기를 들어보고 싶거나 게시판을 통해 가격대 성능이 좋은 기기에 대한 평판이 전파되는 경우 자신의 기기를 판매하고 다른 기기를 구입하는 것이 지배적인 시장의 참여 유형으로 나타나기 때문이다.

이 과정에서 형성되는 대표적인 비공식적 규범은 시장에 구입한 것을 다시 팔 때 무엇이 정당한 가격인가에 대한 것이고, 그 중에서 대표적인 것은 '수업료' 라는 규범이다. 수업료란 이 시장에서 구입한 상품을 다시 팔 때 자신이 구입한 가격에서 일정 비율을 할인하는 것이다. 이것을 수업료라고 부르는 이유는 구입 후 들어보고 자신의 선호를 잘 파악하고, 그에 따라 더 나은 기기를 찾기 위해서 판매하는 것이기 때문에 새로운 지식을 얻은 만큼 판매시 이익

표 7-4 개인별 판매와 구매횟수(기간: 2002년 4월, 총인원: 1,068명)

	최소값	최대값	평균	표준편차
판매횟수	0	20	.95	1.57
구매횟수	0	8	.95	1.09

을 내는 것이 아니라 오히려 구매자에게 할인을 해준다는 것이다. 물론 구매 후 일주일 이내에 다시 판매할 경우 같은 가격으로 파는 것은 사회적으로 용인되지만, 상품 수요가 클 경우에도 이익을 남기고 판매하려는 것은 강한 사회적 비판과 제재를 받게 된다. 이러한 제재는 거래와 직접 관련없는 시장 참여자들이 매번 판매 메시지에 20개 이상의 항의 메시지를 남김으로써 이루어진다. 만일 판매자가 가격 할인을 거부하는 경우, 흔히 해당 판매자에 대한 경고메시지와 함께 불매운동이 벌어진다. 결과적으로 수업료 규범은 전체적으로 동일한 상품의 장기적인 하락 현상으로 나타난다.

가격 하락에 대한 경제학에서 말하는 것처럼 수요와 공급의 영향이다. 즉 시간이 흐름에 따라 해당 상품이 중고상품으로서 수요가 줄어들게 되고, 이에 따라 가격이 하락하는 경우이다. 그러나 구형 상품에 대한 수집 성향이 강한 중고 오디오 시장의 경우 시장에 나온 지 오래된 상품(예를 들어, 진공관 앰프나 턴테이블)일수록 오히려 수요가 증가하는 경우가 흔하기 때문에 가격 하락을 시간에 따른 수요 하락이라고 보기 어렵다.

또 다른 대안적 설명으로는 시간 경과에 따른 가치하락이다. 모든 상품은 사용함에 따라 가치 하락이 되는 것이 사실이므로, 이러한 요인이 작용 가능하지만, 이 시장의 경우 이 요인의 영향은 상대적으로 작다. 이는 상당수 상품들이 흔히 이미 20년 이상 된 중고 오디오 시장의 경우, 시장에 남긴 구매자들의 메시지에 나타난 내용을 보면, 구매자가 추가적인 단기 사용 여부를 가치 하락으로 연결하고 있지 않다고 판단하기 때문이다. 또한 미술 수집품의 경우처럼 상품 연령이 클수록 수집품으로서의 가치가 인정되는 경우가 있기 때문에, 단순히 사용 기한에 따라서 가격 하락이 이루어진다고 하기 어렵다.

흥미로운 것은 어떤 것이 정당한 수준의 수업료 혹은 가격할인인가라는 것이 정해져 있지 않기 때문에, 판매자들은 흔히 '가격지도,' 즉 시장 참여자들에게 정당한 수준의 가격 할인 폭을 제시해줄 것을 판매 메시지에서 요구한다. 다음 내용은 이러한 수업료에 대한 거래메시지의 사례이다.

> 강** (2002-12-01 02:05:48)
>
> 안녕하세요. 저도 항상 수업료내면서 오됴 생활을 하고 있는 초보입니다. 그렇지만 다른 분들도 좋은 오디오 경험하라고 항상 수업료를 네고 하라고 할 필요까진 없을 것 같군요. 이론적으로 그렇게 하면 결국엔 0원까지 도달할 꺼구요.....

> 이** (2002-11-23 09:34:51)
>
> 3주전쯤인가 전에 석**님으로부터 135만 원에 구입하였습니다. 소리는 마음에 드나 사정상 돈이 필요하여 이것저것 정리하고 있는 중입니다. 외부 상태에 민감하지 않으시다면 참 좋습니다. 제가 수업료로 얼마로 해야 할지 아직 잘 모르겠네요.

> 조** (2002-11-30 10:37:42)
>
> 구입하실 때 125 아녔나요? 이게 아니라도 고민 끝에 내놓으신 135일텐데... 사실은 한두 달 전에 제가 예약했다가 놓친 그 녀석이거든요. 이 녀석 운명이 참으로 기구 하군요 좀더 싸게 내놓으셔야 이 녀석을 이뻐할 분이 계실 줄로 아는데.........

첫 번째 메시지에 나온 것처럼 수업료가 비공식규범이라는 점에서 그 폭이 명확하게 규정되어 있지 않고, 수업료의 필요성에 대해 논쟁이 벌어지기도 하지만, 전체적으로 수업료라는 규범의 존재는 명확하게 사회적으로 인식되고 있다.

같은 물건을 판매시 이윤을 남기는 것을 부정적으로 보는 것은 이 게시판의 유일한 공식 규범인 '업자금지,' 즉 상업적으로 AV기기를 판매하는 판매업자의 참여를 금지하는 것과 연결된다. 이는 판매와 관련된 공식 규칙이 명시된 게시판에 적혀 있고, 모든 판매 메시지 밑에는 '업자신고' 란이 있어서 판매자가 전문 판매업자라는 것이 의심될 경우 게시판 운영자에게 신고하도록 되어 있다. 이 경우 게시판 운영자는 해당 사항을 확인하고, 사실로 확인될 경우 해당 판매자를 시장에서 퇴출시킨다. 이러한 규범의 근거로 제시되는 것은 이 시장이 단지 경제적 교환 영역일 뿐 아니라 AV기기에 대한 동호인들을 중심으로 하는 공동체라는 것에 대한 강조에 근거한다. 전문판매상, 광고, 그리고 최근에 공동구매에 대한 금지 규정을 신설하면서 게시판 운영자가 제시한 다음 설명에서 공동체로서의 시장 규정이 잘 드러난다.

> 회원님들께서 이용하는...장터(판매, 구입, 벼룩 장터)를 정의하자면 "음악을 좋아하는 사람들끼리 사용하던 기기들을 서로의 필요에 의해 거래할 수 있는 공간"이라고 할 수 있습니다. 위와 같은 내용은...장터게시판을 운영하는 목적이기도 합니다... 장터는 공구나 공제를 진행하고, 자신이 자작한 제품을 지속적으로 판매하는 공간이 아니라 회원분들께서 사용하는 기기를 서로 교환하거나, 구매하고 , 판매하는 곳입니다.

결과적으로 가격에 대한 수업료라는 규범, 전문 판매업자 금지, 지난 거래내역에 대한 검색 기능, 특히 공동체로서의 시장에 대한 인식이라는 요인들이 상품의 장기적인 가격 하락 경향을 설명할 수 있다고 할 수 있다. 이러한 규범이 없다면 고전 경제학에서 논의하는 것처럼 동일 상품의 가격은 수요와 공급에 따라 상승과 하락을 보여야 할 것이다. 실제로 모든 상품에서 장기적인 가격 하락이 보이는 것은 경제학적 변수 이외에 이 시장의 작동이 참여자 간 사회적 상호작용과 사회적 규범에 의해 영향 받는다는 것을 보여주고, 광의의 의미에서 이 시장이 하나의 사회적 공간이라는 것을 보여준다.

(4) 거래횟수

위에서 제시한 네 가지 상품의 가격 변화에서 나타나는 것은 거래횟수가 증가할수록 단기간 가격분산성이 작아진다는 것이다. 이에 대한 해석으로 가능한 것은 최근 거래된 가격이 다음 번 동일한 상품 거래시 가격의 정당한 기준으로 작용된다고 할 때, 단기간에 일정 가격대에서 거래횟수가 빈번할수록 판매자에게 그 가격과 유사한 수준에서 판매하라는 사회적 압력이 더 강하게 작용할 수 있기 때문이라고 할 수 있다.

다음에서는 시장의 사회적 성격을 보다 직접적으로 보여주기 위해 시장의 형성 시점 이후 참여자 간 거래 연결망 구조의 변화와 이와 함께 시장내 하부집단의 형성 과정을 분석하기로 한다.

2) 단골화와 하부집단의 형성과 변화

기어츠(Geertz, 1978)가 고전적 형태의 시장으로서 바자(Bazaar)를 분석한 이후 경제사회학자들이 시장의 사회적 배태성을 논의할 때 흔히 강조하는 것은 이런 시장에서 발견되는 거래 관계에서 단골화(clientelization) 현상이 발견된다는 것이다(Uzzi, 1999). 단골화란 동일한 대상과 반복해서 거래하는 것을 말하는데, 이는 경험적 연구에서뿐 아니라 실험 상황에서도 관찰되었다(Kollock and O' Brien, 1992; Kollock, 1994). 이 논의에 의하면 모든 시장 상황에서 항상 단골화 현상이 나타나는 것이 아니라 시장의 불확실성, 즉 거래되는 상품의 품질, 양, 그리고 거래 상대방에 대한 불확실성이 높을수록 단골화 경향이 나타나고 이에 따라 거래자간 높은 결속감과 신뢰를 형성하는 하부집단들이 나타난다는 것이다. 디마지오와 라우치(DiMaggio and Louch, 1998)는 상품의 불확실성에 따라 사회적으로 아는 사람들 사이에 경제적 거래가 이루어질 확률이 높다고 논의하면서, 불확실성에 대한 대응으로 기존 사회적 관계 내에서 거래를 하거나, 동일한 사람과 반복해서 거래함으로써 경제적 거래 관계에 사회적 측면을 강화시킨다는 것이다.

단골화와 하부집단의 형성과 같이 사회적으로 배태된 거래 관계는 참여자로 하여금 단기적인 이해보다는 장기적인 이해관계를 지향하게 하고, 기회주의적 행동을 할 경우 단지 직접 거래한 사람뿐 아니라 이들과 연결되어 있는 사람들로부터 사회적 제재를 받게 함으로써 기회주의적 행동을 자제하도록 한다는 것이다.

이 연구의 대상인 온라인 중고시장은 오프라인 시장이나 운영 조직에 의해 중재되는 온라인 시장들과 달리 잠재적으로 높은 시장 불확실성을 가진다. 그렇다면 우리는 경제사회학의 논의처럼 이 시장에서 단골화와 하부집단의 형성을 관찰할 수 있을 것인가? 다음에서는 이를 분석하기 위해서 시장의 발생 시점부터 거래 연결망의 형성을 시점별로 나누어 볼 것이다. 원래 분석은 주 단위로 거래 연결망을 분석하였으나, 이 글의 지면상 중복되는 특성을 보여주는 것들은 제외하고 시기별로 특징적인 것을 제시하고자 한다.[12] 전체 시기는 크게 세 시기로 구분한다.[13]

다음 그림들은 시장이 2000년 12월 넷째 주에 처음 형성된 이후 거래 연결망의 형성과 변화를 보여준다.[14]

〈그림 7-6〉에서 알 수 있는 것은 시장이 만들어진 첫 주에 중심적인 하

12 | 최근 우지, 스피로, 데리스(Uzzi, Spiro, and Delis, 2002)는 미국 브로드웨이 뮤지컬 산업에서 참여자 간 공동작업 연결망의 변화 과정을 산업 초기부터 현재 시점까지 분석하였다. 우지는 이 경우 전체 연결망은 크게 세 단계, 즉 서로 분리된 클러스터 형성, 클러스터간 연결, 그리고 소수의 교량 역할 행위자에 의한 전체 연결망 현상이라는 '스몰월드(small world)' 현상을 보여준다고 논의하였다. 이 연구와의 공통점에도 불구하고, 우지는 이런 현상이 왜 일어나는가에 대한 논의는 제시하지 않고 있다.

13 | 이 분석 결과에서 제시되지 않은 기간의 그림은 기본적으로 이 글에서 제시된 기간 중 인접한 시기의 그림과 같은 구조적 유형을 보여준다.

14 | 이 글에 나오는 연결망 그림은 Netdraw Version 1.0을 사용하였다(Borgatti, 2002).

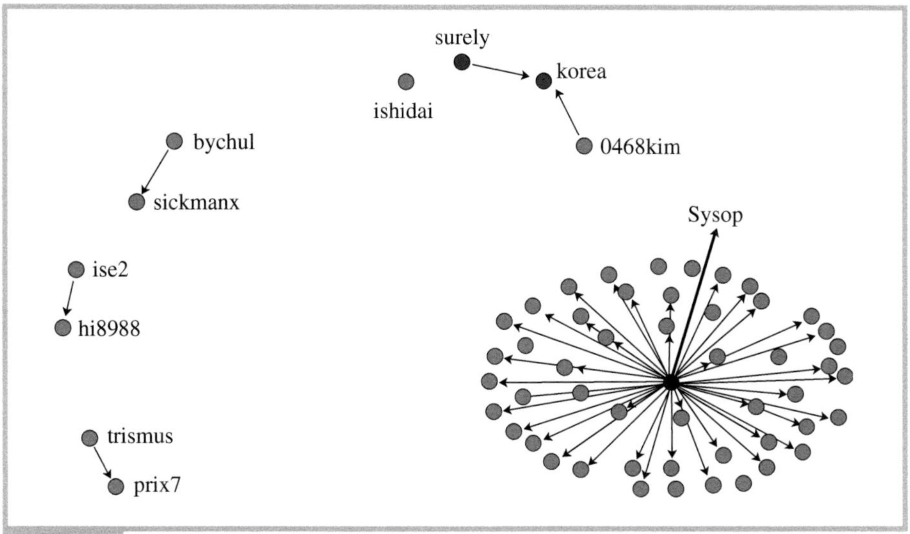

그림 7-6 거래 연결망 형태와 하부집단, 1단계(2000년 12월 넷째 주, 시장형성 첫 주)

부집단이 전체 연결망에 지배적으로 나타나고 이들 이외에 네 개의 하부집단이 서로 분리해서 존재한다는 것이다. 여기에서 발견되는 하부집단은 연결망 분석에서 말하는 컴포넌트(component)이다. 컴포넌트란 행위자들이 서로 연결되어 있는 하부집단을 말한다(Wasserman and Faust, 1994). 클릭(clique)과 다른 점은 컴포넌트의 경우 행위자들이 모두 서로 직접 연결되어 있을 필요는 없고, 다만 어떤 행위자도 다른 행위자들로부터 분리되어 있지 않다는 것이다.

위에서 지배적으로 나타나는 하부집단에서 특이한 것은 모든 행위자들이 한 행위자인 'sysop'과 거래하고 있다는 것이다. 여기에서 'sysop'이란 행위자는 이 시장을 운영하는 운영자이다. 이 시장이 처음에 생긴 것은 기존의 온라인 신품 AV기기를 파는 업체가 고객들에게 서비스로 중고 물건을 거래할 수 있는 게시판을 만들어주는 것에서 시작하였고, 처음 시작하였을 때, 업체 물건들 중 반품된 것들을 시장 활성화를 위해 판매용으로 제공했기 때문에 위와 같은 결과가 나온 것이다. 결과적으로 이 단계에서는 한 명의 지배적인 행

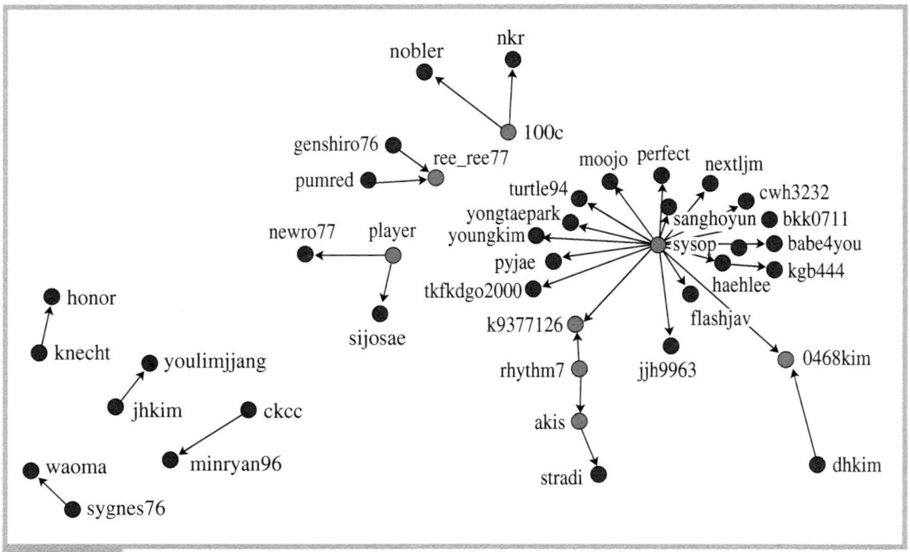

그림 7-7 주 단위별 참여인원과 거래횟수 변화

위자를 중심으로 조직된다는 의미에서 위계적인 하부집단이 전체 연결망을 대표하고 있다.

다음은 첫 주 이후 약 6주 정도 이후 거래 연결망을 보여준다.

이 그림이 첫 번째 그림과 가장 차이가 나는 것은 여전히 'sysop' 과 거래하는 하부집단이 가장 크지만, 이 집단이 이미 분화되어 나타나기 시작하는 것을 알 수 있고, 이들과 분리되어 3명 이상으로 이루어진 컴포넌트들이 형성되기 시작했다는 것이다. 여기에서 대부분의 행위자들과 다른 색으로 나타나는 행위자들은 연결망에서 교량(bridge) 역할을 하는 사람들이다. 즉 이들을 통해 분리된 하부집단들이 연결되는 것이다.

(1) 시장의 분화: 하부집단들 형성

다음 그림들은 시장이 형성된 이후 1년 10개월 이후 거래 연결망을 보여준다. 이 단계의 가장 중요한 특징은 'sysop' 이 이 단계에서 거래에 참여하지 않으면서, 초기 'sysop' 을 중심으로 형성되었던 지배적이고, 위계적인 형태의 하부집단은 사라졌다는 것이다. 이러한 위계적인 하부집단의 소멸은 시장의 원자화를 가져온 것이 아니라, 이를 대치하는 다양한 하부집단들의 형성을 보여준다. 전체적으로 11개 컴포넌트가 관찰되는데, 주목할 것은 그 중에서 5개의 규모가 큰 컴포넌트가 형성되어 있고, 이들 컴포넌트들은 한 명의 지배적인 행위자에게 위계적으로 연결된 것이 아니라는 것을 알 수 있다. 이는 이들 컴포넌트들이 교량 역할을 하는 행위자들에 의해 이전 시기에 분리되어 있던 컴포넌트들이 서로 연결되면서 나타났다는 것을 보여준다.

각 컴포넌트 내에서 거래자들을 연결해주는 교량 위치에 있는 사람들은 이 시장 초기부터 참여했으면, 반복적인 판매와 구매를 통해 이 시장내에서 흔히 '고수' 라는 이름으로 불리는 행위자들이다. 이들은 공식적인 영향력은 없지만, 이들은 다양한 기기들의 성능에 대한 평가와 자신들의 선호를 게시판에

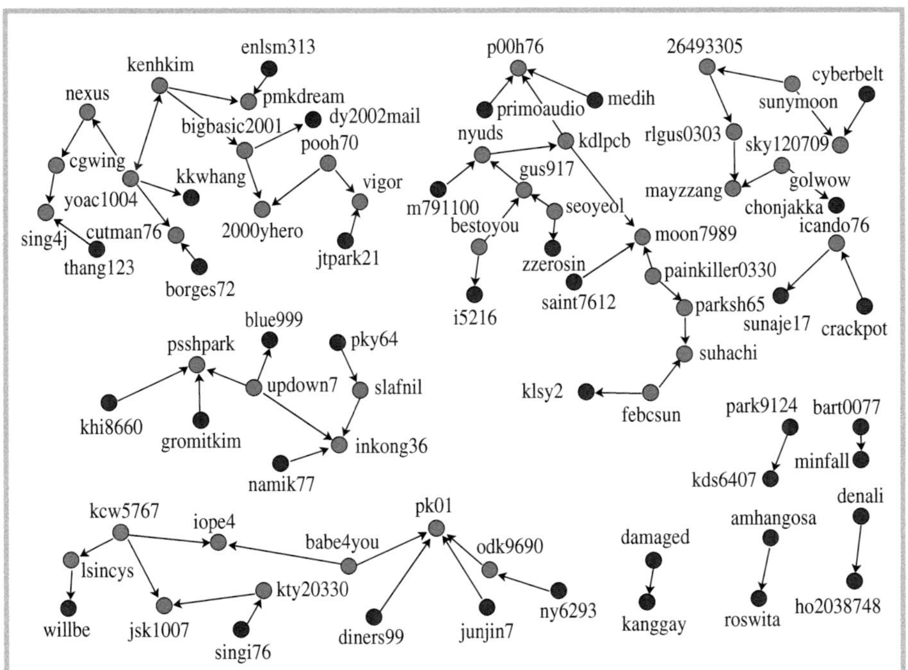

그림 7-8 거래 연결망 형태와 하부집단, 2단계(2002년 10월 첫째 주)

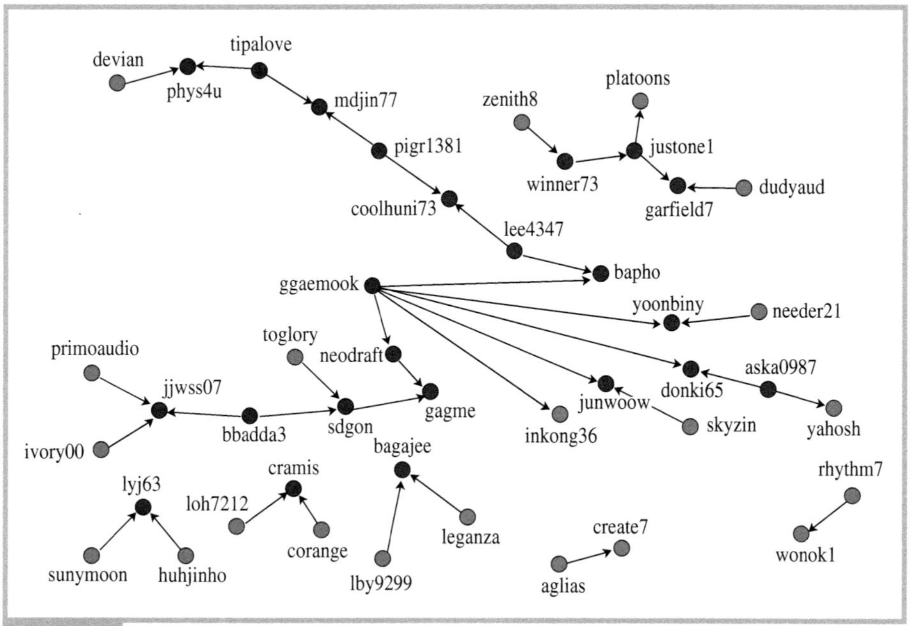

그림 7-9 거래 연결망 형태와 하부집단, 3단계(2002년 10월 다섯째 주)

알림으로써 일종의 '전문가' 집단의 역할을 수행한다. 이들은 단지 자신이 직접 거래하지 않더라도 다른 행위자들의 거래메시지에 자신들의 의견을 올림으로써 거래에 영향을 행사한다. 이들은 거래 게시판과 연결된 동호회 게시판에서 자신들의 동호회를 형성한다. 이들 동호회들은 흔히 '진공관 앰프 동호회', 'JBL 동호회' 등과 같이 특정 유형이나 모델에 집중함으로써 시장내 유행과 분화를 촉진시킨다.

(2) 시장의 연결

다음 〈그림 7-10〉은 가장 최근 거래 연결망을 보여준다.

이 단계에서 두드러지는 것은 하나의 커다란 컴포넌트의 등장에 의해 전체 연결망의 정도가 높아졌다는 것이다. 시장 초기에 발견된 컴포넌트에서는 한 행위자가 다른 거래자들과 연결되어 있지만, 다른 거래자들끼리 서로 연결되어 있지 않았다, 그러나, 후기에 관찰되는 컴포넌트는 그 크기에도 불구하고

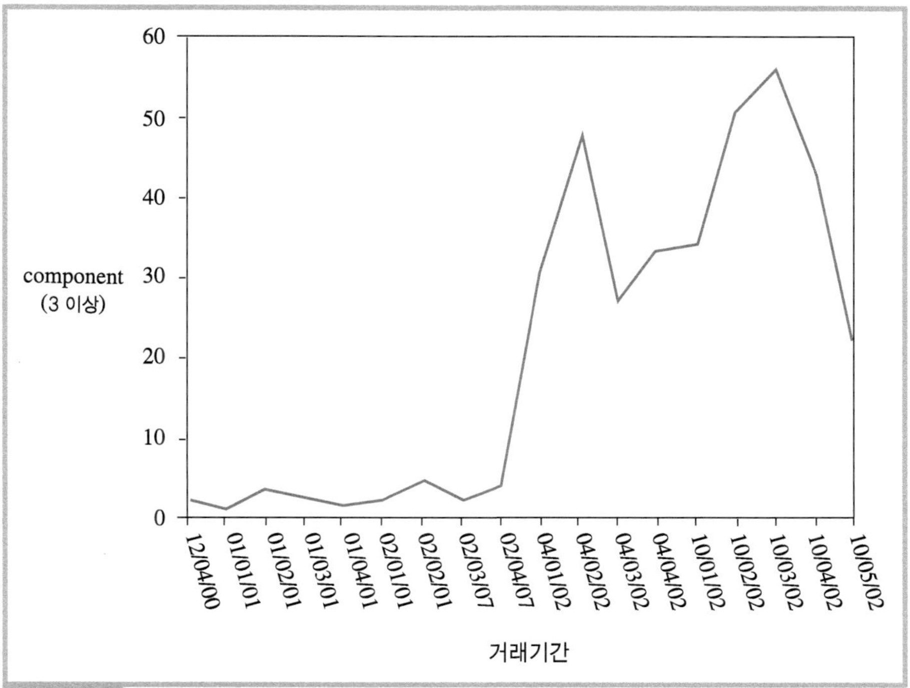

그림 7-10 거래기간별 하부집단(3명 이상 컴포넌트) 수 증가

행위자간 연결의 분포가 소수 사람을 중심으로 조직되어 있지 않다. 즉 위계적이지 않다는 것이다. 보다 구체적으로 말하면 가장 마지막 그림을 보면 전체 영역에서 다수의 작은 하부집단들이 등장하고, 이 하부집단들이 'ggaemook'과 같이 교량 역할을 하는 행위자에 의해 연결되어 있다는 것이다. 다음 그래프는 시간이 지남에 따라 3명 이상으로 이루어진 컴포넌트의 수가 증가하는 것을 보여준다.

〈그림 7-10〉은 연결망 규모가 크지만, 소수 행위자에게 집중되어 있지 않은 컴포넌트의 등장은 와츠(Watts)가 말하는 '스몰 월드(small world)'화 경향을 보여준다고 할 수 있다(Watts and Strogatz, 1998). '스몰 월드'이란 해당 영역 내 구성 요소들이 짧은 경로거리(path distance) 혹은 단계를 거쳐서 서로 연결되어 있는 현상을 말한다. 이런 현상이 가능하기 위해서는 특정 행위자에

대한 '선호적 연결(preferential attachment)'이 일어나야 한다.[15]

선호적 연결이란 행위자간 연결이 무작위로 형성되는 것이 아니라, 현재 다른 행위자들이 선호하는 행위자일수록 다음 단계에서 행위자들이 연결 대상으로 더 원한다는 것이다. 쉽게 말하면, 다른 사람들에게 인기좋다는 것 자체가 새로운 사람들에게 더 인기를 얻을 가능성이 높다는 것이다. 이렇게 선호적 연결의 대상이 되는 소수의 행위자들은 다양한 사회적 하부영역을 거치면서 흩어져 있는 행위자들을 연결하면서 나타나는 현상이다. 유행, 전염병, 인터넷과 같은 영역에서 광범위한 행위자들이 서로 연결될 수 있는 것은 이러한 행위자들 때문이다. 이 연구의 대상인 온라인 시장에서 역시 장기간 판매와 구매를 반복하는 행위자들은 긍정적 평판을 통해 전문가와 같은 역할을 수행하게 되고, 이들은 직접적인 거래뿐 아니라 다양한 자문 활동을 통해서 거래 연결망의 중심으로 등장하게 된다.

요약하면 거래 연결망의 진화를 통해 나타나는 현상은 크게 두 가지로 정리할 수 있다. 첫째, 하부집단이 형성되고, 둘째, 이 하부집단들은 다시 소수의 거래자들에 의해 서로 연결됨으로써 전체적 수준에서 시장이 연결되는 정도가 증가한다는 것이다. 전체적 연결망이 증가함에 따라 시장 초기에 비해 특정한 상품의 유행이나 선호, 거래자의 사회적 평판, 그리고 개인 거래자에 대한 사회적 평판의 긍정적, 부정적 효과가 증가할 것이라는 것을 예상할 수 있다.

그렇다면 이 온라인 시장에서 거래자들이 하부집단을 형성하고, 이 하부집단들이 소수의 거래자에 의해 연결됨으로써 시장내 일종의 사회구조가 형성되는 이유는 무엇인가?[16] 이를 설명하기 위해 경제사회학의 핵심 논의로 돌아

15 선호적 연결에 대한 설명은 와츠(Watts, 2003:108-111) 참조.

16 여기에서 사회구조의 의미는 행위자들이 공식적, 비공식적인 경계 내에서 소속의식을 가지고 상대적으로 지속적인 상호작용을 통해 사회적 관계를 유지하는 상태를 말한다. 이 연구의 경우 거래 참여자들이 지속적으로 시장에 참여하면서 동일한 사람들과 반복적으로 거래 관계를 형성하고, 거래 관계에 대한 규범을 형성, 적용하는 상태를 말한다.

가서 이 시장의 불확실성에서 출발할 수 있다. 직접적인 대면 관계에서 신품을 거래하는 것이 아닌 온라인 중고 AV시장은 상품의 품질, 가격, 그리고 거래 상대방에 대한 불확실성이 높은 시장이다. 또한 동일한 상품이라도 보존 상태에 따라 품질 차이가 날 뿐 아니라, 구매자들은 어떤 것이 더 나은 기기인가를 판단할 객관적인 기준이 없다. 'eBay'나 '옥션'과 같은 온라인 시장의 사례와 달리, 거래 상대방의 기회주의적 행동을 막을 수 있는 조직이나 제도에 의한 중재 역시 존재하지 않는다.

이런 불확실성을 줄이기 위해서 몇 가지 전략을 시도할 수 있다. 첫째, 가격에 대한 불확실성을 줄이기 위해 동일한 상품에 대해 지난 거래 가격을 검색한다. 이에 따라 과거 가격은 미래 가격의 기준 역할을 하게 되며, 결과적으로 작은 단기간 가격분산성이 나타난다. 그러나 '수업료'라는 비공식적 규범은 장기적으로 가격 하락을 나타내게 한다.

둘째, 품질과 거래 상대방에 대한 불확실성을 줄이기 위해 거래메시지에 담긴 상품의 사진이나 거래 상대방의 전화번호 등과 같은 내용을 통해 평가한다. 보다 중요한 것은 거래 상대방의 지난 거래 내역을 검색한다. 동일한 상품을 판매하는 사람들 중에 성공적으로 완결한 과거 거래가 많은 사람을 선택함으로써 상품의 품질과 거래 상대방에 대한 불확실성을 줄인다. 또한 비슷한 가격대 상품들을 비교, 평가하는 객관적인 기준이 없는 상황에서 시장에서 성공적인 거래를 많이 한 사람들의 의견과 이들이 거래하는 상품은 초보자들에게 상품 선택의 기준으로 작용할 수 있다.[17] 이에 따라 나타나는 현상은 새로운 구매자가 상품을 거래할 때 이 시장에 많이 참여하면서 성공적으로 거래를 마친 거래 행위자들에 대한 선호적 연결 현상이 나타나게 되고, 이들을 중심으로 하부집단이 형성되고, 이들이 다양한 사람들과 거래하게 됨에 따라

17 | 이 시장에서 이런 사람들을 '고수'라고 부르는 것에는 이들이 일종의 '전문가' 역할을 한다는 것을 보여준다.

하부집단들이 서로 연결되는 것이다.

결론적으로 온라인 중고시장의 거래자간 사회구조는 시장의 불확실성과 이에 대응하기 위한 거래자간 사회적 상호작용의 결과라고 할 수 있다.

5. 결론과 토론

이 연구는 교환시장의 사례로서 온라인 중고 AV시장을 분석했다. 이 연구는 크게 세 가지 점을 목적으로 한다. 첫째, 이 연구는 경제사회학에서 핵심적인 연구 대상인 시장, 특히 교환시장에 대한 지금까지 경험적 연구의 부재를 보완하려는 시도이다. 둘째, 이 연구는 시장의 중요한 특성으로 온라인 시장의 가격 검색 기능이 가격변동성과 가격분산성에 어떤 영향을 미치는가를 분석하였다. 끝으로 이 연구는 시장 발생 시점부터 시작해서 거래연결망이 어떻게 변화하는가를 분석하고 그에 대한 잠정적인 설명을 제시했다.

연구 결과를 요약하면, 첫째 가격과 관련하여 이 시장의 상품들은 단기간에는 작은 가격분산성을 보여주고, 장기적으로는 지속적인 하락을 보여주는 것으로 나타났다. 이에 대한 원인으로 ①비표준화된 시장의 특성으로 인하여 구매자가 품질보다는 가격에 주목하고, 이에 따라 판매자가 가격을 최근 가격에 맞추어 제시하는 경향, ②이런 전략을 가능하게 하는 지난 거래에 대한 가격 검색 기능과 거래자들의 활용, 그리고 ③판매자가 이 시장에서 구입한 상품을 다시 판매할 때 구입 가격의 일정 비율을 할인해야 한다는 '수업료' 라는 비공식적 규범을 제시하였다. 가격분산성과 관련해서는 상품별로 거래횟수가 증가할수록 단기간 가격분산성이 줄어드는 것으로 나타났다. 즉 자주 거래될수록 동일한 상품의 가격차가 단기간에는 줄어든다는 것이다. 이는 지난 거래에서 형성된 가격을 공정한 가격으로 인식하는 가격에 대한 규범이 판매자에게 작용하는 사회적 압력이 거래횟수가 늘수록 증가하는 것으로 설명했다.

둘째, 시장내 거래연결망의 변화는 크게 세 단계로 구분하였다. 첫 단계에는 게시판을 제공한 운영자를 중심으로 위계적인 형태의 하부집단이 나타났다. 두 번째 단계에서는 운영자의 비중이 줄어들면서 다수의 하부집단들이 형성되었다. 이 단계에서는 아직 하부집단들은 서로 분리되어 나타났다. 끝으로 세 번째 단계에서는 2년 정도 시간이 경과한 후 초기에 비해 시장 규모와 참여 인원은 증가하였지만, 전체적으로 큰 규모의 하부집단이 나타났는데, 이는 그전 시기 분리된 하부집단들이 소수의 행위자들에 의해 연결되면서 나타난 것으로 해석되었다. 첫 단계에서 나타난 하부집단과 이 단계에서 나타난 하부집단은 그 크기도 증가하였지만 구조면에서 집중적인 형태에서 탈집중적인 형태로 나타난다는 것이다.

이러한 거래연결망의 변화는 상품의 품질, 가격, 거래 상대방에 대한 불확실성에 대응하기 위한 전략으로 거래 행위자들이 시장 참여가 활발하고 거래성과가 좋은 거래자들과 집중적으로 거래하기 원하면서 이들에 대한 선호적 연결 현상이 나타난 것으로 설명했다.

앞으로 연구방향으로 중요한 것은 시장의 분화라고 할 수 있다. 시장의 분화는 몇 가지 측면에서 이루어질 수 있다. 간단하게 예를 들어 보면 AV시장은 ① 가격대별, ② 앰프, 스피커, CD 플레이어와 같은 기기유형별, 그리고 ③ 제조업체별로 분화될 수 있다. 그렇다면 이 연구에서 분석한 가격 형성과 거래연결망의 특성은 시장이 분화함에 따라 분화한 영역간에 어떤 차이를 보일 것인가? 예를 들어 상대적으로 높은 가격대의 상품들과 낮은 가격대의 상품들은 가격변동성과 가격분산성, 그리고 거래연결망 면에서 어떤 차이를 보일 것인가? 또한 표준화 정도가 낮고 수집 가능성이 높은 진공관 앰프와 표준화 정도가 높고 수집 가능성이 낮은 트랜지스터 앰프는 위에서 제시한 측면들에서 어떤 차이를 보일 것인가? 이런 질문들은 시장내 상품들을 미리 선정한 기준에 의해 구분하고 집단간 비교를 통해 분석할 수 있을 것이다. 이 연구가 시장 발생 시점에서 상대적으로 단기적인 기간 동안 변화에 주목했다면, 다음 단계에서는 시간이 흐름에 따라 장기적으로 시장의 분화가 어떻게 이루어지고, 그 분화는 시장 특성과 거래관계에 어떤 영향을 미치는가를 보여줄 것이다.

제 8 장

결론:
사회적 자본과 사회적 부채

사회적 자본은 최근 사회과학계에서 가장 많은 주목을 받는 개념이다. 국내외 사회학계에서 조직 · 경제사회학뿐 아니라, 사회운동, 정치사회학, 가족사회학, 여성학 분야에 걸쳐서 사회적 자본을 중심으로 하는 연구가 그야말로 쏟아져 나오고 있다. 사회학뿐 아니라 경영학, 경제학, 정치학, 행정학, 신문방송학 등 사회과학 전반에서 사회적 자본은 이미 중요한 사회적 현상으로 등장했다. 학문적 중요성 이외에 세계은행(World Bank)을 중심으로 한 국제기구들은 개발도상국 발전을 위한 중요한 사회적 기반으로 사회적 자본의 축적을 제시하고, 이를 위한 다양한 프로젝트를 추진해왔다.

이 책은 최근 범람하고 있는 사회적 자본 개념과 논의의 발전을 위해서는 사회적 자본을 경험적으로 분석하는 것이 중요하고, 이를 위해서 사회적 관계 자체에 주목하는 연구가 필요하다는 문제의식에서 출발한다. 이 책은 조직 ·

경제사회학 분야를 중심으로 기존 사회적 자본에 대한 논의를 정리하여 새로운 논의 방향을 제시하고, 이를 사용해서 기업을 중심으로 사회적 자본의 형성과 성과에 대한 경험적 연구를 제시했다. 또한 경제사회학의 핵심 주제인 시장의 사회적 배태성을 보여주기 위한 경험적 시도로 최근 주목받고 있는 온라인 시장의 거래 관계를 사회적 자본의 시각에서 분석했다. 구체적으로 책의 내용을 요약하면 다음과 같다.

1장에서는 사회적 자본의 대표적 사례로서, 흔히 사회적 자본과 혼용되어 사용되는 신뢰에 대한 논의를 정리했다. 신뢰의 개념 역시 사회적 자본과 마찬가지로 많은 개념들이 제시되어 왔지만, 이 글에서는 콜만의 개념을 중심으로 신뢰를 '한 행위자가 위험에도 불구하고 다른 행위자가 자신의 기대 혹은 이해에 맞도록 행동할 것이라는 주관적 기대(willingness to risk cooperation)'로 정의했다. 다음으로 이 글에서는 신뢰의 특성과 함께 신뢰의 유형을 신뢰가 만들어지는 방식이나 신뢰의 근거에 따라 제시했다. 결론에서는 한국사회의 저신뢰 문제를 논의하기 위해서는 먼저 공적인 신뢰와 사적인 신뢰를 구분해야 하고, 문제가 되는 것은 공적인 신뢰가 낮다는 것을 지적했다. 공적인 신뢰를 회복하기 위한 방안으로 먼저 공적인 신뢰는 사회적 자본의 한 사례로서 사회적 자본의 공공재적 특성을 갖고 있다고 논의했다. 즉 공적인 신뢰를 만들기 위한 비용과 위험은 개인이 부담하지만, 일단 만들어지면 그 혜택은 누구나 받는다. 따라서 공적 신뢰를 만들기 위해서는 개인의 기회주의적 행동을 줄이기 위해서 법을 포함한 공적인 제도적 규칙의 공정하고 투명한 운영을 제시했다. 제도적 공정성과 투명성은 공적 신뢰뿐 아니라 사회적으로 유용한 사회적 자본과도 선순환 관계이다. 갬베타(Gambetta, 1988)가 주장하는 것처럼 도둑간 신뢰는 사회적으로 문제를 일으킬 뿐이다. 이를 확장해서 논의하면 공적 신뢰와 대비해서 사적 신뢰는 그 폐쇄성으로 인해서 사회적으로 문제가 될 수 있다. 마찬가지로, 사회적 자본 역시 혈연이나 학연처럼 적용

대상이 배타적이고 폐쇄적인 경우 사회적 자본보다 사회적 부채(social liability)라고 할 수 있다. 따라서 사회적으로 바람직한 것은 공적 신뢰와 개방적인 사회적 자본인데, 제도적 공정성과 투명성이 중요한 이유는 사회적 자본의 특성을 폐쇄적인 것에서 개방적이고, 보편적인 것으로 유도하기 때문이다. 자원의 분배에서 공적인 규칙이 투명하게 집행될 것이라고 누구나 기대한다면, 사적인 연결망을 통한 정보나 자원 접근 기회의 독점보다는 보편적인 연결망을 통하는 것이 유리할 것이기 때문이다.

2장에서는 사회적 자본의 논의를 '속성론적 접근'과 '관계론적 접근' 논쟁의 맥락에서 정리했다. 속성론적 접근은 행위자의 개별적, 고립된 속성 위주로 사회 현상을 분석하는데 반해, 관계론적 접근은 사회학의 분석 단위가 사회적 관계이고, 사회적 관계 수준 분석이 사회 현상의 발현적 특성을 제대로 이해할 수 있다는 주장이다. 두 가지 대비되는 입장 중에서 사회적 자본 논의는 사회적 관계 특성이 개인이나 집단에게 중요한 영향을 준다는 것을 강조한다는 점에서 관계론적 접근을 구현한다. 이 글에서는 이러한 맥락에서 콜만의 논의를 중심으로 사회적 자본의 개념, 유형, 혜택, 비용을 제시했다. 기존 사회적 자본 논의가 사회적 자본의 개념 정의와 혜택에 초점을 맞추는 것에 비해서, 이 글은 사회적 자본의 발생 조건을 사회적 수준과 개인 수준으로 나누어 제시했다. 중요한 것은 개인 수준에서 사회적 자본의 발생 조건은 물리적 자본이나 인적 자본과 같이 기존 계층 위계에서 유리한 위치를 차지한 개인이 사회적 자본 역시 동원하기 유리하다는 논의를 제시했고, 이것이 앞으로 사회적 자본 논의가 사회 불평등 분석과 연결 필요성을 보여준다고 강조했다. 또한 이 글에서는 사회적 자본과 관련된 경제사회학 연구를 개인, 조직, 사회적 차원에서 정리하고, 또한 정치사회학과 사회운동 분야의 논의를 정리했다. 끝으로 사회적 자본 연구는 방법론상으로 사회적 연결망 분석기법을 통해 잘 구현될 수 있다는 것을 강조했다. 사회적 연결망 분석은 사회적 자본을 구성하는 관계의 특성을 직접적으로 분석할 수 있게 해주고, 이는 사회적 자본이 발생하는 다양한 맥락들을 비교하고, 평가할 수 있는 수단을 제공한다는 점에서 중요하다. 특히 짐멜(Simmel)의 이자적 · 삼자적 관계에 대한 분석처럼, 사회적 자본이 배태된 사회적 관계의 특성을 그 구조적 특성에 따라 교량(bridge)형 혹은 결속(cohesion)형으로 구분해서 분석하는 것은 사회적 자본의 유형화 작업에서 중요한 방향을 제시할 것이다.

1부가 사회적 자본에 대한 이론적 논의라면, 2부와 3부는 경험적 연구를 중심으로 구성되어 있다. 2부는 조직 · 경제사회학에서 핵심적인 경제행위자인 기업 조직에 대한 사회적 자본 연구들이다. 이 중에서 3장은 기업 수준에서 사회적 자본이란 무엇인가에 초점을 맞추었다. 이 장에서는 기존 사회적 자본과 구별되어 기업의 사회적 자본을 기업내 사회적 자본, 기업간 사회적 자본, 그리고 기업-사회간 사회적 자본이라는 세 가지 분석 수준으로 구분하고, 각각의 특성을 설명했다. 각 수준의 사회적 자본은 기업의 생존과 성장을 위해 중요한데, 기업내 사회적 자본은 조직내 사회적 관계가 기업 구성원 개인에게 중요할 뿐 아니라 이를 통해서 혁신과 같은 기업 전체 수준의 혜택을 가져올 수 있다. 기업간 사회적 자본은 일본 자동차 부품산업, 미국 시스코(Cisco) 관련 기업, 그리고 IT산업에서 기업간 전략적 제휴와 같이 최근 기업간 경쟁이 개별 기업 단위가 아니라 기업간 관계로 연결된 기업집단간 경쟁이라는 주장과 연결된다. 끝으로 기업-사회간 사회적 자본은 가장 최근에 시작된 기업의 사회적 책임에 대한 논의에서와 같이 단순한 기업 홍보 차원을 넘어서서 지역 공동체와 시민사회 발전에 기업이 제공할 수 있는 지원과 적극적 참여를 통해서 제도주의적 입장이 강조하는 기업의 정당성을 향상시킬 수 있다고 주장했다. 기업의 사회적 자본을 형성하는 조건은 기업, 거래관계, 그리고 사회 · 제도적 환경 수준에서 설명했다. 이 장에서 중요한 것은 기업간 수준에서 존재하는 사회적 자본 유형을 관계의 구조적 특성에 따라 클릭

(clique)형 대 구조혈(構造穴)(structural hole)형으로 구분하고, 클릭형의 장점은 결속과 통합, 구조혈형의 장점은 정보와 통제로 설명했다. 이에 따라서 기업은 조직역량과 시장 환경에 따라 적절한 사회적 자본 전략을 전개할 것을 강조했다.

4장은 3장에서 제시한 기업 관련 사회적 자본 중 기업내 사회적 자본에 대한 경험적 분석이다. 이 글은 포돌니와 배론(Podolny and Baron, 1997)이 기업내 사회적 관계를 유형별로 분석하고, 유형별 사회적 자본이 개인 승진에 어떤 영향을 주는가에 대한 분석을 우리 기업 사례에 적용한 것이다. 이 글의 핵심 내용은 사회적 자본의 대표적 사례로 신뢰를 설정하고, 기업내 조직 구성원간 신뢰연결망을 분석하고, 결과적으로 조직내 신뢰받는 정도가 영업 성과에 긍정적인 영향을 준다는 것을 제시했다. 흥미로운 것은 남성과 여성을 구분했을 때, 남성은 연결망 제약성(constraint)이 높을수록, 여성은 낮을수록 영업 성과가 좋은 것으로 나타났다. 이를 통해 앞으로 사회적 자본과 연결망 연구가 젠더와 같은 사회학적 변수를 고려하는 것이 중요하다는 것을 알 수 있다.

5장은 기업간 관계를 자동차 부품산업의 하청연결망을 사용해서 분석한 연구이다. 자동차 부품산업의 하청관계에 대한 많은 연구들이 존재하지만, 이 연구는 하청관계를 거래관계의 특성에 따라 시장 거래형, 네트워크 거래형, 위계적 거래형으로 구분하고, 부품 특성별로 어떤 거래 관계를 형성했는가를 분석했다. 연구 결과에 따르면 전반적으로 국내 부품 하청업체들은 위계적 거래형, 즉 하나의 자동차 완성업체와 집중적으로 거래하는 것으로 나타나서, 일본 자동차 부품업체들의 다양한 완성업체와 거래하는 것과 다른 방식을 보여주었다. 또한 업체 특성면에서 보면, 해당 업체가 참여하는 시장의 경쟁 정도가 높을수록 위계적 거래형을 택할 가능성이 높았다. 이는 기업간 연결망이 기업 성과에 영향을 주면서, 동시에 기업간 연결망이 기업과 시장 특성에 따른 전략적 결과라는 것을 보여준다.

3부는 새로운 시장의 영역으로 등장한 온라인 시장에서 역시 시장의 사회적 배태성이 작동하는가를 보여주기 위한 경험적 시도로 구성되었다. 6장은 온라인 시장내 거래연결망에서 개인 판매자가 차지하는 위치가 판매 성과에 주는 영향을 분석했고, 7장은 온라인 시장의 거래연결망 구조가 어떻게 시간 흐름에 따라 진화했고, 또한 온라인 시장에 대한 경제학의 중요 주제인 시장의 가격분산도가 어떻게 나타나는가를 분석하고 그 특성에 대한 설명을 시도했다. 6장과 7장 모두 온라인 시장의 사례로 오디오와 비주얼 기기를 거래하는 개인간 온라인 중고시장을 분석했다.

6장의 주요 질문은 온라인 시장의 특성과 이 시장의 참여자들이 높은 시장 불확실성을 줄이기 위해 어떤 방안들을 활용하고 그것들이 거래성과에 미치는 영향들은 어떤한가이다. 연구의 주요 결과는 다음과 같다. 첫째, 상대적으로 짧은 기간이지만, 거래 행위자들은 크게 세 집단으로 분화되는 것을 관찰할 수 있는데, 이들은 각각 다수의 구매자들에 대한 판매에 집중하거나, 다수의 판매자들로부터 구매에 집중하거나, 판매와 구매를 동시에 하는 집단이다. 둘째, 온라인 중고시장은 동일한 상품의 가격 분산도가 상대적으로 낮고, 일단 형성한 가격은 지속적으로 유지되는 것으로 나타났다. 이는 가격이 단지 상품 자체의 내재적인 특성이나 수요와 공급에 의해서만 결정되는 것이 아니라, 거래대상자간 사회적 합의와 압력을 통해서 사회적으로 '공정한' 가격을 형성하고자 하는 행위자들의 사회적 상호작용에 의해서 영향을 받는다는 것을 보여준다. 셋째, 거래관계를 통해 나타난 거래연결망의 분석에서는 소수의 사람들이 적은 수의 거래를 하는 과정에서 분절화된 구조를 보여주었지만, 1,068명의 거래참여자들간에는 서로 반복적으로 거래하는 9개의 하부집단들이 관찰되었다. 이런 하부집단들은 시장 불확실성을 줄이기 위한 단골화전략의 결과로 해석할 수 있다. 끝으로, 온라인 중고시장에 거래참여자들은 기회주의적 행동으로 인한 피해를 줄이기 위해 다양한 전략을 시도한다. 거래성과에 영향을 미치는 요인들에 대한 분석 결과는 상품과 판매자에 대한 추가적인 정보를 제공하거나, 판매자와 다른 시장 참여자들간에 사회적 상호작용이 높을수록 거래가 성공할 가능성이 높은 것으로 나타났다. 불확실성이 높은 시장에서는 상품과 판매자에 대한 추가정보를 제공하고, 특히 시장내 사회적 상호작용의 수준이 높고 이에 따라 사회적 위치 혹은 지위가 확립된 판매자일수록 다양한 불확실성을 줄일 수 있고, 이에 따라 거래에 성공할 가능성을 높이는 것으로 보인다. 이러한 연구 결과는 시장의 불확실성과 이에 따른 시장 행위자들의 전략으로서 사회적 지위나 사회적 연결망의 활용에 대한 최근의 다양한 경제사회학적 연구들의 결과를 지지하는 것으로 해석할 수 있다.

7장의 연구 결과를 요약하면, 첫째 가격과 관련하여 이 시장의 상품들은 단기간에는 작은 가격분산성을 보여주고, 장기적으로는 지속적인 하락을 보여주는 것으로 나타났다. 이에 대한 원인으로 ①비표준화된 시장의 특성으로 인하여 구매자가 품질보다는 가격에 주목하고, 이에 따라 판매자가 가격을 최근 가격에 맞추어 제시하는 경향, ②이런 전략을 가능하게 하는 지난 거래에 대한 가격 검색 기능과 거래자들의 활용, ③그리고 판매자가 이 시장에서 구입한 상품을 다시 판매할 때 구입 가격의 일정 비율을 할인해야한다는 '수업료' 라는 비공식적 규범이 작동하는 것을 제시했다. 둘째, 시장내 거래연결망의 변화는 크게 세 단계로 구분하였다. 전체적으로 큰 규모의 하부집단이 나타났는데, 이는 그 전 시기 분리된 하부집단들이 소수의 행위자들에 의해 연결되면서 나타난 것으로 해석되었다. 첫 단계에서 나타난 하부집단과 이 단계에서 나타난 하부집단은 그 크기도 증가하였지만 구조면에서 집중적인 형태에서 탈집중적인 형태로 나타났다. 이러한 거래연결망의 변화는 상품의 품질, 가격, 거래 상대방에 대한 불확실성에 대응하기 위한 전략으로 거래 행위자들이 시장 참여가 활발하고 거래 성과가 좋은 거래자들과 집중적으로 거래하기 원하면서 이들에 대한 선호적 연결 현상이 나타난 것으로 설명했다.

이상과 같이 이 책에서는 사회적 자본을 사회학의 이론적 전통에서 정리했고, 기존 논의와 함께 다양한 논의들을 정리했다. 다음으로 기업을 중심으로, 그리고 온라인 시장이라는 경험적 시장을 중심으로 사회적 자본을 사용한 경험적 분석을 통해 사회적 자본이 형성되는 조건과 행위자에게 주는 영향을 살펴보았다. 그렇다면 앞으로 사회적 자본에 대한 연구, 특히 조직 · 경제사회학에 대한 연구는 어떻게 전개되어야 하는가? 지금까지 논의를 중심으로 정리하면 다음과 같다.

첫째, 사회적 자본에 대한 이야기를 보완하기 위해 사회적 부채(social liability)에 대한 논의를 발전시킬 필요가 있다. 이는 사회적 관계가 참여하는 행위자가 원하는 결과를 얻는데 도움이 되기도 하지만, 반대로 행위자를 제약하고 방해할 수 있을 가능성에서 출발한다. 단순히 우리 사회에서 혈연, 지연, 학연 등의 폐쇄적 연결망이 사회 전체적으로 부정적인 결과를 줄 수 있다는 것이 아니라, 개인적 수준에서 사회적 관계의 내용과 유형에 따라 긍정적인 결과와 부정적인 결과가 가능하다는 것이다. 극단적인 경우 동일한 개인이 참여하는 동일한 내용의 사회적 관계가 개인의 목적에 따라 도움이 될 수 있고, 또는 방해가 될 수 있다. 최근 사회적 자본에 대한 논의들은 이러한 사회적 관계의 이중성에 주목해서 사회적 자본과 사회적 부채가 발생하는 조건에 주목한다(Leenders and Gabbay, 1999; Uzzi, 1999). 앞으로의 연구는 보다 다양한 영역에서 경험적 연구를 통해 사회적 자본과 사회적 부채의 원인과 결과에 대한 세분화된 논의를 필요로 한다.

둘째, 다음으로 중요한 것은 사회적 자본의 다양한 분석 수준간 관계이다. 즉 기존 사회적 자본 연구들은 주제에 따라 개인적 수준, 조직이나 집단 수준, 사회적 수준에서 각기 다르게 사회적 자본을 측정해왔다. 그러나 각기 다른 수준의 사회적 자본이 어떻게 상호작용하는가에 대한 연구는 부재하다. 조직이 단순히 조직을 구성하는 개인 속성의 합이 아닌 것처럼, 우리는 상위 수준의 사회적 자본이 단순히 하위 수준의 사회적 자본의 총합이라고 할 수 없다. 예를 들어 개인적 수준의 사회적 자본은 풍부한 것이 반드시 조직 수준의 사회적 자본 역시 풍부하다는 것을 전제하지 않는다. 또한 조직 수준의 사회적 자본이 축적된 것이 사회 전체 수준에서 사회적 자본의 축적을 의미하지 않을 수 있다. 우리 사회에서 혈연이나 학연의 사회적 폐해에 대한 논의는 다른 수준의 사회적 자본이 항상 긍정적인 방향으로 상호작용하지 않는다는 것을 보여주고 있다. 앞으로의 연구는 이를 이론적으로 설명할 필요가 있다.

셋째, 사회적 자본과 제도적 환경과의 상호작용에 대한 연구가 필요하다. 조직 · 경제사회학 영역에서 중요한 주제가 되는 것은 시장 유형별로 시장이나 제도적 환경이 사회적 관계가 행위자에게 미치는 영향을 어떻게 매개하는가이다. 특히 사회적 자본 논의가 지금까지 조직 · 경제사회학에서는 주로 개인이나 조직 수준에서 전개되었고, 정치사회학에서는 퍼트남(Putnam)의 연구에서처럼 주로 사회적 수준에서 제시되었다고 할 때, 조직 · 경제사회학에서 사회적 자본과 제도적 환경 간 관계에 대한 연구들은 두 가지 영역을 매개하는 기회를 제공할 것이다.

끝으로 사회적 자본에 대한 동태적 분석이 필요하다. 최근 사회연결망 분석은 초기 정태적 분석에서 벗어나서 연결망이 시간에 따라 어떻게 변화하는가에 대한 분석으로 강조점이 이동하고 있다. 사회적 자본 역시 시간에 따라 축적되기도 하고, 소멸할 수 있기 때문에 이러한 변화를 분석함으로써 사회적 자본의 조건과 영향에 대한 이해를 향상시킬 수 있다. 이러한 분석은 퍼트남의 이탈리아의 사회적 자본 연구와 같이 역사적인 분석이 중요했지만, 사회적 자본이 나타나는 사회적 연결망에 대한 시계열적 자료를 수집할 경우 연결망 변화에 대한 다양한 분석기법을 적용할 수 있다.

참고문헌

김용학. 1998. "신뢰사회 구축방안: 새로운 지배구조로서의 연결망을 중심으로." 연세대학교 사회학과, 미발표논문.

______. 2003. 『사회연결망분석』. 박영사.

김용학 · 손재석. 1998. "미시적 신뢰와 거시적 위험," 『사상』 가을호: 115~132.

김우식. 2000a. "기업간 불확실성의 사회적 기원과 연결망 조절에 의한 통제." 『한국사회학』 34(4): 359~387.

______. 2000b. "시장인터페이스와 가격형성의 사회구조." 한국사회학회 편. 『21세기 시장과 한국사회』. 나남출판사. pp. 81~139.

______. 2001. "시장경쟁의 사회구조: 미국 투자은행들의 사회적 연결망 통제전략과 가격 경쟁력." 『한국사회학』 35(2): 115~145.

매일경제신문. 1998년 3월 5일. "돈은 신뢰있는 곳으로 몰린다."

문화일보. 2002년 2월 16일. "e세상에도 중고장터."

무어(J. F. Moore). 1998. 『경쟁의 종말』. 강병구 역. 자작나무.

박찬웅. 1999a. "경쟁의 사회적 구조: 기업내 신뢰의 사회적 연결망과 개인의 조직내 성과." 『한국사회학』 33(4): 789~817.

______. 1999b. "신뢰의 위기와 사회적 자본." 『사회비평』 19: 33~64.

______. 2000. "사회적 자본, 신뢰, 시장: 시장에 대한 사회학적 접근." 한국사회학회 편. 『21세기 시장과 한국사회』. 나남. pp.143~185.

______. 2003. "온라인 중고시장의 시장불확실성과 경제적 교환의 사회적 성격." 『한국사회학』 37(2): 35~60.

박찬웅 · 한준. 2001. "한국 자동차산업 하청 연결망의 특성에 대한 연구." 한국사회학회 전기대회.

복득규. 1996. 『한 · 일 자동차부품 조달체계의 비교와 시사점』. 삼성경제연구소.

오규창. 1995. 『자동차산업 제품개발과 부품조달 체제의 국제비교』. 산업연구원.

이재열. 1998. "민주주의, 사회적 자본, 사회적 신뢰." 『사상』 여름호: 65~93.

이재혁. 1998. “신뢰의 사회구조화.” 『한국사회학』 32(2): 311~335.
조철. 1998. 『자동차 부품조달체제의 현황과 개선방향』. 산업연구원.
한국사회학회 편. 2000. 『21세기 시장과 한국사회』. 나남출판사.
한국자동차공업협동조합. 1997. 『자동차공업편람』. 한국자동차공업협동조합.
Abolafia, Mitchell. 1996. *Making Markets: Opportunism and Restraint on Wall Street*. Cambridge: Harvard University Press.
Ahmadjian, Christina Linn. 1995. “Power and Mutualism in Japanese Supply Networks.” Ph.D. Dissertation, Haas Business School, University of California at Berkeley.
Asanuma, Banri. 1989. “Manufacturer-Supplier Relationships in Japan and the Concept of Relation-Specific Skill.” *Journal of the Japanese and International Economies* 3: 1~30.
Baker, Wayne. 1984. “The Social Structure of a National Securities Market.” *American Journal of Sociology* 89: 775~811.
______. 1990. “Market Networks and Corporate Behavior.” *American Journal of Sociology* 96: 589~625
Baker, Wayne and David Obstfeld. 1999. “Social Capital By Design: Structures, Strategies, and Institutional Context.” pp.88~105 in Roger Leenders and Shaul Gabbay (eds.). *Corporate Social Capital and Liability*. Boston: Kluwer Academic Publishers.
Banfield, Edward. 1958. *The Moral Basis of Backward Society*. Glencoe, IL: Free Press.
Baron, James and Michael Hannan. 1994. “The Impact of Economics On Contemporary Sociology.” *Journal of Economic Literature* 32: 1111~1146.
Beckert, Jens. 1996. “What is Sociological about Economic Sociology? Uncertainty and the Embeddedness of Economic Action.” *Theory and Society* 25: 803~840.
Borgatti, Stephen P. 2002. *NetDraw: Graphic Visualization Software, Analytic Technologies*. Harvard, Cambridge, MA.
Borgatti, Stephen P., Martin G. Everett, and Linton C. Freeman. 1999. *Ucinet 5 for Windows: Software for Social Network Analysis*. Natick: Analytic Technologies.
Bourdieu, Pierre. 1984. *Distinction*. Cambridge: Harvard University Press.
Bradach, Jefrrey and Robert Eccles. 1989. “Price, Authority, and Trust: From Ideal Types to Plural Forms.” *Annual Review of Sociology* 15: 97~118.
Brynjolfsson, Erik and Michael Smit. 2000. “Frictionless Commerce? A Comparison of Internet and Conventional Retailers.” *Management Science* 46: 563~585.
Burt, Ronald S. 1980. “Models of Network Structure.” *Annual Review of Sociology* 6: 79~141.

______. 1988. "The Stability of American Markets." *American Journal of Sociology* 94(2): 356~395.

______. 1992. *Structural Holes: The Social Structure of Competition*. Cambridge: Harvard University Press.

______. 1998. "The Network Structure of Social Capital." Unpublished Manuscript. Graduate School of Business. University of Chicago.

Burt, Ronald S. and Marc Knez, 1996, "Trust and Third-Party Gossip," in Roderick M. Kramer and Tom R. Tyler (eds.). *Trust in Organizations: Frontiers of Theory and Research*. London: Sage.

Cohen, Stephen and Gary Fields. 1999. "Social Capital and Capital Gains: An Examination of Social Capital in Silicon Valley." *California Management Review* 41(2): 108~130.

Coleman, James. 1990. *Foundations of Social Theory*. Cambridge: Harvard University Press.

______. 2000. "Social Capital in the Creation of Human Capital." pp.13~39 in Partha Dsagupta and Ismail Serageldin (eds.). *Social Capital: A Multifaceted Perspective*. Washington, D.C.: World Bank.

Cusumano, Michael A. 1985. *The Japanese Automobile Industry*. Cambridge: Harvard University Press.

Cusumano, Michael A. and Akira Takeishi. 1991. "Supplier Relations and Management: A Survey of Japanese, Japanese-Transplant, and U.S. Auto Plants." *Strategic Management Journal* 12(7): 563~568.

Dasgupta, Partha and Ismail Serageldin (eds.). 2000. *Social Capital: A Multifaceted Perspective*. Washington, D.C.: World Bank.

DiMaggio, Paul and Hugh Louch. 1998. "Socially Embedded Consumer Transactions: For What Kinds of Purchases Do People Most Often Use Networks?" *American Sociological Review* 63: 619~637.

Durkheim, Emile. 1964[1933]. *The Division of Labor In Society*. New York: Free Press.

Emirbayer, Mustafa. 1997. "Manifesto for a Relational Sociology." *American Journal of Sociology* 103(2): 281~317.

Fanselow, Frank. 1990. "The Bazaar Economy or How Bizarre is the Bazaar Really?" *Man* 25(2): 250~265.

Frenzen, Jonathan, and Harry Davis. 1990. "Purchasing Behavior in Embedded Markets." *Journal of Consumer Research* 17(1): 1~12.

Frenzen, Jonathan, Paul M. Hirsch, and Philip C. Zerrillo. 1994. "Consumption, Preferences, and Changing Lifestyles." pp.403~425 in Neil Smelser and

Richard Swedberg (eds.). *The Handbook of Economic Sociology*. Princeton: Princeton University Press.

Fukuyama, Francis. 1995. *Trust: The Social Virtues and the Creation of Prosperity*, New York: Free Press.

Gabbay, Shaul. 1997. *Social Capital in the Creation of Financial Capital: The Case of Network Marketing*. Champaign: Stipes.

Gambetta, Diego. 1988a. "Can We Trust Trust?" in Diego Gambetta (ed.). *Trust: Making and Breaking Cooperative Relations*. Cambridge: Basic Blackwell.

______. 1988b. "Mafia: the Price of Distrust," in Diego Gambetta (ed.). *Trust: Making and Breaking Cooperative Relations*, Cambridge: Basic Blackwell.

Geertz, Clifford. 1978. "The Bazaar Economy: Information and Search in Peasant Marketing." *American Economic Review* 68(2): 28~32.

Gerlach, Michael. 1992. *Alliance Capitalism: The Social Organization of Japanese Business*. Berkeley: University of California Press.

Gould, Roger. 1991. "Multiple Networks and Mobilization in the Paris Commune, 1871." *American Sociological Review* 56: 716~729.

Granovetter, Mark. 1973. "The Strength of Weak Ties." *American Journal of Sociology* 78(6): 1360~1380.

______. 1974. *Getting A Job*. Cambridge: Harvard University Press.

______. 1985. "Economic Action and Social Structure: The Problem of Embeddedness." *American Journal of Sociology* 91(3): 481~510.

Gulati, Ranjay and Martin Gargiulo. 1999. "Where Do Interorganizational Network Come From?" *American Journal of Sociology* 104(5): 1439~1493.

Hirschman, Albert. 1984. "Against Parsimony: Three Easy Ways of Complicating Some Categories of Economic Discourse." *American Economic Review Proceedings* 74(2): 88~96.

Kim, Yong-Hak, and Jaesok Son. 1998. "Trust, Cooperation and Social Risk: A Cross-cultural Comparison." *Korea Journal* 38(1): 131~153.

Kocak, Ozgecan. 2002. "Social Orders of Exchange: Problems of Valuation and the Emergence of Social Order in Markets." Unpublished Doctoral Dissertation. Business School. Stanford University.

Kollock, Peter. 1994. "The Emergence of Exchange Structure: An Experimental Study of Uncertainty, Commitment, and Trust." *American Journal of Sociology* 100(2): 313~345.

______. 1999. "The Production of Trust in Online Markets." pp. 99~123. in Edward J. Lawler, Michael W. Macy, Shane R. Thye, and Henry A. Walker (eds.).

Advances in Group Processes Vol 16. Stamford, CT: JAI Press.

Kollock, Peter and Jodi O' Brien. 1992. "The Social Construction of Exchange." pp. 89~112. in Edward J. Lawler, Barry Markovsky, Cecilia Ridgeway, and Henry A. Walker (eds.). *Advances in Group Processes* Vol. 9. Stamford, CT: JAI Press.

Krackhardt, David. 1992. "The Strength of Strong Ties: The Importance of Philos in Organizations." pp. 216~239 in Nitin Nohria and Robert G. Eccles (eds.). *Networks and Organizations: Structure, Form, and Action.* Boston: Harvard University Press.

Krippner, Greta. 2001. "The Elusive Market: Embeddedness and the Paradigm of Economic Sociology." *Theory and Society* 30(6): 775~810.

Leenders, Roger and Shaul Gabbay (eds.). 1999. *Corporate Social Capital and Liability.* Boston: Kluwer Academic Publishers.

Lewis, J. David. and Andrew Weigert. 1985. "Trust As A Social Reality." *Social Forces* 63(4): 967~985.

Lin, Nan. 1999. "Social Networks And Status Attainment." *Annual Review of Sociology* 25: 467~487.

Lincoln, James R., Michael L. Gerlach, and Christina L. Abmadjian. 1996. "Keiretsu Networks and Corporate Performance in Japan." *American Sociological Review* 61(1): 67~88.

Luhmann, Niklas. 1979, *Trust and Power*, New York: John Wiley & Sons.

______. 1988, "Familiarity, Confidence, Trust: Problems and Alternatives," in Diego Gambetta (ed.). *Trust: Making and Breaking Cooperative Relations.* Cambridge: Basic Blackwell.

McMillan, John. 2002. *Reinventing the Bazaar: A Natural History of Markets.* New York: W.W. Norton and Company.

New York Times. 1998. January 4. "One Korean Certainty: No More Business As Usual."

Nishiguchi, Toshihiro. 1994. *Strategic Industrial Sourcing: The Japanese Advantage.* New York: Oxford University Press.

Nobeoka, Kentaro. 1995. "The Influence of Customer Scope on Supplier' s Performance in the Japanese Automobile Industry." *IMVP Working Paper.*

Nohria, Nitin. 1992. "Is A Network Perspective A Useful Way of Studying Organizations?" pp.1~22 in Nitin Nohria and Robert G. Eccles (eds.). *Networks and Organizations: Structure, Form, and Action.* Boston: Harvard University Press.

Nyhan, Ronald C. and H. A. Marlowe, Jr. 1997. "Development and Psychometric Properties of the Organizational Trust Inventory." 21(5), 614~635.

Onyx, Jenny and Paul Bullen. 2000. "Measuring Social Capital in Five Communities." *Journal of Applied Behavioral Science* 36(1): 23~42.

Padgett, John and Christopher Ansell. 1993. "Robust Action and the Rise of the Medici, 1400~1434." *American Journal of Sociology* 98(6): 1259~1319.

Pagden, A. 1988. "The Destruction of Trust and its Economic Consequences in the Case of Eighteenth-century Naples." in D. Gambetta (ed.). *Trust: Making and Breaking Cooperative Relations*. Cambridge: Basic Blackwell.

Pfeffer, Jeffrey and Gerald R. Salancik. 1978. *The External Control of Organizations: A Resource Dependence Perspective*. New York: Harper and Row.

Podolny, Joel. 1993. "A Status-based Model of Market Competition." *American Journal of Sociology* 98(4): 829~872.

______. 1994. "Market Uncertainty and the Social Character of Economic Exchange." *Administrative Science Quarterly* 39: 458~483.

Podolny, Joel and James Baron. 1997. "Resources and Relationships: Social Networks and Mobility in the Workplace." *American Sociological Review* 62(5): 673~693.

Podolny, Joel and Karen Page. 1998. "Network Forms of Organization." *Annual Review of Sociology* 24: 57~76.

Porter, Michael. 1990. *The Competitive Advantage of Nations*. New York: Free Press.

Powell, Walter W. 1996. "Trust-Based Forms of Governance," Roderick M. Kramer and Tom R. Tyler (eds.). *Trust in Organizations: Frontiers of Theory and Research*. London: Sage.

Putnam, Robert D. 1993. *Making Democracy Work: Civic Traditions in Modern Italy*. Princeton: Princeton University Press.

Rauch, James and Alessandra Casella (eds.). 2001. *Networks and Markets*. New York: Russell Sage Foundation.

Sandefur, Rebecca, and Edward O. Laumann. 1998. "A Paradigm for Social Capital." *Rationality and Society* 10(4): 481~501.

Saxenian, Annalee. 1996. *Regional Advantage : Culture and Competition in Silicon Valley and Route 128*. Cambridge: Harvard University Press.

Scott, John. 1991. *Social Network Analysis: a Handbook*. Newbury Park: Sage Publications.

Shapiro, Carl and Hal Varian. 1999. *Information Rules: A Strategic Guide to the Network Economy*. Boston: Harvard Business School Press.

Shapiro, D. L., B. H. Sheppard, and L. Cheraskin. 1992. "In Theory: Business On a Handshake." *Negotiation Journal*. 8: 365~377.

Smith, Charles. 1989. *Auctions: The Social Construction of Value*. Berkeley: University of California Press.

Smith, Michael, Joseph Bailey, and Erik Brynjolfsson. 1999. "Understanding the Digital Economy." Conferences on Understanding the Digital Economy. Washington, D.C.

Smitka, Michael. 1991. *Competitive Ties: Subcontracting in the Japanese Automotive Industry*. New York: Columbia University Press.

Snyder, David and Edward Kick. 1979. "Structural Position in the World-System and Economic Growth, 1955~1970: A Multiple Network Analysis of Transnational Interactions." *American Journal of Sociology* 84(5): 1096~1126.

Standifird, Stephen. 2001. "Reputation and E-commerce: eBay Auctions and the Asymmetrical Impact of Positive and Negative Ratings." *Journal of Management* 27(3): 279~295.

Stinchcombe, Arthur. 1965. "Social Structure and Organizations." pp. 145~153 in James March (ed.). *Handbook of Organizations*. Chicago: Rand McNally.

Stuart, Toby, Ha Hoang, and Ralph Hybels. 1999. "Interorganizational Endorsements and the Performance of Entrepreneurial Ventures." *Administrative Science Quarterly* 44(2): 315~349.

Swedberg, Richard. 1994. "Markets As Social Structures." pp. 255~282 in Neil Smelser and Richard Swedberg (eds.). *The Handbook of Economic Sociology*. Princeton: Princeton University Press.

Tapscott, Don. 1996. *The Digital Economy: Promise and Peril in the Age of Networked Intelligence*. New York: McGraw-Hill.

Uzzi, Brian. 1996. "The Sources and Consequences of Embeddedness for the Economic Performance of Organizations." *American Sociological Review* 61(4): 674~698.

______. 1999. "Embeddedness in the Making of Financial Capital: How Social Relations and Networks Benefit Firms Seeking Financing." *American Sociological Review* 64(4): 481~505.

Uzzi, Brian, Jarrett Spiro, and Dimitri Delis. 2002. "Emergence: The Origin and Evolution of Career Networks in the Broadway Musical Industry, 1877 to 1995." Working Paper. Northwestern University, December.

Wasserman, Stanley and Katherine Faust. 1994. *Social Network Analysis: Methods and Applications*. Cambridge: Cambridge University Press.

Watts, Duncan. 2003. *Six Degrees: the Science of a Connected Age*. New York: Norton.

Watts, Duncan and Steven Strogatz. 1998. "Collective Dynamics of 'Small-World' Networks." *Nature* 393: 440~442.

Wellman, Barry (ed.). 1999. *Networks in the Global Village: Life in Contemporary Communities*. Boulder: Westview.

Wellman, Barry, and Milena Gulia. 1999. "Net-Surfers Don' t Ride Alone: Virtual Communities As Communities." pp.331~366 in Barry Wellman (ed.). *Networks in the Global Village: Life in Contemporary Communities*. Boulder: Westview.

White, Harrison. 2002. *Markets from Networks: Socioeconomic Modes of Production*. Princeton: Princeton University Press.

Williamson, Oliver. "Calculativeness, Trust, and Economic Organization." *Journal of Law & Economics* 36: 453~486.

Yamagishi, Toshio. 1988. "The Provision of A Sanctioning System in the United States and Japan." *Social Psychology Quarterly* 51(3): 265~271.

Yamagishi, Toshio, and Midori Yamagishi. 1994. "Trust and Commitment in the United States and Japan." *Motivation and Emotion* 18(2): 129~166.

Zucker, Lynne G. 1986. "Production of Trust: Institutional Sources of Economic Structure, 1840~1920." *Research in Organizational Behavior* 8: 53~111.

국문 색인

영문 색인

저자약력

박찬웅

연세대학교 사회학과에서 학부를 마치고, 시카고 대학(University of Chicago)에서 석사와 박사학위를 받았다. 현재 연세대학교 사회학과에 재직하고 있고, 전공 분야는 경제사회학, 사회정책, 그리고 사회연결망이다. 현재 수행중인 연구는 예술가들의 사회연결망과 예술시장에 관한 관계, 자연과학과 사회과학 분야의 교수임용, 그리고 복지국가와 지구화에 대한 연구이다.

시장과 사회적 자본

초판 인쇄 | 2006년 8월 25일
초판 발행 | 2006년 8월 31일

저　　자 | 박찬웅
발 행 처 | 도서출판 그린
발 행 인 | 윤덕우

주　　소 | 서울시 서대문구 연희동 219-20
(우)120-828
대표전화 | 02)333-2574, 2575
팩　　스 | 02)333-2561
E-mail | greenpress@greenpress.co.kr
홈페이지 | http://www.greenpress.co.kr
출판등록 | 제8-161호(1995. 5. 3)

ISBN 89-5727-077-9 93330
값 14,000원

이 전자책은 한국출판문화산업진흥원 '2014 우수콘텐츠 전자책 제작 지원' 선정작입니다.